服从力

周 平 蔡 锦 何沅倖 高先林 著

中国人民大学出版社
· 北京 ·

目　录

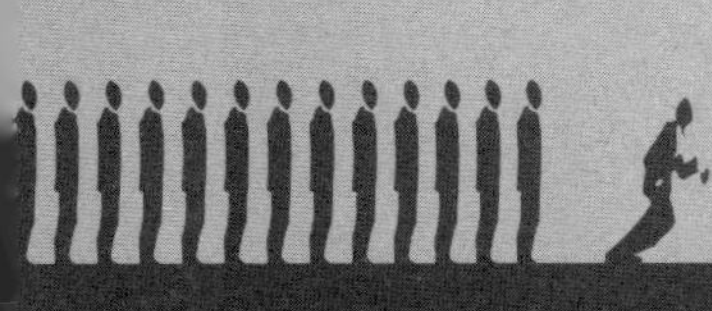

第一章

服从力概述

第一节　服从力的三大系统

每个人的服从力均由三大服从系统组成，分别是：认知系统、言论系统、行为系统。

很多人在别人心中都有一个服从力的定义，正如我们通常说："某某人说话语气非常温和，但是和别人说过的话他在操作中却没有体现得太积极和迅速。"这类人就属于语言服从系统较强，行为服从系统较弱。

还有人，我们经常说他"办事能力和办事质量都不错，就是嘴硬"，这种人就是典型的行为服从系统较强，言论服从系统较差。反而，这样的人做了很多的工作，有了很多的贡献，却往往因为口德不够、言论服从系统较弱而在上级面前得不到太多的机会，也就是社会上经常说的做了事却得不到好。

还有一种人工作能力不太强，但他任何时候都与正确的观点靠近，对上级领导的任何言论都百分之百认同，公司的一切制度他也同样有非常高度的理解和认识，但是要么是工作意志力不强导致在他认同的道理上偶尔犯错，要么是工作能力不够造成上级对他能力上的不太信任，这种人就是典型的认知服从系统较强，其他服从系统较弱。

一、服从力的认知系统

一个人如果对一件事情没有较高的认知水平，即便他的工作能力再强，往往也被归入“忠诚度不够”的群体。如果一个人在上级领导那里有了“认知不高”的定义，这个人在短期内怕是不会有太多的发展与进步了。

1. 认知系统的认识

(1) 组织认知系统。

①对上级和领导发言论点的认知；

②对公司规章制度的认知；

③对公司发展战略方向的认知；

④对公司企业文化的认知。

(2) 社会关系认知系统。

①社交场合中对发言者的观点认知；

②家庭生活中对长辈及配偶的发言观点认知；

③亲友聚会中对他人言论的认知。

2. 认知服从系统的价值

一个人对一个政党、组织、个人如果没有较高的认知系统，就绝对不会有超强的服从意志力，也就不会有卓越的工作成效。

如刘胡兰，就是因为她对共产党的治党、治国理念有了充分的认知，才有了即便失去生命也要维护党的利益和秘密的意志力。

如杨善洲，作为一个共产党员干部，对共产党的理念和对做好干部的理念有了非常高的认知，于是在他的人生中作出了巨大的社会贡献，实现了巨大的社会价值，同时，他也成为了全国共产党员学习的榜样。

以上两个案例都是由认知系统驱动的高度服从力。当然，也有很多社会人士、企业人士因为认知系统较高，而在岗位中作出了巨大贡献。

总结：认知系统是提升个人和组织服从力的保障，也是因为较高的认知度才保证了个人在操作一件事情时的意志品质，才产生了平凡工作岗位上不平凡的贡献，才保障了个人、组织、国家的高绩效。

二、服从力的言论系统

1. 言论系统服从力认识

当一个人“口德”不好时，他的人生在任何组织里都不会获得较高的地位，也不会有很多的朋友。

在职场中，很多人往往因为一句消极言论破坏了全组织的工作热情，这样的人绝对是所有组织清除的对象。

2. 言论服从系统（级别）较低分析

（1）调侃而无恶意。

很多人其实有非常高的认知度，但总是喜欢调侃几句，有时候他的调侃实实在在地影响了人的正面情绪，同时他的领导也知道他是调侃，但在领导心中，他是起不到带头作用的人。

（2）自身认知度较高，故意误导他人。

有时候一个能力较强的人由于对上级领导不满意，用一些挑唆性语言误导其他人对事情的正确认知，甚至造成其他人与上级领导的不和谐甚至争吵。

关羽挑拨张飞向诸葛亮发难

在诸葛亮刚进入刘备阵营时，颁布了禁酒令。而自视过高的关羽则认为诸葛亮对刘备阵营没有多少贡献和功劳，却给很多高级将领的生活制造了太多的障碍和规矩，于是关羽在与张飞的一次酒宴中表达了不满，同时还表达了自己心中的窝囊。最主要的是在刘备阵营中，张飞是最爱喝酒的将领，关羽暗指禁酒令就是针对张飞的。

结果“粗张飞”以身试法，喝了个酩酊大醉，无法按时早朝。刘备派人叫来张飞时，他还一身酒气，一嘴酒话，在朝堂上针对诸葛亮说了很多抱怨性、侮辱性的话，其结果是张飞狠狠地挨了一顿板子。在后来很长一段时间里，众多将领都对诸葛亮有不满情绪。直到诸葛亮的谋略在战场上第一次大获成功之后，才使得所有人心悦诚服。

故事总结：关羽自己以前就对下属下过禁酒令，他自己对禁酒令是有非常高的认知的。而他挑唆张飞实际上是因为他个人不太信任诸葛亮的军事能力，又苦于大哥刘备对诸葛亮的言听计从，不太方便自己叫嚣发难。同时关羽作为刘备阵营中的二号人物，如果由他亲自发难，事件就会严重太多。而张飞是刘备阵营中的三号人物，其负面影响也会较低，于是由张飞发难，其结果好控制一些。

(3) 习惯性胡说。

有些人不对别人指指点点，心里就不舒服，而这些人有时候会缺乏底线，不知道哪些言论会造成恶劣影响，有时候他们发表的负面言论确实是他的内心想法；有时候不是他的内心想法，也满口胡说。这样的人比前两者"调侃而无恶意"、"自身认知度较高，故意误导他人"，要让人讨厌很多。这样的人以"职场检察官"性格者居多。如果一个人有了这样的性格，请你一定要改变，或减少言论，否则你的人生将会因为这些言论而影响前途。

(4) 缺乏对事物的根本了解。

有些人没有研究透事物的本质，却根据自己的简单理解与认知而对缺乏了解的事物发表了不正当观点与言论，这样的人本意没有大错，因为他说的就是他的内心认知。

很多人学习能力、接受能力、了解能力要比别人慢很多，可是很多时候又会有人问他对事情的评价与看法，于是"不当言论"也就在发言者不了解的情况下被传播了，而往往当他自己有了更高的了解与认知之后，便会后悔当初的言论，可是他的言论已经对他人或组织造成了负面影响。

小燕子学筑巢

有一个中国人都知道的故事，我觉得在这里重新解释一下，非常有用。

喜鹊非常会筑巢，它筑的巢既精美又安全，而且住得还很舒适，基本上就是鸟类的“豪宅”。在众多鸟儿的邀请下，它决定作一场公益演讲，将它的毕生绝技免费教给其他鸟类。

喜鹊最初讲道：“筑巢的第一件事就是用硬的枝干架在一个合理的位置。”乌鸦以为老师讲完了，也以为自己听懂了，马上就找了一个地方，给自己筑了一个巢。

喜鹊又讲道：“枝干放好后，将草放在枝干内，确保舒适性。”麻雀以为老师讲完了，自己也听懂了，马上去找了个位置，给自己筑了一个有架子、有草的窝。

喜鹊最后讲道：“草放好后，再叼一些泥浆将草和枝干固定起来，最好是在屋檐下，能遮风挡雨的地方。”这时，老师是真的讲完了，燕子也真的听懂了。

就这样，燕子过着非常舒适的生活，麻雀过着比较舒适的生活，而乌鸦过着惨不忍睹的生活。最主要的是，每次大风大雨过后，乌鸦的家就被毁了，于是每次风雨后，乌鸦总是告诉别人“喜鹊是一位非常糟糕的老师”。慢慢地，大家就把说别人坏话的人称为“乌鸦嘴”了。

故事总结：其实乌鸦不认为自己说错了，它甚至认为喜鹊老师的水平就只能让它做出这样的房子。

很多人就和乌鸦一样，对事情没有正确的了解，而借了乌鸦的嘴到处说着乌鸦的话。

（5）认知深刻，但理念不同。

有些人对组织的制度、别人的言论有着非常正确的认知，但是他个人对组织的制度或别人的言论不太认同。这就是社会上常说的“价值观不同”。当价值观不同产生后，要么是经常相互唱反调，要么是有人选择离开这个群体。

在新中国成立初期，中国共产党创造了“人民共和国”概念，于是很多在其他组织工作的精英由于对那些组织的理念不认同，并且长期得不到重用而被吸引过来；也有些在其他组织中拥有非常高职位的精英，由于受“人民共和国”的影响，迅速投身到人民共和国的怀抱中。这就是认知系统的价值。同样，这些精英脱离其他组织，也是因为他们对那些组织的观点、理念不认同。

三、服从力的行为系统

1. 行为系统服从力认识

行为系统是对他人的言论、上级的分工、组织的指派用行动去完成的过程。完成过程中的积极程度、用心程度就是一个人的行为服从程度。

很多人口是心非，说的很好听，可是却没有为他所说的做出过任何行为上的努力与付出，这种人叫“语言的巨人，行为的侏儒”。

还有人心中百分百认同和向往，可由于执行中困难重重而中途放弃，这种人叫“思想的巨人，行为的侏儒”。

过去，有极少数人谈“爱国”时，信誓旦旦，结果因为各种威逼利诱改变了他们的行为；也有些青年才俊，投身祖国改革开放事业，他们在学生时代个个关心国家前途和人民疾苦，结果少部分人有了权力后，逐步减少了为人民服务的思想，增加了“人民为我服务”的行为。

2. 缺乏行为服从意志的原因分析

（1）怕吃苦，不耐劳。

很多营销人员，他们都计算了卖多少东西赚多少钱，每个人也计划了“我要赚多少钱”；同时，他们也统计了“我赚多少钱所需要销售出去的产品数量”，可是在销售被拒绝后，心里很苦。走街串巷地拼命工作，身体累，很多人也就放弃了销售数量的计划，结果他们看到各方面比自己条件差的人成功了。

很多运动员很小的时候就树立了世界冠军梦，教练也一视同仁地给所有人安排了教练计划，可是99%的运动员在训练中叫苦连天，于是他们在训练中惧怕了、放弃了，结果几年后，曾经比他们差的师弟站在了世界冠军的领奖台上。

尤其可笑的是，师弟获得冠军后，对记者说："感谢师兄的退出给了我机会。"

（2）目标不明确。

很多人在做一件事情时，上级没有给他设置准确的目标，自己也不知道要做到什么结果，于是在行动中，往往是自己觉得可以了，就交差了；或者是在他做的过程中，发现比他差的人都交差了，于是以为自己很优秀，做的肯定不会差，由于没有用尽全部力量，发现最后的结果有人比他好。

（3）缺乏行动的动力。

很多单位、组织没有奖罚制度，或者有些奖罚激发不起操作者的动力，于是在操作中以低标准、低要求糊弄自己、糊弄上级，也就糊弄了自己的人生。当然，最主要的是，上级也因为没有给下级动力，而糊弄了整个组织。

（4）人生发展方向与工作缺乏关联。

很多人有准确的人生发展方向，可能是由于机缘不对，暂时没有踏上发展的路径；或者是因为他的能力与他的发展方向实在相差太远；又或者他定的方向本身就是不正确的，可是由于没有导师进行恰当的引导，导致他一条道走到黑。于是，在他追求人生梦想的同时，对正在做的事情产生了行动上的阻碍。

（5）职场混混。

很多人张嘴闭嘴都有个"混"字，经常问别人"你现在混得怎样"、"现在在哪儿混呢"等。他们对成功人士下了个定义："这个人混得很不错。"因为在他们心中，所有成功的人都只是运气好而已。

他们对所有失败的人也有个定义："这个人最近混得不太好。"因为他对所有失败的人的看法都是"只是缺乏点好运气"而已。

这样的人任何时候都玩世不恭，所有认识他的人对他都会作出共同的评价："他除了对玩非常认真之外，没有认真地做过任何一件认真的事情。"于是，他的性格也就决定了他行为的意志力、专注度和行为的成果，最后也影响了他的人生成果。

（6）情绪波动决定行动服从意志力。

很多人的心是玻璃做的，冷空气一来，他就消沉；暖空气一来，他就兴奋；简单的一个小碰撞，他就能缺个口；稍微有点不高兴，就带着情绪去行动。现在这样的人在职场上虽然逐渐减少，却也存在。

一些缺乏自我管理能力的人，总是因为心情好而拼命努力工作，服从上级、服从领导，反之也常常因为心情不好而和一切事情唱反调。

总结：人生三大服从力系统中如有任何一个系统的缺失，都会为他的人生带来很多的负面影响，失去很多的商业机会和发展机会。一个人无论从事什么行业，都要时刻管理好自己的三大服从力系统，因为人生的一切机遇都是因为别人信得过你而给予你，同时，你与一切机会的擦肩而过都是因为机会的施予者经过权衡之后，觉得别人的服从力更强于你。

所以，管理好自己的三大服从力系统，运营好人生的三大服从力系统，提升人生的三大服从力能力，是对自己人生的负责，是对自己家人的负责，是对自己团队的负责，是对组织的负责，同时，也是对全社会的责任。

第二节　服从力概念

一、服从力缘起

1. 有人类就有了服从力

人类的历史始于人类的出现。有关人类是如何起源的，历来传说、争论颇多。但无论哪种传说、争论，都认为人类是以群体的形式出现的。有了群体的出现，服从力也就此诞生。

（1）从猿类的直立行走看服从力的诞生。

根据生物进化论，人类是由猿进化而来的。众所周知，猿类生活在树上，但是随着自然环境的变化，猿类在树上活动的局限性越来越大，甚至面临着被饿死的命运，要么下树，要么在树上等死。于是，第一只勇于尝试的猿来到地面，但四肢着地的猿无法辨别方向，因此它必须用后腿站立起来，以便让自己看得更远。于是猿类的行走姿势决定了它的视野，猿类直立行走，两足动物就此诞生。当其他猿发现这只勇于尝试的猿直立行走也可以生存下去之后，就服从了直立行走的形式。

（2）氏族社会的服从力。

氏族社会时期分为两个阶段，即母系氏族社会和父系氏族社会。氏族社会是以血缘为纽带结成的社会基层单位，人们居住在一起，使用公有的工具，共同劳动，共同分配食物。

①母系氏族社会。

所谓母系氏族，就是每个氏族的全体成员都有一个共同的老祖母，他们是以母系血缘为纽带联结在一起的。在母系氏族社会中，妇女对财产的支配权大于男子，于是就形成了男子对女子的服从。

②父系氏族社会。

至四五千年前，母系氏族社会被父系氏族社会所取代。从此，男权的时代开始了。这种变革是同当时生产力的发展相适应的。由于农业和手工业的进一步发展，男子在生产中的地位和作用越来越大。在父系氏族社会中，男性的财产权和社会地位高于女性，家庭婚姻关系也由母系氏族社会的“从妻居”改变为“从夫居”，子女自然不再属于母系氏族的成员而成为父系氏族的成员，成为父亲财产的继承者。于是，女子服从于男子。

2. 奴隶、封建社会的服从力概述

（1）奴隶社会的服从力。

进入奴隶社会，就产生了奴婢。

奴婢通常是丧失自由、为主人无偿服劳役的人。其来源有罪犯、俘虏及其家属，也有从贫民家购得者。通常男称奴，女称婢。

奴婢可分为官奴婢和私奴婢两种。所谓官奴婢为国家所有，多为工奴。而私奴婢为官僚、地主、高利贷商人等所有，除从事主人家的各种杂役外，主要从事农业、手工业和商业劳动。

奴隶是社会中身份最低贱的人，同牛马、田宅、器物等一样是主人的财产，主人可以任意役使、打骂、赠送和买卖。于是就形成了奴隶对奴隶主的服从。

奴婢是社会最低的一层，和牲口一样，供买卖和赏赐，受主人的役使和虐待。家长与奴婢之间有严格的主仆名分，其主仆关系不仅是终身的，而且延及子孙。

于是，就形成了奴婢对主人的服从。

(2) 封建社会的服从力。

①地主阶级与农民阶级的服从关系。

当人类进入封建社会之后，就形成了地主阶级统治其他阶级的根本制度，即封建土地所有制。封建土地所有制中，形成了农民对地主阶级的服从。

②封建社会基本的人间统治秩序。

封建社会有三项基本的人间统治秩序。

第一，君为臣纲。

“君为臣纲”是社会关系的秩序，属于君权本位，要求臣子服从君主。

第二，父为子纲。

“父为子纲”是父子血缘关系的秩序，属于长者本位，要求子女服从父亲。

第三，夫为妻纲。

“夫为妻纲”是男女家庭关系的秩序，属于男权本位，要求妻子服从丈夫。

3. 社会主义社会在法律上对服从力的解读

社会主义社会对服从力在法律上的解读可以从宪法等法律以及公务员法两个方面加以考虑。

(1) 解读服从力在中华人民共和国宪法等法律中的相关规定。

《中华人民共和国宪法》中明确规定：“国务院，各部、委等国家行政机关实行首长负责制。”其特征是：建立起上级和下级之间领导与被领导、服从与被服从的关系。这样将提高行政工作的效率。虽然行政上的服从并不能像军人那样，但其基本的要求是下级对上级绝对的、无条件的服从，个人对组织的服从、下级对上级的服从、地方对中央的服从。这一管理体制就成为了服从的绝对基础和保障。

（2）解读服从力在中华人民共和国公务员法中的相关规定。

中华人民共和国第十届全国人民代表大会常务委员会第十五次会议于2005年4月27日通过，自2006年1月1日起施行的《中华人民共和国公务员法》第53条规定，“公务员必须遵守纪律，不得有下列行为”，其中包括“拒绝执行上级依法作出的决定和命令”，这就从法律上规定了国家公务员必须服从上级的决定和命令。

4. 服从力课程进入中国市场的缘起

“服从力”是本书作者之一周平老师在2006年至2008年为奥运会义工团开展长达两年的培训期间，所引用的国际奥委会培训总部品牌课程《奥委会员工标准作业管理手册》中的内容。2008年北京奥运会17万义工在赛前、赛中、赛后长达三个月的高强度工作中，没有一起工作投诉，其主要原因即在于有效的培训。

2008年至2010年，周平老师将国际奥委会课程修改为“服从力”，在国家电力系统和诸多大型企业进行了多达百场以上培训。

2016年，周平老师组建了《服从力》一书编写项目团队，由4位对服从力有较深研究的企业管理干部、资深退役军官、高水平商业培训师，从多角度对“服从力”课程进行了理论升华、操作执行升华，最后形成了从心理服从到语言服从再到行为服从的完整“服从力”理论体系和课程体系。

随着80后、90后、00后这些在优越环境下成长的年轻人进入职场，诸多个性化员工和管理干部、自小被娇生惯养的年轻人为企业、军队和组织管理中的管理落实制造了诸多麻烦，并对管理者能力提出了挑战和更高要求。

本书是激发社会、军队、企业等各层次人士自觉自愿提升服从意识、服从能力的教程。

本书从如下几个方面体现了服从所能带来的好处：

从提升个人认识服从带来的好处方面进行讲解说明；

从提升个人服从的能力方面进行讲解说明；

从提升个人服从言论方面进行讲解说明；

从提升个人服从科学、服从自然、服从组织、服从上级、服从同级、服从下级、服从家人、服从内心等多维度服从的重要性和方法方面进行讲解说明。

通过以上说明，确保了本书知识系统的全面性、实用性、新颖性。

二、什么是服从力

1. 服从力的概念

关于服从力，有各种各样的解释。

有人认为“服从力”就是顺从。也有人认为“服从力”是个体在社会要求、群体规范或他人意志的压力下，被迫产生的符合他人或规范要求的行为。

本书对“服从力”的定义如下。

(1) 服从力的概念。

服从力是顺应环境及各种状况，屈服于别人的意志、权力，或按照社会、群体的要求以及他人意志，能够自觉接受并能根据实际状况，自动、自发、自愿、有创造力地去做，并有责任心地达成目标的一种能力。

(2) 服从力的要点。

第一，自觉接受、敞开心扉。

自觉接受、敞开心扉是指要顺应环境及各种情形，接受社会、群体、他人的意志以及客观存在与实际状况。

①接受的前提是顺应环境及各种情形，而不是非要逆天而行，对环境及各种状况进行挑战。

②敞开心扉是首先从内心全然接受，而不是嘴巴上承认，心里却不服气，也就是我们所说的“口服心不服”，抱着“我先做，等着瞧的态度”。

第二，自动、自发、自愿地去做。

自动、自发、自愿地去做是指一旦内心接受了该意志，就把其当作关系自己切身利益的事情，积极主动、想尽一切办法地去做，且要做到不达目的不罢休。只有拥有这样的意志去做事情，才能达到最理想的结果。

第三，真正的服从并不只是不折不扣、机械被动地完成任务，而是能够根据具体情况把上级的意志与自己的实践相结合，创造性地去落实和完成。

第四，服从力是一种能力。

服从力是人所具有的一种能力。既然是能力，就必然天生有所不同。但正因为是能力，所以才可以通过后天的培养来提高。

2. 服从力的特点

（1）组织纪律性。

俗话说“没有规矩不成方圆”，服从力得以落实的前提是必须具有组织纪律性。

组织中好的管理规章制度无疑能对组织的生存和发展起到巨大的促进作用，建立完善的组织规章制度，保持组织成员对规章制度的遵守是组织生存和发展所面临的重大问题。

柳传志的考勤制度

联想集团的前 CEO 柳传志在任时曾在公司推行过考勤制度，凡迟到者在公司大堂罚站。

制度推行的第一天撞到枪口上的就是柳传志的老领导，柳传志虽然非常为难，但为了制度的推行，仍然照章办事，罚了老领导的站。

柳传志不仅对员工这样要求，对自己本人也这样严格要求。

故事总结：

作为公司的最高长官，能够坚持对公司规章制度的遵守，严于律己，充分体现了一名高水平管理者的素质，也通过这样的举动提升了公司的规章制度的严肃性，提高了组织全体必须执行的决心。

总结：组织中，必须养成对规章制度的敬畏之心，工作汇报应当遵循怎样的流程、意见的反馈应该以何种方式进行、当我们与上司的意见不一致的时候应该怎样去处理，都需要遵循严格的组织规章制度去执行。

（2）令行禁止。

令行禁止是指命令一旦下达就不得不去做的意思。尤其是针对一些事关原则性的问题、安全等涉及人的生命健康的问题，这一类的问题必须严格服从并做到。

真正的将军

汉文帝后元六年（公元前 158 年），匈奴集重兵侵入汉朝，汉文帝遣诸将分别驻守要塞，命河内郡守周亚夫驻守细柳，宗正刘礼驻守霸上，祝兹侯徐厉驻守荆门，防备匈奴的进攻。

后来汉文帝亲自去慰问军队。来到霸上和荆门的军营时，劳军的车驾长驱直入毫无阻拦，将军以下的军官都骑着马迎进送出。

后来汉文帝来到细柳的军营时，看到军官和士兵都披着盔甲，手持刀枪，张弩搭箭，戒备森严。

文帝的先行官来到营门，门卫不让他进，先行官说："皇上就要到了。"守卫营门的都尉说："将军有令，军中只听将军的命令。"

过了一会儿，文帝的车辇到了，照样被挡在门外。

于是文帝派使者拿着符节凭证进营向周亚夫传令，这时周亚夫才下令打开营门，放车驾进来。进去时，守卫营门的军官郑重地对文帝的随从说："将军有令，军营内车马不许奔跑。"文帝只好吩咐放松马的缰绳，慢慢地走。

进入中军帐，周亚夫全副戎装，手持兵器，威风凛凛，他见了文帝拱手表示欢迎，说："戎装在身，例不下拜。请允许我以军礼朝见皇上。"

文帝听了大为感动，严肃地答礼。

出了细柳的军营，文帝赞叹地说："这才是真正的将军，前两个军营就像儿戏一般。"

过了一个月，情况好转，这三路大军都撤除了，文帝任命周亚夫为中尉，负责京城的治安。

故事总结： 制度一旦确立就不能轻易变动，即使是对最高的领导者皇上也是如此。如果周亚夫没有这样的勇气和决心，是绝对无法得到汉文帝的赏识，进而晋升为中尉负责京城的治安的。

总结： 组织要想顺畅地发展，必须遵守既定的规章制度并做到令行禁止。即使是组织中的高层管理者，也不能以任何借口和理由打破这些规定和制度。令行禁止的前提是要求所有人的服从，否则，一旦开了后门，今后令行禁止的东西就会形同虚设，每每都会有打破令行禁止的理由，最终成为“令行不止”。那么服从就根本无从谈起。

（3）结果第一。

面对竞争日益激烈的环境，组织要想立于不败之地，就必须具有目标意识和结果意识。结果第一才能够保证服从力的落实。

我们下围棋的时候，有时需要牺牲自己的小面积，从而赢得大面积，也就是说需要牺牲自己的小部分利益从而服从整体的、大局的利益。这就是我们常说的个人服从集体。只有保持结果第一的意识，服从力才有方向和目标感。

（4）没有任何借口。

《没有任何借口》是美国西点军校200年来奉行的最重要的行为准则。它强化的是每一位学员都要想尽一切办法去完成任何一项任务，而不是为没有完成任务去寻找借口，哪怕是看似合理的借口。

没有任何借口体现的就是一种完美的服从能力，一种诚实的服从态度，一种负责的敬业精神。

没有任何借口对于提升企业的凝聚力具有极其重要的作用。

（5）以集权为保障。

服从力的最终实现，还有赖于组织的最终集权。我国实行的组织原则是民主集中制原则，即在民主的基础上实行集中，以达到最终的目的。

集中管理

中国共产党成立初期，毛泽东带领秋收起义的队伍与朱德带领的南昌起义的队伍在井冈山会合。毛泽东带领的秋收起义的人员多为青年学生、工人、农民的非正规军，而朱德带领的南昌起义的人员多为黄埔军校毕业的战斗力强的正规军。毛泽东提出两支部队应该集中管理，朱德反对，说应该各管各的。陈毅就将这件事情报告了周恩来，周恩来指示，军队必须集权，即军令和政府应该一体，从而奠定了中国军令和政府的集权，进而取得中国革命胜利的基础。

故事总结：革命和历史告诉我们，服从离不开最终的集权。只有实现最终的集权，才能确保最终的目的和结果。

总结：集权能够确保组织目的与目标的最终达成。仅有个人的服从只能完成个别工作任务，却不能够确保所有人的服从向着同一方向。而如果不能确保所有人的服从都是向着同一方向，就会造成组织的内耗和相互之间的不理解及不配合。因此，在个人服从力的基础上，要确保最终有效的集权。

三、服从力的四个层次

很多企业在提升员工能力素质方面做了不少的工作，也下了很大的工夫，今天一个会议要解决协作问题，明天一个处分要解决质量问题，后天一个要求要解决成本问题，可是解决来解决去，问题还是层出不穷。企业天天抓协作、抓质量、抓效益，结果总是不尽如人意。

为什么会出现上述问题？其主要原因往往是在工作过程中，操作人员不能服从岗位职责要求，不能服从岗位操作流程，不能服从工作环节标准，因此分层次提升各级各类人员的服从力，才能确保工作效益的提升。

1. 服从力分层次提升的原因

（1）工作职责：各层次各岗位工作职责不同；

（2）工作任务：一个企业有众多不同的工作任务需要完成；

（3）能力要求：各岗位对员工的能力素质有不同的要求；

（4）专业技能：不同层次员工需要的专业技能不同；

（5）问题层次：岗位层次不同，工作的对象和解决问题的层次不同；

（6）解决问题：不同岗位，不同状况要解决的问题不同。

因此，不同层次的员工，所承担的职责不同，要完成的任务不同，需要的能力素质和专业技能也不相同，解决问题的性质和层次更不相同；可是在很多企业中没有明确区分各级各种岗位对服从力的要求，而是为了省事省钱进行“大锅饭式”的要求和规范，造成了员工岗位胜任能力不够，工作服从力不够，因而无法达到一致的管理，也无法实现卓越的高效成果。

2. 实例

某保险公司业务员，因为个人业绩出色，被提升为业务经理，可是在提升业务经理之后，不仅自己的业务严重下降，而且把团队管理得一塌糊涂。下属业务员怨声载道，这位经理整天忙得晕头转向，早来晚走，关注关心团队成员，非常的辛苦，非常的努力；活没少干，可结果却是出力不得好，这样的情况持续了半年的时间，最后不得不被迫降到业务员的岗位。

实例分析：做业务员与做业务经理，工作性质有很大的不同。业务员只要能做好自身管理和做好自己的业务就完事了，只要自己全身心的投入，就一定会有不菲的业绩；而业务经理更重要的一项工作，就是管理好团队，要关注关心到团队的每一个人，要帮助下属解决问题和困难，要帮助下属成长和进步，要激发下属的斗志，更要激发下属的潜能。管理团队是一项综合性的工作，对管理者素质和技能都有很高的要求，需要专业的知识和技能并经过专门的训练，才有可能做好这项工作。

从基层晋升为管理者的员工，因为工作任务比较紧，没有时间做专项培训，就是做了专项培训也是匆匆忙忙，工作起来的时候还是应用做员工时的工作习惯。虽然职务晋升上去了，可是工作的技能、管理的方法、管理者应有的工作标准，没有得到及时有效的掌握和应用。职务晋升上去了只是组织的行政行为，可是相应的管理能力、符合岗位职责要求的服从力没有掌握，就影响到团队管理者岗位职责的履行，缺乏符合岗位职责要求的服从力，就会阻碍团队任务的完成。

实例总结：这位业务经理，不缺少努力，也不缺少激情，更不缺少爱心，唯一缺的就是针对经理岗位需要的专业管理技能，在技能达标上没有有效服从、在全方位思考格局上没有做到有效服从、在下属分工管理与过程监控上也没有做到有效服从。

3. 企业服从力的四个层次

（1）员工服从力。

员工服从力的核心是爱岗敬业：包括按计划、按标准完成岗位工作，要服从岗位操作计划，要服从岗位工作流程，要服从岗位工作标准，服从自己岗位的要求和服从完成岗位职责的问题。员工的服从力，包括服从意识、服从态度和服从行为，要提升员工的服从力，就必须以爱岗敬业为切入点；爱岗就必须以服从岗位要求为基础，爱岗就必须以完成岗位任务为核心；敬业就必须服从于岗位的要求和规律，掌握做好岗位工作的技能技巧与方法措施；爱岗敬业就必须服从于岗位设置的要求和规定，用心地完成各项工作，做出岗位成果来服从服务于团队的需求。

（2）管理者服从力。

管理者服从力的核心是组织协调运营：就是要首先协调好部门之间的工作计划和工作安排，要优化部门工作流程，要改进部门岗位工作标准，还要协调员工完成工作任务和计划，确保部门工作任务的高标准、高效率的完成，做到了上述各项工作才表明一个管理者有效地服从了他的管理岗位。

作为管理者必须承担起承上启下的工作，必须做好团队的工作计划、组织、指挥、协调与控制等多项工作，激活下属员工的工作激情与斗志，解决下属员工的问题和困难，引导下属员工总结分析工作的优势和缺点，找出工作的关键和核心并逐一去解决，提升部门的总体业绩，提升自身和部门的服从力，达到管理的一致性。

（3）领导者服从力。

领导者服从力的核心是提升企业经营效益：包括研究产品结构，优化运营流程，规范工作流程和标准、管理制度与要求，研究销售渠道和销售措施，提升企业的经营效益，做好人才的培训和储备工作，只有有效地做到对上述要求的服从，才是一个合格的组织领导者。

（4）决策者服从力。

决策者服从力的核心是把握企业发展方向和对重大事务的决策，包括商业模式、运营模式、经营模式和分配模式，需要对资源进行有效分配，使人才发挥最大价值。决策者只有服从了上述要求标准，才能在岗位中获得成功。

作为一个企业，无论各种级别、各种工作岗位，都必须服从于本工作岗位的要求，有针对性地提升自己的服从力。特别是由技术岗位转为管理职务时，一定要有针对性地学习和掌握服从力，服从于管理岗位的职责要求；晋升上一级职务时，一定要有更高层次的服从力标准，扩展晋升者的视野、延长晋升者的视线，提升晋升者服从力的标准、高度和范围。没有服从意识的增强，没有服从态度的改变，没有服从行动的拓展，就做不好更高一层的管理工作。如果各级各类岗位负责人不能胜任本工作岗位的要求，企业的经营效益就无法保障，每个部门就不可能做出卓越的业绩，整个公司就不可能有更大的发展。

总结：服从力因工种不同，需要的能力素质和专业技能不同。

服从力因级别不同，而承担的职责任务不同，需要的格局不同；

企业各岗位和各级别，都必须坚决服从岗位的业绩要求和职能要求，否则，就无法在岗位中达到最理想的业绩和工作效果。

第三节　服从力的本质及服从力的受益者分析

一、服从力的本质

1. 管理本质的内在驱动与服从力本质

（1）对管理的理解与组织成长。

管理作为一门社会实践科学，每个人都有自己的理解和操作方法，因为理解的差异性从而导致了团队各种不同的发展方向和结果。很多管理者甚至因为不当的管理行为影响组织向自己希望的反向发展，造成了对组织和团队甚至个人和社会的伤害，让多年的辛勤耕耘付诸东流。

（2）对管理的理解决定了管理模式和组织成长的速度与质量。

①组织成长与服从力的关联性。

第一，组织成长与企业愿景的一致性。

第二，组织成长与企业阶段性目标达成的匹配度。

第三，组织成长与人才培养的协调。

第四，管理对组织成长的支持要素。

第五，组织成长与社会价值。

②组织成长与管理的关系。

组织处于不同的成长阶段需要不同的管理模式，也需要不同的管理目标和相对应的管理技术。按所在行业和组织的特点，选择适合自己的管理方式和技术是每个管理者一生都要做的功课。

③管理的目的在于完成组织目标。

管理的技术在于符合人性的恰当的激励和约束，在于最大限度地发挥人的积极、主观能动性，把个人的发展和组织的发展结合起来，达到企业能力和个人能力的同步进步。

很多优秀的组织管理者都善于把自身的实际情况和组织的未来相结合，统筹思考并且付诸实施，把自己的组织建设成为一个具有无限生命力的有机体。凡是违背了组织经营及成长规律，建立以组织管理者想当然、自我为中心的组织，必然要被社会发展所抛弃。

(3) 实例。

某家族企业在经营了10年后成为当地较有影响的企业，随着企业的成长及老板和外部接触的增加，受"新"管理思想的影响，决定在企业内部实行"管理与现代企业接轨"、做新形势下的现代企业。于是去沿海考察了几家同行业公司后，实施公司新的组织构架形式和绩效考核。不到一个月时间，开始出现核心员工消极怠工、市场混乱、进而一发不可收拾。半年后，企业严重亏损。加上口碑不好导致人力资源的枯竭，企业从此一蹶不振并最终走向倒闭。

实例总结：组织管理者必须按照组织成长规律，结合组织现况，找到符合自身发展的最佳成长路径。

当我们把管理的理念及技术和服从力建设结合的时候，管理的效率和价值是倍增和无限的。

(4) 组织驱动力与服从力。

①组织生存发展与服从力的关系。

每一个组织都有其内在的形成原因和独特的生存、发展逻辑，其达到生存的效果和达到发展的成果，一定离不开组织成员的服从力。很多组织重点放在组织策划、发展战略、组织成员的社会价值及保障等等单一的组织元素上，很少研究和考虑组织内部的驱动因素和服从系统，从而导致组织发展进步慢、社会与时俱进的节奏慢、失去重大发展机会，进而被社会淘汰。或者错误判断真正的驱动因素，导致整体的组织劣势、失去竞争优势等等。归根结底都有服从系统薄弱的因素存在。

②服从力决定了组织的发展。

管理作为一种实践需要大量的实际工作的积累和积淀，同时伴随组织成长、团队成长，在成长中需要对组织成员在既定工作目标下的行为引导和行为制约，以上所有元素都需要有较高的服从力，才能达到其要的结果。在这样的模式下，怎样才能让组织和团队形成一个健康的有机体，就成了近代管理学派各执一词的思路和技术方法。在众多的技术方法里大家都不能忽略和回避一个重要的维度：真正的管理内部驱动——服从力，因为对服从力的认识深度导致了管理水平和管理层次的高低。服从力的本质就是确保组织的高绩效和管理的一致性。

深刻理解和运用、培养、建立组织服从力的商业组织，近期基本都获得了高速的发展，远远走在了时代的前面。

③组织发展主要体现在以下方面：

第一，组织内耗大幅减少。

第二，组织成员的幸福指数较高。

第三，组织成员的工作责任感普遍较强。

第四，组织管理成本较低。

第五，组织目标的轻松实现。

作为组织领导者，一定要善于把握组织驱动力、打造组织服从力，并且把它作为衡量领导能力的一个重要素质指标和能力测评要素。在组织内部形成管理常量，形成组织成员的服从习惯，从而达到组织营运的高绩效。

某企业推行“建立学习型组织”，并且列入绩效考核范畴。在一段时间后，企业中层管理会议时，部分干部反映员工管理越来越难、工作难以快速完成，员工更多是为自己的行为寻找工作依据来对照自己的作业。针对这样的情况，企业调整了管理方向，强调建立以服从力为中心的行为标准和考核。一个月后，企业快速恢复到一个较高的运作水平。

案例总结：一个高水平的组织管理者一定是根据自身的组织特点和发展方向，结合自身组织的驱动特点，进行以组织服从力为核心的团队建设，来最大限度地发挥和挖掘组织潜力。

2. 服从不是下属哲学而是成长哲学

很多人错误地认为“服从”就是要无条件地听上级的话，就是失去自我的尊严，就是收敛自己的爱好与个性等等。

实际上，服从力与上级没有任何关系，服从是一个人内心世界的包容，是一个人生活的气质，是一个人在社会上对他性格的评判。

那些认为“服从就是被剥削”的人，一定缺乏团队精神，更缺乏服从意识。

（1）服从不是下属哲学。

服从不是简单的“听命于他人”，也不是放弃个人利益和尊严去做他人喜欢做的事情、去说他人喜欢说的话。

当然，有些有“世界舰长观”的上级确实会故意利用自己的权力去做伤害他人的指挥与调度，其结果是这个上级在别人心中留下了非常糟糕的印象和判断。

曹操命杨修击鼓来当众羞辱祢衡，事件的结果确实是祢衡被羞辱了，但是现场所有的成员都看出了曹操心胸狭隘。所以有“世界舰长观”的上级实际上也只是逞一时之快，却招致他人终身之恨，被旁观者低看。

（2）上级参与下级服从制度的制定。

虽然说服从不是下属哲学，但是很多时候下级的自我计划能力、自我管理能力、制定标准的能力往往会与上级标准和制度考核略有偏差，尤其是职位、资历、能力较低、较浅的下属就更加无法正确把持自己的行为。所以，很多时候上级参与下级服从制度的制定，可以有效培养下属的良好习惯，提升下属的工作能力，进而让下属的职场通道更加通畅。

一个放任下属不管的上级，也许能够让下级各显神通地工作，甚至可能会产生意想不到的成果，但是如果真的放任下属不管，更多时候出现的结果是整个组织业绩的下降。

（3）服从是职场成长哲学。

“欠管教”，说的是有些人能力不够，上级没有帮助他制订计划、制订标准，是“欠管”；上级没有告诉他该怎样做，没有训练他如何做，是“欠教”，所以俗称为“欠管教”。

而“欠管教者”的错误是怎么造成的？实际上是上级的不作为所导致的。

每个职场人士都必须充分认识到，“上级管我，是为了让我更优秀，让我更完美，让我缺点更少”。

同时也应该认识到，“上级教我，是为了让我懂更多东西，让我掌握更多能力，让我产生更高绩效，让我获得更多人尊重”。

如果一个职场人士对上级的“管教”不能有上述认知的话，这个人的生命里就只剩下抱怨与负能量了。同时，当一个职场人士对上级的“管教”发出几次抱怨后，他会从此失去上级对他的帮助和培养。

于是，他也就失去了进步的机会，失去了展示能力的机会。或者说，他压根还不具备展示的能力。

如果一个人性格里排斥“被管教”，那他的生命里也就排除了“走向成功”，因为“性格决定命运，知识改变命运”。如果他有着接受“管教”的性格，他就能学到更多的东西，就能得到更多的机会，所以他本身的能量在通过“管教”之后，得到了知识和能力的改变，所以他的命运就逐步走向上升路径了。

总结：服从力不是下级哲学，而是个人成长哲学。

二、服从力的受益者分析

组织有了较浓厚的服从力氛围和服从力文化后，几乎所有人都成了组织的受益者。反之，如果组织的服从力氛围较薄弱的话，很多人也就成了组织的受害者。

下面讲一个大约流传了30年的故事。

问题组织

有一个组织，由四个人组成，他们的名字分别叫：每个人、某些人、没有人、很多人。

有一天，发生了一件事情，结果这件事情被分配到“每个人”去做，而“每个人”则认为这件事应该由“某些人”去完成，可是最后这件事却是“没有人”去做，因此“很多人”就在这里抱怨“某些人”没有去做这件事情。

很多事情就是如此。在组织中往往有很多人都能做的事情，却由很少数的人在做，可是做的过程中，没做事情的人在批评正在做事情的人没有把事情做好，和在教做事的人如何去做这件事情，以及评论谁比谁更差。这样在很大程度上打击了正在做这件事情的人的积极性，结果做事的人总是做不完，不做事的人总是没事做，而最后整个组织全成为了服从力不强的受害者。

下面我们分析一下，一个服从力强的团队或者个人都有哪些受益者和他们受了哪些益：

1. 战略层受益

一个服从力强的团队对一个单位和公司的战略而言，无疑是一件非常幸运的事情。因为，一切的战略都离不开去服从的人才，而一切的人才当不具备服从意识的时候，战略也就变得毫无价值。

下面给大家讲一个过时已久，但此时却比较应景的故事。

有一群老鼠经常会被猫咬死它们的同伴，于是，老鼠们开会讨论如何对付猫。经过长时间的讨论后，老鼠组织制定了一个非常有效的战略：就是在猫的脖子上套一个铃铛。这样猫靠近老鼠时，隔好远的地方老鼠就能听到声音，因此就有了逃跑和躲藏的时间和机会，能在很大程度上减少猫对老鼠组织造成的伤害。

给猫的脖子套铃铛的战略制定后，接下来就是由哪只老鼠来执行的问题。于是，又经过了长时间的协商，最后没有一只老鼠愿意服从战略的安排。其结果是，猫的脖子上一直没有被套上铃铛。

可是事情却没有这么简单，猫得知老鼠商量如何对付它时，猫被激怒了，它组织了一群猫袭击了正在讨论对付猫的老鼠组织。就这样，老鼠在袭击中惨败，它们的战略也因为缺乏服从力而夭折。而猫团队却因为有强大的服从力和组织力，其战略获得了巨大的成功。

组织的战略层在制定战略时，一定要考虑执行战略的服从力，否则再好的战略终究也会以失败告终。反之，一个服从力强的组织能有效确保战略的实施与战略计划的成果。

2. 组织受益

服从力强的团队是组织整体受益的基础。这里的"组织"是指"企业的某个部门、小组"，或者"某个临时性项目团队"，以及"非任务性短期活动小组"，如旅游团。

一个企业的小部门如果有了较强的服从力，这个部门一定能准确有效地完成部门业绩，并且具有较强的战斗力；一个临时性项目团队，如果每个人都有了项目服从力和团队服从力，这个临时性项目团队就一定能够很愉快地完成项目任务；一个"旅游团"的每一位游客，相互之间没有任何管理关系，甚至旅行社和导游也对其没有行政管理权力，但是，如果每个人都有社会关系服务意识，这个"旅游团"的旅游行程期间，将是幸福的、快乐的、难忘的。

如果这个"旅游团"在某个景区里游玩时，有一两个人因为一时玩得兴起没能按时归队，就可能会对整个旅游团的行程计划造成影响，甚至打乱"旅游团"下一步的旅游行程。

所以，较强的服从力，组织是最大的受益者。

一个组织的负责人在挑选组织成员时，一定要参考每个成员的服从意识和服从能力；在培养组织成员时，一定要把成员的服从意识和服从能力作为重要功课。

3. 领导者受益

一个组织或者团队工作业绩的失败，或者这个组织及团队在上级心中或者社会上产生了严重污点，这个事情最大的受害者，一定是团队的第一领导者。很多时候，团队负责人兢兢业业、担惊受怕、事事小心，却往往百密一疏，在某件事情进行到关键时刻，或者事情收关之时，因一个不靠谱的手下的不恰当行为，结果导致整个事情全盘失败。

可是，社会上或者领导绝对不会把责任推到那个不靠谱的手下身上，而最后承受社会舆论和承受处罚最大的人，一定是直属领导。而我们都知道这个领导什么错误也没犯，却背负了如此大的责任和损失，甚至整个前期贡献全部归零，更有被追究刑事责任的可能性。

所以，管理者在用人时一定要慎之又慎。能有一群服从力较强的下属，无疑是管理者最幸福的事情。于是，给服从力强的人更多机会，既是对服从者的奖赏，也是对管理者自身的职业生涯保驾护航。

切记：不可因任人唯亲影响了自己的业绩和前途，更不可不给服从力强的人机会。因为，不给能干爱干的人机会，是团队的最大损失。

4. 执行者受益

“多劳多得”是几千年来所有人的共识。

“投入多少，收获多少”是指：谁的服从力更强，谁的收获就会更多。

“参与多深，领悟多深”同样是指：谁的服从力强，在一件事情中谁的领悟就更深刻。

社会上流行的两句话“人在做天在看”和“出来混早晚会还”，也是告诉人们：服从力越强，收获越多；服从力越弱，收获则越微。

职场中的每个人都应该明确：用服从获得上级认可、用服从办成手中的工作、用服从建立身边人对自己的良好口碑、用服从保障职业生涯的成功。

中国著名武术教练冯干栋，以服从带动服从

冯干栋教练是江苏镇江体校的一位优秀武术教练。他自幼学习武术，对教练的话和要求从来都是绝对的服从，于是他的武术基本功和服从力较差的人相比就好了很多。

后来，他成了一位优秀的武术运动员，在他武术运动员的生涯里，几乎从来没有因为服从力不强受到过管理者和教练的批评。当然，在武术运动员生涯中，他获得的各种奖牌、荣誉也非常之多。

再后来，他开始从事教练工作。很多教练面对怕吃苦的90后、00后运动员时，没有太好的教育方法，可冯教练的学生，却个个都有超强的服从力，几乎没有学生会对他的训练要求有异议，其主要原因是：他在工作、生活中展现了本身的服从力气质，他的学生也了解到他年轻时的服从力，从而形成了冯教练的“以服从带动服从”。

在冯教练的教学生涯中，训练出多位国家级拳击大赛冠军，他的学生中有人还获得了“中国拳王”称号、“亚洲拳王”称号。

由此可见，服从者本人才是最大受益者。

5. 相关人受益

“为社会创造价值，为他人提供帮助”是每个现代人必须具有的人生品质。一个服从力强的人，能为身边的很多人带来收益。同样，一个服从力差的人，会伤害到身边很多人。当然，服从力差的人自己也是服从力差的受害者。

在公交车上，我们服从了“尊老爱幼”的原则，给人让一个座位，别人就成了服从力的受益者，自己也同样获得了别人的尊重，也就成为了服从力的受益者。

在生活中，看到有人需要帮助，我们服从了“助人为乐”的原则，被帮助的人就成了服从力的受益者，而同样的，作为服从者的我们会交到很多的朋友，也会受人尊重，因此自己也成了服从力的受益者。

在单位里，很多“脏活、累活”没有人去干，当我们服从了“困难面前我先上”的军人特质时，身边的同事就成了受益者，而同样的，作为服从者的我们自然会得到领导和同事的赞赏，因为“领导心中有杆秤”、“同事心中有把尺”，这时我们自己也就成了服从力的受益者。

总结：每个人都要服从社会公德、服从岗位责任、服从做人的本职、服从自己内心的善和美，这样才能让社会更多的人因为我们的服从而成为受益者，同样我们自己也因为自己较强的服从力而成为自己的受益者。

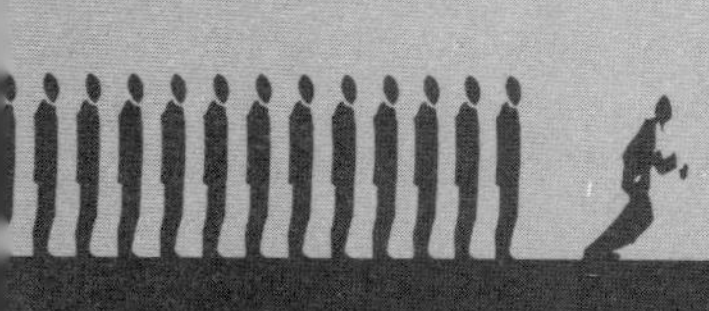

第二章

服从力问题分析与研究

第一节　现代培训现象及当前组织管理的误区

一、从“热门课程”看组织状况

组织在遇到发展瓶颈时，很多管理者首先想到的是从外部快速获得解决方案。或者，组织在应对社会发展的节点进行战略选择时，也往往优先选择引入外脑的智慧。这样，我们在研究组织管理时就产生了一个简单判断企业共性问题的方法：看哪些课程成为了“热门”。这样的判断逻辑其实很简单：组织只会因为需求价值而买单。

当我们研究完这些“热门课程”，发现这些课程除了满足寻找欲望外并不能解决组织面临的问题时，就会把目光投回组织内部。令人遗憾的是，有些解决方案不是为了解决问题，相反是给组织制造问题，让组织陷入管理黑洞。我们不禁思考：什么样的经验和知识对于组织具有价值?

目前，在社会上提供外脑的知识和体系大概有以下几类：

(1) 战略思考类；

(2) 操作技能类；

(3) 员工关系类；

(4) 心灵成长类；

（5）团队建设类；

（6）潜能激发类；

（7）国外版权类。

在以上这些课程里，因为培训者个体职业能力的差异，导致行业内鱼龙混杂。很难把组织真正需要的部分甄别出来，更难把它转变为组织生产力。

从这些课程的“热门”，我们看到了组织的真正缺失，也看到了过度学习给组织带来的浪费和伤害。特别是在企业组织里，流传这样一句话：不学会死，学了会很快死。究其原因，缘于我们对自己组织缺乏认识，不清楚自己的真正的需求和症状。

二、组织的自我认知误区

组织的成长有自身的规律和阶段性。任何的成长都存在对周围环境和自身认知的误区，组织也是一样。很多组织在借鉴其他组织的快速成长时，只是学习他人的优点而忽略了优点形成的基本条件和特殊环境因素，导致学习变成了南橘北枳。还有一些组织领导者没有深刻领悟到组织成长、现状与组织发展战略的协调和一致性，盲目引进所谓“先进”的管理技术和理念，导致组织成长力、成长速度的缓慢甚至倒退。

这样，我们就应该思考：什么因素影响了我们的正确判断？组织自我认知的关键点是什么？答案就在于整个组织生态系统的整体服从力水平处于什么样的状况。

1. 组织自我认知误区的形成因素

（1）组织生存环境。

组织生存环境决定了组织成长的速度和方向。组织管理者对生存环境的判断很容易陷入盲目自信，导致不确定因素产生时措手不及，进而影响组织走向崩溃的边缘。还有的管理者把重心放在组织目标的达成上，忽略环境因素对目标达成的影响力，影响了目标达成的进度和时限。

组织生存环境由以下因素组成：

①组织生存的外部环境。

包括政治因素、相关联组织、组织目标涉及对象等。

②组织生存的内部环境。

包括组织队伍建设、组织愿景、组织管理能力、组织人员素质及服从力的水平等。

（2）组织应对环境变化的能力。

组织应对环境变化的能力决定了组织目标完成的速度和质量。组织管理者对组织成员能否正确认知和对其成员能力能否准确评估，是制定组织目标的一个重要的考量标准。因为只有应对环境变化能力很强的组织，才能保证在变化的环境中保持进步的方向始终与组织目标保持一致。很多的组织管理者因对自身管理能力的自信而忽略了组织成员服从力级别，当有一些需要的细微调整时，依然不影响组织的整体营运。

组织应对环境变化的能力主要有以下的指标：

①组织成员对组织目标的理解度。

②组织服从力建设的质量。

③组织成员对自身的管理和修正能力。

（3）组织自身成长基因。

组织从开始成立的初期，在一定程度上就为组织的未来成长种下了自己的基因。随着组织的发展，这种基因元素都在不断地自我完善或者调整改变。

组织成长基因有以下几个维度：

①组织愿景。

②组织学习能力。

③组织服从力。

④组织成员相互关系。

⑤组织利益分配模式。

2. 组织自我认知误区对组织的危害

每个人都必须对自己有个清晰的认知，这样才能去做正确的、符合组织需要的事情。组织也是这样，组织领导者对组织有了清晰的理解，才能带领组织朝着正确的方向发展。有的组织以绩效考核标准为硬依据作为自我认知的前提，忽略了组织成员成长力、服从力等软能力，当组织遇到突发事件或者非常规影响因素下的事件处理时，就会把组织置于危险境地。

自我认知误区对组织的危害通常有以下方面：

第一，高估组织能力。

第二，低估组织能力。

第三，对组织缺陷视而不见。

第四，对组织软实力评估不足。

3. 从组织自我误区看组织风险

组织一旦有自我误区，在决策和管理中就一定有风险存在。可能风险在日常的管理中被隐藏，但逐渐积累到一定程度，就会因为某件事情突然爆发而给组织带来打击。在企业组织里，这样的情况就经常发生，貌似风平浪静其实步步危机。所以古人常用“战战兢兢，如履薄冰”来形容这种状况。

因为组织自我误区引发的组织风险有以下几种情形：

第一，战略决策没有根据组织实际情况制定产生的风险。

第二，组织服从力误判带来的组织风险。

第三，组织服从力强弱带来的组织风险。

4. 组织自我误区的规避方法

任何组织只有在合理规避了组织误区后，才能研究和强化组织绩效和组织运营能力。很多组织领导者只是在某个误区有自己的独特的个性化处理方式，缺乏系统性认识和对误区的整体控制及规避，导致处理方式没有统一的标准和复制的可能性，从而形成了组织对个体的依赖，最终形成组织弊端。

常见的组织误区规避方法如下：

第一，建立与组织绩效相匹配的服从力系统。

第二，建立组织服从力测评体系。

第三，建立服从力监测要素、指标及方式。

第四，定期进行组织能力的反馈与测评。

5. 实例

某企业在本行业已经经营了 5 年，近来因为行业进入者增加及“跨界打劫”者的营销整合导致利润下降，老板决定增加一个新项目以期增加收入。于是在与本行业有关联的行业进行了投资，同时还把企业最优秀的营销、运营人才调到新项目里做管理者。半年后，因为业绩不理想，老板召开了“问题分析会”，然后给项目团队下了死命令，老板没有想到导致一个月后项目团队离职达 70％，项目以失败告终。

实例总结：组织的成长一定要遵循自身的规律和阶段性。

组织应对环境变化的能力决定了组织目标完成的速度和质量。

对组织环境的正确评估一定要包括外部环境、内部环境同时进行。

三、组织成长的隐性控因

我们分析一个组织的成长因素，关键不是看它大家都可以看到的、呈现出来的部分，而是看它隐性、不容易被察觉的部分。组织成长的关键制约因素才真正决定了组织成长的空间和在社会的位置。特别是在企业组织，我们经常看到有很多企业经常出现在公共视野、出现在各种社会展示的平台，企业的盈利能力也比较好，却在一夜之间忽然倒下，令人感叹不已。

究竟是什么决定了组织成长？怎么把握和控制对组织成长有决定性作用的这些因素呢？其中，服从力的组织能力建设就是决定组织成长的非常重要的维度。

1. 隐性控因在组织中的呈现特点

认识隐性控因在组织中的呈现特点是更好地认知影响组织发展的内在因素，从而也是调动和挖掘组织潜质的有效手段，更是服从力建设的必备常识。

隐性控因在组织中通常有以下几个特点：

（1）以组织成员的非结构框架存在。

组织架构图是组织层次及权利分配的综合表现，是组织管理的依据和明晰管理层级的基本工具。从组织架构图可以看出组织内部分工和管理权限，以及整个组织的基本框架。其实，从这个架构图可以看到仅仅是组织外在显现的部分，各种不同的组织内部都有自己的核心。这个核心可以理解为这个组织真正的主导者、隐性利益分配者或者影响力中心。正是这些各种各样的隐性控因主导着组织的千姿百态。

（2）以非正式组织的特点存在。

非正式组织和正式组织的差异，在于非正式组织更关注组织的核心和组织文化建设、软实力建设，非正式组织的组织凝聚力远远高于正式组织。一旦两者不能形成互补和相互支持，内部形成内耗后，组织就意味着重新建立和调整。这样的情况，给组织带来的时间、空间成本是极其高昂的。

（3）以潜规则方式存在。

潜规则是这个社会最具力量的生存模式，在组织生存空间里也同样存在，同样主导着组织成长的质量和方向。这些隐性控因形成了组织的各种“底线”、“高压线”，无时不在提醒着组织成员按照这些潜规则工作和生活，受到这些隐性控因的直接主导。

2. 隐性控因改变组织发展方向的方式

有的隐性控因可以直接决定组织的发展方向，组织领导者一直在试图把它和组织宣扬的目标及愿景结合起来，形成一个完整的整体。组织领导者必须关注这些控因是怎么对组织产生影响的，从而知道服从力建设的起点从哪里开始。

隐性控因通常以以下方式改变组织发展方向：

（1）以利益平衡方式改变。

组织内部由很多的利益团体组成，这些团体在组织内部根据组织分工的不同或者价值认知的不同而自成一体，甚至形成“利益联盟”，给组织带来影响和改变。这些内部的利益体常常这样产生：

第一，组织内部部门单元；

第二，老乡或者亲情维系；

第三，同学；

第四，战友圈；

第五，其他正式、非正式组织共同经历。

（2）以“群体意愿”改变。

当组织行为方式对某个或者某类人群产生暂时不利因素时，这类人就会忽视组织利益，通过一些“群体事件”来维护个体利益，给组织施加压力来影响组织发展方向。

（3）以对立方式改变。

对立有公开对立和消极对立。组织管理者为了维护“团体”名誉，从而被动受制于对立者，于是对立者就改变或制约了组织发展方向。

3. 服从力是组织成长的最大控因

从影响组织成长的多个因素里发现，不论这些因素对组织有多少的影响，只要解决了服从力的问题，其他问题都会迎刃而解。只要解决了服从力问题，组织就能够抗拒很多的变因，向组织预先设计的方向发展。所以，服从力是组织成长的最大控因。这体现在以下方面：

（1）服从力以组织利益为前提。

（2）服从力以高度认同为前提。

（3）服从力是组织高度集中的体现。

（4）服从力是组织高绩效的基本保证。

4. 实例

深圳某企业是一个高速发展的企业，在业务快速增长的同时导致人力资源供给不足，于是企业通过内部员工解决。1 年后，企业内部成员基本都是各自招聘来的同学、老乡、家族成员等等，形成了各自的利益群体，导致一些企业规章制度不能有效执行和内部潜规则的形成。3 年后，这些员工因为相互通婚联姻等联接成更大的利益体，使整个组织管理氛围形成了“一潭死水”，新聘的优秀人员无法融入，企业开始低效率营运，最后被低价转让。

5. 正确引导隐性控因的方法

组织隐性控因是组织成长过程中的“双刃剑”，利用得好可以给组织带来高速发展。反之，则给组织带来“硬伤”，甚至组织消亡。研究一下那些能够带来正向控制的组织，不难发现其都有以下的共同点：

（1）组织领导者的魅力及人格修炼。

组织领导者在主导组织健康发展的同时，也在不断加强个体的健康成长及心智修炼，在组织能量和个体能量之间协调发展。在带来组织的共同进步的同时，形成了个体独有的组织管理魅力，养成了组织独特的组织文化和服从力文化，引导组织发展。

（2）组织领导者的影响力。

组织领导者在引导组织成长的同时，在组织的生存环境里营造了一个整体的生态生存系统，这个生态系统源源不断地提供组织成长需要的供给，保证了组织的存在。

（3）组织激励。

组织成长离不开人性，所以需要一套完善的激励系统来不断激励组织成员发展和进步，把组织成员的服从力潜质挖掘出来，达到组织目的。

（4）组织风险规避能力及保障措施。

任何时候我们都不能忘记组织存在的目的：规避风险，服从力建设也是在最大限度地规避这种组织风险。从组织风险角度建立的服从力体系会从根本上解决或者缓解风险的发生。

总结：组织成长的隐性控因是对组织起着决定作用的关键因素。

善于利用组织隐性控因就一定能够带来组织的快速和超常规发展。

善于解决组织隐性控因就一定可以在促进组织发展的同时规避不利于组织的风险。

第二节　影响服从力的障碍分析

在组织管理中服从力受组织中很多元素的影响，每个元素对服从力都有着不同程度的促进和制约。只有针对每一个元素与服从力的相互影响进行逐项研究，才有可能找到相应的方法和措施来提升服从力；也只有针对性地对这些元素进行逐项研究分析，才能有针对性地找到化解制约服从力的问题。

重视服从力的管理，在管理中方法运用得当，会提升组织中每个人的服从意识和服从能力。反之，没有服从力管理系统的组织，也可能因为团队中某些个人因素而影响了团队中的服从力。

一、文化与服从力的相互影响

说到文化一般区分为两种文化，一是企业文化，即源于组织、企业内部，又服务于组织、企业内部的文化，适用范围比较小，只能局限于本组织、本企业中；二是社会文化，是社会整体的呈现，即在社会上能影响社会中的很多人，许许多多的人都被社会文化影响着。

社会文化的范围比较广、影响着社会中的每个人，对服从力的影响也是广泛的，既有促进作用也有制约作用。这一问题需要很长的篇幅才能讲清楚，我们将在今后的系列书籍中专门进行研究分享，这里只研究企业文化与服从力的相互影响。

下面就企业文化的四种形态与服从力的影响进行探索：

1. 老板文化与服从力的影响

如果一个企业的企业文化以老板文化的形态呈现，就是说老板与创造团队在生存发展之路中，所秉承、践行、遵循的一系列处事、做人准则，只保留在老板与创业团队中，而没有把其内容传承、传播到企业的每一名员工中。这样的企业文化对企业服从力的提升是有很大制约作用的，虽然上级领导和决策层的服从力很好，可是下级员工和执行层在执行过程中的服从力却会大打折扣，导致企业的整体服从力下降，制约着企业的发展壮大。

以老板文化呈现的企业，如果不能落实到各管理阶层，并通过各管理阶层影响到基层员工，对企业发展而言是非常危险的。老板与创业团队的服从力存在着很大的问题，这个问题就是不能把老板与创业团队中可贵的“创业精神和理念”传承、传播到企业的每一个人，进而成为企业文化。也就是说，没有重视企业文化的提炼、宣传和教育，会严重制约着企业的服从力。要提升企业的服从力就必须从企业文化的灌输切入，让企业文化成为每一名员工的行为准则。

2. 企业文化

如果企业的每一个人都把企业文化作为行为准则，那这个企业的企业文化就是最好的企业文化。整个企业的员工都秉承、践行和遵循着老板与创业团队的创业精神，对整个企业的服从力起到了最大的支持作用，是企业服从力的基础，更是企业服务力的动力源。企业的服从力也促进着企业文化的整体推进。

3. 员工文化

如果一个企业的企业文化没落为了员工文化，就是只有下级员工层秉承、践行和遵循的准则了，这说明企业的创业团队的斗志丢失了，创业团队的创业精神丢失了。企业文化打造的基层员工坚守着创业团队时的斗志和精神，支持着企业的生存和发展。这样的企业文化由于没有了创业团队的激励和引导作用，企业生存发展都是问题了，只能维持现状而缺少发展壮大的动力和源头，也大大制约了企业的进一步发展，企业的服从力没有了源头和动力。

4. 没落文化

当企业文化成为没落文化时，这家企业离破产就不远了，整个企业就缺乏了动力和斗志，企业的服从力就大打折扣，企业会一点一点地没落，是一个没有前景和前途的场景，非常的可怕。生活在这种文化中的人，都抱着混日子的心态工作。因而严重制约着企业服从力，企业的效益就会严重下降。

总结：当企业文化是老板文化时，只要创业团队调整工作重点，把老板文化转化成企业文化，企业的服从力就会越来越强；如果创业团队不改进工作方法，调整工作重点，就会大大制约着企业的服从力的提升，对企业的发展是有危害的。当企业文化成为员工文化时，企业决策层就要注意了，是要走向死亡还是要发展壮大就摆在企业决策层的面前，企业只靠员工层的努力支持着企业发展是很危险的，对企业的服从力大打折扣，只要决策层有转变，企业还是有希望的。没落的企业文化对企业的服从力有巨大的制约，影响着企业的生存和发展，是所在企业最不想看到的。

二、领导与服从力的相互影响

在组织、企业的经营与管理过程中，团队的领导者对团队的服从力有极大的推动和促进作用，同时也会制约着团队的服从力；反之，团队的服从力对团队领导的行为也起着很大的推动和促进作用，同时服从力也会制约领导的一些行为。

1. 领导的理念、目标和行为与企业的理念、目标和要求一致时

当组织或团队的领导的理念、目标和行为与企业的理念、目标和要求一致时，作为团队的领导者对团队的服从力就起到了承上启下的推动和促进作用。领导的理念、目标和行为服从了企业的理念、目标和要求，领导者这种自我管理行为和自觉服从意识，对整体团队的服从力起到了示范和模范作用，极大地推动和促进了企业服从力的提升和增强，对下级员工的服从意识、服从行为都起到了标杆和示范的作用，因而也强化了下级服从力的提升和增强。

2. 领导的理念、目标和行为与企业的理念、目标和要求不一致时

当一个组织或团队的领导者的理念、目标和行为与企业的理念、目标和要求不一致时，作为团队的领导者就制约了企业理念、目标和要求在团队的执行和落实，对企业理念、目标和要求在整体团队的执行和落实起到了制约作用。当一个团队的领导者不能服从于企业的理念、目标和要求时，对企业服从力就

起着极大的制约作用。同时，影响了下级员工对企业理念、目标和要求的落实，对整个团队的服从力是一个巨大的打击。这样的领导者对团队的服从力造成的伤害是不可估量的，企业决策者要尽最大可能地防止这样的场景出现。

3. 当企业的服从力非常强大时，也推动和促进着领导者服从力的增强和提升

当一个组织或企业建立了强大的服从力系统后，对处于团队中的任何一个人都会起到推动和促进作用，推动和促进着团队的每一个人都必须有强大的服从意识和服从行为；否则，不是非常的难受、无所作为，没有人与之同行、找不到同类，就是被团队无情地淘汰或抛弃。当任何人加入到一个有强大服从力的组织或团队中，就必须服从和服务于团队的理念、目标和要求，不然就是死路一条，生存下来的希望是没有的。

组织与企业要求和压迫领导者必须服从和服务于组织或企业的理念、目标和要求，下级员工因为有强大的服从意识和服从行为，也会向上挤上级领导要遵循和执行公司的理念、目标和要求，在上压下挤的情况下，如果领导者不改变那就一定会失去岗位，所以服从力强大的组织和企业制约着领导者必须服从于企业。

总结：领导与服从力是相互影响的，当组织或企业的理念、目标和要求与领导者的理念、目标和行为一致时，领导者对组织或企业的服从力起到了推动和促进作用；当领导的理念、目标和行动与组织或企业的理念、目标和要求不一致时，领导者对组织或企业的服从力的危害是极大的，因为领导者的不服从行为，让下级员工面临着是听组织或企业的还是听直接领导的选择，这种不服从行为直接影响了组织或企业理念、目标和要求的执行和落实；对组织或企业造成的危害是不可估量的。作为企业决策者一定想办法避免领导者服从力不强问题的发生，是企业提升服从力的保证。

三、团队与服从力的相互影响

团队一定要有一个统一的奋斗目标、统一的理念制度、统一的行为标准。

所以团队就一定要有强大的服从力做前提和基础，才有可能把各级各类拥有不同目标、不同理念、不同标准的人凝聚到一起，用统一的理念、制度、标准来制约和规范所有人的言语和行为，这些制约和规范是强制性的，是团队成员必须服从的，所以真正的团队一定是有强大服从力的团队。

一个团队如果没有强大的服从力，就不可能有统一的目标，团队所有人为统一的目标去奋斗就是服从力的具体体现。当然，在新员工加入一个新的团队时，新员工与团队的理念是有冲突的，对新的制度可能是不适应的，对统一的标准是不以为然的，当这名新员工要想在团队中生存成长下去，就必须接受团队理念、制度，为团队的目标而奋斗，在工作过程中必须让自己的行为与团队要求的标准相一致，才可能共同完成工作任务。这个过程就是建立新员工服从力的过程。

1. 团队的基础是团队所有成员的服从力，没有服从力就没有团队

（1）有统一的目标必须有服从力。

有一个统一的目标是团队建设的前提，如果团队所有人都在为一个目标努力工作，那就是说团队人人都服从于团队的目标，人人都有很强的服从力，如果有哪个人的工作目标不服从于团队目标，那么这个人对团队的危害是非常大的。如果不能服从于团队目标的人，甚至影响团队目标实现的人还能持续地在团队生存，那么这个团队是有问题的。

（2）有统一的理念必须有服从力。

团队的人一般是来自四面八方、五湖四海的，每个团队成员的经历、人生观、价值观和世界观不是完全一样的，可是如果要在一个团队里工作就必须有统一的理念，没有统一理念就无法进行协调一致的配合。要配合好其他成员的工作，完成好自己的工作就必须服从于团队的理念，所以成为团队中的一员就必须有很强的服从力，不然就无法生存和协作。

（3）有统一的标准必须有服从力。

一个团队共同做事，如果没有一个统一的标准，做事一定不会协调一致的，一定不会出现统一的结果，那这就不是团队做事了。团队的成员要共同完成团队的目标，就必须严格执行统一的标准，这就要求团队成员必须服从于团队的标准，不然就非团队所为。

2. 拥有强大的服从力是团队建设的前提和目的

一群人如果相互之间谁都不服从谁，这群人就不会长期地走在一起，只有大家都具备很强的服从力，大家共同服从一个目标或一个人，进而形成一个团队，大家才有可能走到一起；只要有一个人没有服从力，那就不可能成为一个团队。团队成员都拥有强大的服从力是团队建设的前提，增强团队的服从力，让团队成员拧成一股绳，大家力向一处用，劲向一处使，只有这样大家才可能持续、长久地共同为一个目标而奋斗。

3. 拥有强大服从力的团队才可能创造更大的价值

一个团队的建立一定要有一个诱人的目标来吸引着团队的每一个人，能满足团队成员的某一个或几种需求。如果拥有了强大服从力的团队，团队中的每一个人都为服从于团队的结果和业绩而努力，那么创造的结果和业绩就是非常喜人的，每个人都全身心地投入团队的工作中，每个人都自觉地服从服务于结果和业绩，那么团队的成果和业绩一定是巨大的。只有拥有强大服从力的团队，才是真正的团队。

总结：团队与服从力是相互影响的，没有服从力，团队就无从说起，服从力是团队建设的基础和源头；服从力对团队建设有着巨大的影响，服从力强大的团队一定是卓越的团队。加强团队服从力建设就是抓团队的结果和业绩，没有强大服从力的团队是不可能创造出卓越结果和业绩的。

四、员工素养与技能对服从力的影响

在一个组织、企业或团队中，员工的素养与技能对服从力有根本性的影响，员工是工作中的“最后一公里”，是一切工作任务的实施和执行者。如果员工没有服从力，其他的一切就无从谈起了。

1. 员工素养决定了服从的态度

企业员工的素养与服从态度可以从以下几个方面分析：

（1）员工对待工作的态度是服从力的基础。

一个员工对待工作的态度决定于员工在人生经历中形成的人生观、价值观和世界观。如果一个员工从内心深处不喜欢、不愿意工作，那么这名员工的服从力就会缺乏基础和前提，那么这名员工就不可能有强大的服从力，就算是一时呈现出强大的服从力，那也是装出来的。反之，服从力对从内心深处不喜欢、不愿意工作的员工是一种巨大的挑战，因为认真工作是需要专注和投入的，一个人对不喜欢、不愿意做的事情是不会专注与投入的，所以要提升员工的服从力就必须从解决员工的工作态度入手，这样才有可能从根本上解决问题。

（2）员工对待工作的思维模式是服从力的前提。

一个员工对待工作的思维模式来源于员工的工作经验和对知识的掌握程度。如果员工的思维模式出现偏差，员工的服从力就会大打折扣，遇到工作或问题后有一个正确的思维模式对员工来说非常的重要，正确的思维模式决定了员工有正向的能量，不正确的思维模式决定了员工有负向的能量。当员工在组织或团队有正向的能量时，员工与团队的需求是合拍的，员工的服从力是产生正向结果和效益的；如果员工在组织或团队中有负向能量时，员工与团队的需求是不合拍的，员工的服从力不是对工作给出正向的能量，反倒是给工作带来负面的影响、起到了阻碍作用。

（3）员工对待工作的行动结果是服从力的体现。

员工服从力的强弱是用行动结果的品质与数量来呈现的。说一个员工服从力好与不好，就看行动的结果是否符合岗位要求和任务下达者的要求，当员工的行动结果完全符合岗位职责的要求或是完全符合任务下达者的要求时，就说明这名员工的服从力强。反之，就是服从力弱的体现。

员工的服从力由三个维度决定：服从速度、服从力度、服从标准。要想增强或提升服从力就必须从这三个维度入手，最低的要求是这三个维度是及格水平，如果有一个维度达不到合格水平的，这名员工呈现的就是不能胜任这个工作岗位，而只有胜任岗位后才有可能上岗工作。上岗后的服从力如何，决定了员工在岗位上的贡献度，是表现卓越、优秀、良好、及格还是不及格，就要看员工的修炼程度了。

（4）团队的服从力对员工的服从态度有非常大的促进作用。

员工在一个团队中工作会受团队氛围影响，团队的服从力对员工会有方方面面的促进作用。比如说，一名球队新人加入一个团队后，他为了与团队队友共同打好球，那就一定会服从于团队的环境，团队强大的服从力会促使这名球员融入团队中，与团队的服从力节拍一样，不然他就无法与团队配合，就会影响到他在团队的地位，就会制约他自己的生存和发展。

2. 员工的技能决定了服从力的力度

有了良好服从态度的员工就有了服从的积极性和主动性，那么服从力的大小就决定于员工工作时的技能技巧了，如果没有娴熟的工作技能与工作技巧，员工服从力就无从谈起了。员工的服从力需要技能技巧做支持的，只有掌握了工作的技能技巧，服从力才可能产生巨大的效益。团队的服从力又对员工的技能技巧有一个推动作用，要在工作中取得很好的结果和业绩，就必须提升自己工作的技能技巧，没有娴熟的技能技巧我们工作时就会笨手笨脚的，工作的质量就会大打折扣，就会出现很多原本可以避免的问题。

3. 员工的服从力与员工的素养和技能是相互促进和相互制约的

员工的服从力与员工的素养和技能是相辅相成的，是一对孪生兄弟，谁也离不开谁，谁也不可能单独存在。员工的素养和技能是内在的，员工的服从力是外现的。员工服从力推动和促进着员工素养和技能的提升和增强，反之员工素养和技能也支持着服从力的加强。

总结：员工的素养和技能与员工的服从力是相辅相成的，与团队的服从力是相互推动和制约的。只有把员工的素养和技能修炼好，修炼到一定的程度，才有可能推动和促进员工服从力的提升和增强。员工的服从力反过来又推动和促进着员工素养和技能的提升和加强。总之，员工的素养和技能是员工的内在修为，员工的服从力是员工工作的外在呈现。两个方面是相互推动和制约的，通过提升员工的素养和技能来提升员工的服从力，是需要专注和投入的，而且是需要全身心的专注与投入。没有良好的素养和技能，谈服从力就是无源之水、无本之木，就没有任何价值。离开服从力谈员工素养与技能就没有方向和目标，员工素养与技能是需要服从力来呈现的。

第三节 服从者与逆反者的区别及认识

逆反者与服从者的相互证明

逆反者很多时候证明了别人是服从者，因为社会会拿逆反者的行为与服从者的行为进行对比；同样，服从者也是逆反者的证明。

其实，当一个人本身有些逆反，或者服从力较低，大家不一定认为他是逆反者；可是当旁边出现了一个服从力非常强的人与他作比较时，服从力不强的人就被贴上了逆反者的标签。同样，某个人的服从力本身不是太强，大家也没认为他有多优秀，可是突然出现了一个爱唱反调的人时，这个服从力不太强的人很容易就成了别人心中的优秀人物。所以，逆反者的存在证明了服从者的优秀，服从者的存在证明了逆反者的反面身份。

不要被贴上逆反者的标签

如果在一个群体里，没有一个很差的人，这时所有人的机会都是平等的，这个群体里也没有一个人会被说成是最优秀的，于是这个群体就非常和谐地形成了“有福同享，有难同当”的氛围。但是，在这样的群体里，其实没有一个人会有太大成就，也没有一个人会获得太多机会。

可是，当这个群体里突然有一个人被贴上了“逆反者”的标签时，一瞬间，所有没被贴上这个标签的人全部成了优秀人士，从此，脏活累活都归了这个“逆反者”，发展机会都归了别人。

甚至有一批人，心中有一个标杆——“不求做好的，只要比逆反者强一点就好”，这个时候，在较长一段时间内，被贴上“逆反者”标签的人，他的职业生涯一定不会太乐观。

下面，我们就来分析一下逆反者和服从者的语言行为和习惯。

一、逆反者常用语言

1. 逆反者的首要表现是语言

在社会上，几乎绝大多数的逆反者都是用语言表现出他的逆反，同时别人为逆反者贴标签也是因为他在语言上缺乏服从。当然，也有一些心理有问题的人，他们在语言上没有半点异常，可是在他的内心深处和他的行为中，往往会有惊人的举动。

本书指的逆反者不包括心理障碍人士。

2.“被冤枉的逆反者”

“语言逆反者”是指他的行为上没有太多逆反表现，也没有对社会和组织造成多大危害，可是却因为他那张比较麻烦的嘴，经常惹得团队不高兴，惹得上级不高兴，惹得客户不高兴，进而影响了他在别人心中的形象和地位。

很多人心地善良，却偶尔爱随便调侃，对于这样的人，作者建议他盘点一下：近一年来你得罪过哪些人？有哪些原本很容易办成的事，却要大费周折才能办成？有哪些别人可以帮而不帮你办的事，你办得很辛苦？

盘点之后，你再思考一下：你逞嘴上一时之快与你付出的代价是否成正比？

如果你觉得约束一下“逞一时之快”的逆反语言，会为你减少很多损失以及避免别人对你的负面评价的话，建议你修改一下语言风格，约束一下没有恶意的逆反语言。

3. 逆反者常用语言

（1）“你的这个方法不可行。”当你说出这句话的时候，对方一定不会因为你的这句话而高兴，至于他会不会不高兴，那就要看他的包容能力了。如果对方是一个缺乏包容能力的人，你与他的不愉快就算结下了。当然，我们还是祝你好运，希望那个人是有包容能力的。

（2）“你的这个观点是错误的。”其实，世界上哪有那么多绝对正确和错误的观点？至于对观点的正确与错误的判断，往往取决于听的人是否认同说者的观点。有的时候，你不认同的观点，可能有别人认同，说不定说出这个观点的人不是对你说的，而是对接受这个观点的人说的，可是当你反对了这个与你毫无关系的观点时，你就因为一个与你毫无关系的事情得罪了一群人。

（3）“如果你坚持你的意见，我选择退出。”这种在非原则性问题上的“非黑即白，鱼死网破”的语言风格，通常小学三年级以上学历的人不会再说了。每个人可以有自己的观点，也可以有自己的想法，但是当你说出了上述言论之后，就等于你在强迫别人跟随你的观点，而放弃别人的观点。同时，说出这句话的人，就等于失去了做这件事情的资格与机会。于是，这件事情就与你毫无关系了，而同时你从此被贴上了“反对派”、“逆反者”的标签。

（4）“打住，你不要说了。”打断别人说话，是非常不礼貌的行为，实际上比逆反者行为更加让人无法接受。当一个人礼貌的美德都失去了，他身上的其他美德也就基本上得不到任何人的认可了。

（5）“……菜有什么好吃的。”当很多人决定去一个地方吃饭，突然有一个人说出这么一句破坏所有人兴致的语言，这种情况是比较常见的。其实只是一顿饭而已，又不是什么大事，却因为这么一句话，大家心中为他贴上了“他不合群”、“我们不是一路人”的标签。这样，这个人的人际关系就会较差。

（6）“……有什么好追求的?”如果有人为追求事业拼命工作，把事业当成他这一阶段的绝对中心，有些人就会习惯性否认他的兴趣爱好和追求。而事实上，一个人追求事业是无可非议的。如果突然有个人来这么一句：“难道你的人生就只有事业吗?”“事业就是你的全部吗?”其实，说这样话的人就是一个习惯性唱反调的人，他甚至会告诉别人“人生就是要多交朋友”等发展方向。可是如果哪一天有一个人把人生方向定位为多交朋友的时候，他又会告诉人家：“赚钱和事业才是人生的正途。”于是，他总是在反对每个人的追求与爱好，又拿他曾经反对过的观点向他正在反对的人推荐，这个人其实没有坏心眼，只是患有“习惯性逆反综合征”而已。

“小钢炮”

本书编委会成员余澍旸老师有一个发小朋友，大家都叫她“小钢炮”，其特性是个头娇小、语言冲击力太强，敢拿脑袋撞汽车，因此得来“小钢炮”称号。

“小钢炮”18岁时，一身的爷们儿豪情，于是她交了很多铁哥们儿。“小钢炮”的小聪明才智也非常多，还加入了一些高端的社会团体。在一次比较高层次的饭局中，所有人都是身份较为显赫的成功人士。其间，饭局的召集人和买单人客气地对“小钢炮”说：“小姑娘，你来点菜吧。”

“小钢炮”回答了一句：“没事，你们点什么我吃什么。”

结果，不一会儿，十多个菜就点下了，服务员正要离开，“小钢炮”说了一句：“服务员，把点的菜给我看看。”

“小钢炮”一手拿着菜单，一手拿着笔说：“这个有什么好吃的？不要，划掉。”“那个有什么好吃的？划掉，不要。”……就这样，菜被她划掉了不少，她还很礼貌地又说了一句：“哥哥们，没事，你们点吧，你们点什么我吃什么。”

就这样，“小钢炮”在任何群体里都是昙花一现的短期过客，好在她的智商非常高，同时在最短时间内让人喜欢她的能力也很强，于是她总是不停地进入新的团体，然后又离开那个团体。最主要的是，她离开任何团体之后，都会成为那个团体的谈资。

故事总结：“小钢炮”的聪明不可否认，她的豪爽性格也毋庸置疑，她的机会更是比任何人多了太多，可是“小钢炮”的逆反者性格彻底地击败了她的聪明和豪爽性格。她的聪明和豪爽性格及快速交往能力原本能给她带来非常多的发展机会，却败在了她的逆反者性格上。

二、服从者常用语言

1. 服从者的首要表现是语言

很多人没有给别人带来什么实际的好处，可是他却是所有人心中的好朋友，其主要原因是“任何时候，口德至上”。

任何人在社会上不重要的交往远远比重要事情多出几倍和几十倍，而不重要的交往实际上既没有太多时间的投入，也不需要物质和经济的投入。但是，不太重要的交往却成为了别人认为要不要和你进行实质性交往的考核，这个时候，“口德”就成了服从力高低的衡量标准。

作为一个社会人，任何时候在口德上对人好一点，自己也不会少点什么，为什么不对别人好点呢？如果在自己没有任何损失的情况下，口德上不能对别人好一点时，带来的损失却是巨大的。

所以，服从者被人认知的首要元素就是“口德”。

2. 服从者常用语言分析

(1)“这事交给我您放心，马上给您办好。”当有一个必须要办的事情产生时，如果你只办了事没有这句话，就形成了“事倍功半”；如果有了这句话，就形成了“事半功倍”。很多人在别人心中是“实事求是，公事公办”的机器人，因此，机器人做事是不需要被答谢的。可是，有了这句话之后，他在人心中就成了“实事求是，公事公办，用情用心”的人。

(2)“这事情有点难，不过您放心，马上就给您办。”很多人千辛万苦为别人做事，结果别人认为这是一件轻而易举的事情，他的付出没有获得对等的认可；如果加上这样一句话，别人就会更加理解你为他人诚心办事的心情。

(3)“只要是您的事，我一定百分之百支持。”当对方听到你这样的话时，任何时候他在你面前都是安心的，这样就会形成两人之间信赖和默契的关系，很多时候他能说的不能说的话也都会告诉你；而且，所有的机会也会优先给你。

(4)“这是好事啊，您不需要跟我商量，命令我就行。”用这样的语言对待上级安排的事情，你在上级心中既成为了能干事儿的人，也成为具有一定认知水平的懂“看事”的人。其实，只要上级安排了，你愿意不愿意都得去做，如果你在不情愿或者认知度不高的情况下去做，你得到的只是一份工资；反之，如果你有较高认知，而且心甘情愿地去做，你得到的就是工资＋认可＋未来机会。

(5)“这个观点太好了，学习了长知识。”这样的话让对方有“师者荣誉感”，这句话说出去对方会觉得在你心中他是一个有智慧的人。现实中，很多人对“知音”的喜欢大于对“忠诚”的喜欢。一切的赞美和甜言蜜语，只能达到“忠诚”的效果，而“奉他为师”则能达到“知音”的效果。通过这种方式拉近与领导、同事之间的关系，对工作、对个人发展都是有好处的。

(6)“有事您说话。”这句话显示了干脆果断、不拖泥带水，同时，也展示了“绝对服从”的决心，暗示了“我们之间不需要有太多的客套，只要是您的想法和您的话，我都会认真对待”。很多人喜欢跟上级和他人讨价还价，结果有的人是事情做了没得到认可，有的人压根儿就连为别人做事的机会都失去了。

(7)“这是个非常好的想法，我希望跟随您一起做这件事情。”这样的话既体现了你百分之百的服从，又表现了你对对方的尊重，同时也展示了你争取成为其中一员的意愿。很多人喜欢单词和单句附和，如“好的”、“很好”、“太棒了”等附和性语句，但是这种太常规、太随性的附和性语句实际上最多只能让对方不讨厌你，如果想要对方给你机会，或者让对方喜欢你、欣赏你，建议用长句子和多重附和性语言。

(8)“您的建议不错，我们就去那一家。”这样的话既百分之百地认同了对方的观点和想法，同时在众多人面前做到了率先表态支持，从而加重了大家对观点提出者的跟随倾向性，让可能的逆反者打消他的逆反念头。很多上级或者非职权影响力人士，在做某件事之前，都希望做一个支持率摸底。如果你平时的言论中经常会出现对提案者观点意味的加强，你就离团队二号人物不太远了。同时，你的服从力气质也就慢慢修炼成了。

总结：人的一切收获一般都是你劳动而得，但是一定是有人愿意给你劳动的机会，而劳动的机会概率决定了一个人的收获和成长。很多时候领导升级、换工作、接手重大项目都会从过去队伍中带上少量核心支持者，而对核心支持者的选择一定不会是一个天天跟自己“干架”、拌嘴的人，也不会选一天到晚给上级添堵的人。

虽然很多人心中都有“良药苦口”的认识，认为当我说的话对方不爱听时，我说的一定是“好话”，如果别人听不进我的“好话”，只能说明别人用人能力出了问题。其实，“忠言逆耳”虽然是千古名训，但是一个人心情比较好的时候分析事物和做出决策的质量一定会好；反之，如果一个人心情不好，很多思维、决策的质量也就降低了。所以，我们自己认为的“良药苦口”、“忠言逆耳”实际上更多时候是给他人添堵，影响了他人思维决策的质量。

三、逆反者常用思维逻辑分析

不同的逆反者有其不同的逆反原因，而作为逆反者的逆反对象（即逆反者反对的人），一定要搞清楚逆反者逆反的原因和出发点，因为很多逆反者并无恶意，只是不善于表达而已。如果没有恶意的逆反者被上级和朋友误认为“不友好”，可能就埋没了一个人才、失去了一个朋友、培养了一个仇人。

下面，我们分析一下逆反者都有哪些逆反出发点。

1. 表达的失败者

很多人心中有爱，心中尊重对方，尊重上级，只是由于不善言辞、缺乏语言策略，于是在表达自己意见时，甚至在表达支持别人时，都被表达成反对的味道了。

应对这样的现象，首先，表达者自己要提升和改变自己的表达能力；其次，被反对者要认清他的真实观点及心里想法，将表达者的真正意愿引导出来，形成对事物和工作的建设性。

2. 害怕被人贴上“马屁精”标签

有些人心里很尊重上级或朋友，可是他心中总是有一种“独立人格认知”，他总是认为在语言上尊重、附和、服从是丢面子的事情，会被其他人贴上“马屁精”标签，因此，在私下里和很多重要场所，没有给权力人士、专家人士、焦点人物应有的礼貌与尊重。

当然，他心中也有一个对他人的错误认知，他总是认为别人都混到这个级别了，应该不会计较那一点点语言上的礼貌，而很多时候别人也会说：“我不会听你们说什么，我只看你们做什么。”结果这个下级就把一个上级的假话听成真话了。

职场中的每个人士，一定都要明白一个道理：无论你心中愿不愿意去尊重别人，无论你愿不愿意在语言上去附和、服从、赞美别人，但是作为一个职场人士，对人的尊重是一定要有的——对上级领导是一定要尊重的，对权威专家是必须要给予尊重的，对社会朋友及相关人士也是要给予相应尊重的。

尊重、认同、服从别人，既是对别人的真实的尊重与友好，又是每个人的个人素养的体现。当你认为不需要尊重别人时，你的个人素养也就现场打折了。

3. 心善嘴花花

“心善嘴花花”是一个人内心没什么恶意，甚至还可以说很善良、单纯、可爱，但是平时嘴巴上不留口德，要么是胡说八道，要么是调侃逗趣，要么是无意间发表了非他本心的观点，但是却对上级或者发言者造成了不尊重或者难堪的局面。

这样的人性格上比较随性，可能在专业能力和学识上也有较深造诣，于是有了随性的资本，当然这些资本也被他的随性所毁，失去了这些资本应该得到的职位、收入和尊重。

建议“心善嘴花花”的人逐步减少“花花”数量，多分析一下自己的一句“花花”到底能带给你什么，你的一句“花花”到底会毁掉你什么。

一个名人的妻子

有一位在职场上贡献卓越、在国际国内也都略有影响力的人，当然他的获得一定与他的服从能力、服从气质有关。所以，任何人都认定这个人比较好相处，而这个人也确实脾气较好。

因为他的脾气非常之好，原本脾气同样好的妻子慢慢地在脾气上成为了丈夫的管理者，也随着丈夫职位、地位的进步，妻子的脾气也跟着“进步”了。

长此以往，名人的妻子经常会对名人的手下进行一些指指点点，慢慢对丈夫也指指点点，再慢慢地，对丈夫的领导和客户也会略带点脾气和性格。

这位先生经常会对妻子的某些行为进行一些提醒或者约束，而结果一定是会被妻子狠狠地批评一顿。最后，这位名人的很多朋友慢慢离去，很多工作关系、合作关系也随之遇到障碍。

故事总结：这位妻子的内心是善良的，可是往往会因为一些不经意的行为影响了氛围，也影响了她的先生在别人心中的分量。

4. 找存在感

有些人在单位里或者在朋友圈不具备影响力和魅力，在很多赞美和表扬名单中，从来没有他的名字，这样的人群体还比较庞大，很多人不觉得这是一件不好的事情，但是却有少量的人，本身不去努力，也不爱学习，却又不甘于寂寞，于是经常在关键时刻冷不丁地来那么一句煞风景、唱反调的言论。

很多组织的领导偶尔会忽略与下属的情感交流，很多专家、学者和非职位影响力人士也因为缺少与此类人的沟通与交流，因此在部分人心中就埋下了一颗报复的种子，也就形成了默默无闻的人因为找存在感而成为了逆反者。

其实，他们本身并没大错，作为领导者和焦点人物，平时应该多与这群人进行情感交流。同时，作为一个职业人士，既然你选择了不努力、不奋斗，就不要过多地要求上级以你为中心，因为上级也有太多的工作和事情要处理。

喜欢找“存在感”的人，如果自己想改变局面，其实有很多种方法。

（1）成为一个快乐的职场工作者：朋友多了，自然就不缺乏存在感了。

（2）主动与上级领导沟通交流：在沟通中，承认自己能力不足，但表示对公司的忠心、忠诚和对领导的服从一定高于他人。

（3）努力学习，改变局面：在现代常规职场工作中，只要认真了，就不太可能与他人存在太多差距，所以通过学习提升自己的能力，改变自己在组织中默默无闻的格局。

（4）提升工作外的幸福指数：工作不是一个人的全部，工作中的快乐也不是一个人全部的快乐，每个人有非常多的快乐机会和方向，但是如果因为工作中不被认可，就养成了“找存在感”的性格，那这种性格会在他人生中各领域不经意中出现，那他的人生就真的不会幸福了。

（5）万事想开点，别计较：如果真的已经无法在工作中获得成就感，那就把工作当成一辈子的工作，每天上班干活，月底拿钱，因为也不会由于有人喜欢你，你就多了一毛钱工资；与其斤斤计较，让自己不快乐，还不如从内心深处放下，只要认真做好自己的工作，别的随他去。但是，切不可拿工作和团队氛围开玩笑和赌气。

5. 新仇旧恨

有些人“对人不对事”，在他的工作、生活中，主观思维较重，客观思维较轻，这样的人要是有谁得罪了他，他会不分轻重、不分场合地报复回来。这样的人生活中其实也不乏朋友，但是个人利益情结太重，往往在工作中或社会交往中，对得罪过他的人的一切行为进行反对。

组织管理者在生活中一定要做好对此类人的防备，能不让他进入团队，就不让他进入团队。如果已经成为团队的一员，尽量不“引爆”他为好，因为这样的人可能会记恨一辈子。

如果你有“新仇旧恨必报”情结，建议你在反对别人时还是要分一下场合；当然，如果能够看开些、包容些则更好。

6.“道不同还同谋”

社会上并不全是“道不同不相为谋”的人，能真正做到“道不同不相为谋”的人，绝对是有实力、有较高人格魅力和较强创造力的人。

在中国，很多夫妻其实早已经到了离婚的矛盾级别，可是纠结于财产分配、老人孩子的感情而失去了离婚的能力。这就是典型的“道不同还同谋”。

在职场上，很多人有一份较高的工资，又不太能够找到更好的出路，当他与上级和同事发生不愉快时，分析了自己可能在社会上找不到比现在更好的位置和收入的工作，于是也只能“道不同还同谋”。

当一个人心中认定了“道不同”时，在工作中、生活中的敌我矛盾就时刻显现了出来。于是，逆反者行为和态度也就产生了。

7. 有忠诚无主见

有些职位、身份、能力较低的人，只做忠臣，不做良臣。当他在公司有了一个可依靠者时，无论任何情况下，他都维护他的可依靠者的利益，完全不考虑他的可依靠者是对是错。这样，一个企业的“拉帮结派”也就产生了。企业的人才和精英，60%以上的能量用于内斗，不到40%的能量用于与企业的竞争对手斗，有了这样的人之后，企业人才的能力就无法得到最大化发挥，企业的发展也就因此而受到了制约。

这样的人应该多想想：你的工作核心是什么？你的最后工作目的是什么？到底是那个上级为你创造了就业，还是公司为你创造了就业？

如果一个人把这笔账算清楚了，那他的职业生涯也就算清楚了。

8.“道不同不相为谋”

“君子和而不同，小人同而不和”。在一个单位，每个人都有自己的理念和观点，因此作为一个企业，也需要用多种理念和观点为公司寻找未来的发展之路。但是，在各种场合，每个人都会发表和坚持自己的主张，当几种不同主张的人在一起时，场面自然是非常热闹，也就形成了“道不同不相为谋”。

（1）“真君子”的“道不同不相为谋”。

这里的“道不同不相为谋”指的不是分道扬镳，也不是这个公司有你没我，有我没你。而是在没有决策前，大家各自发表自己的意见，相互质疑和推翻，但是一旦上级有了准确的规定和标准后，所有人便放下成见，做共同的事情，但是成见虽然放下，自己的“道”却依然存在。

这样的人属于有较高品德、能包容他人的人，也是能为了公司、组织的整体利益放弃自己观点的人。

（2）“伪君子”的“道不同不相为谋”。

但是另一种“道不同不相为谋”则是“我坚决推翻你的观点”，为你的一切观点设陷阱、使绊子，只管自己斗得不亦乐乎，不管公司有没有受损失，其最后的目的就是一定要把“我不喜欢的人”赶出这个团体。对于这样的逆反者，公司绝对不可以让他们走到能对公司事务进行决策的职位，否则这个公司一定不会有好的发展。

（3）“真君子”的妥协与安抚。

如果你选择了理性的“道不同不相为谋”，那么在公司有了决策结果后，如果你的观点成为了主流，就一定要在第一时间对“道不同”者进行安抚和感谢，这样别人才会放下面子和观点，来支持你、配合你。

同样，如果你的观点和想法被最后的决策所否定时，你一定要有非常高的姿态来祝贺别人、支持别人、服从别人，这才是“真君子”行为。

（4）“伪君子”请你改变或离开。

如果你选择了感性的“道不同不相为谋”，就等于选择了违背最后决策，和人死磕到底的后期计划。若果真如此，建议你要么改变态度，转向理性“道不同不相为谋”——当然，对狭隘的人，这是一种超脱，难度会很大；要么建议你辞职或调换部门，离开这个团队。如果你既不想改变又不想离开的话，在接下来的时间，大家都会非常辛苦，团队也会因此受到重大损失，而你在这段时间里的唯一收获恐怕就只是拿点工资而已。

总结：不要做团队、上级、氛围的逆反者，因为你的逆反会对很多人造成伤害——当然，受伤最大的是你自己。如果你过去曾经有了某种逆反行为，那请你计算一下逆反的代价，从而慢慢多一点服从心态和服从行为。

团队的管理者和团队成员也要分析其他逆反者的逆反动机，尽量做到理解、包容、引导、化解。

四、服从者常用思维逻辑分析

这方面内容将在本书其他章节中进行详细讲解，在此就不作重复说明了，敬请读者朋友谅解（这就是服从力情怀与服从力气质）。

五、拒绝服从者动机分析

1. 贪“小便宜”心理驱动“拒绝服从能量”

很多人认为“别人没干活，凭什么要我干活”，于是他的“拒绝服从能量”就被驱动了。有些人经常说“凭什么我干得多，别人干得少”，还有人认为“别人分配的多，我分配的少”，于是，“拒绝服从能量”就逐步被驱动了。

当然，很多组织的负责人在工作分配上、利益分配上、管理能力上也确实存在问题，再加上又遇到爱贪便宜的人、爱斤斤计较的人时，服从力的问题就被激化了。

2. 对人不对事之“前怨未消影响认知”的“拒绝服从驱动能量”

在上一篇章中，我们已讲到过这个观点，在这里不作多的讲解。

一个人如果被一个对自己不满的人缠上，无疑是一件非常悲哀的事情。在这里，除了建议“有仇必报”者试试看开点之外，尽可能地每个人都不要去招惹这样的人。如果真的招惹上了，那就主动道个歉，安抚一下，让事情尽快过去。

如果一个组织真的出现了不顾大局、存心报复的人时，应该在制度上对这样的人有相应的约束和规范。

3. 充当他人"出头鸟"驱动了对服从的拒绝

很多"比较笨"的人，经常会充当他人的"出头鸟"，在这一件事情上，本书作者之一周平老师就经常在这方面被人利用；可一旦明白过来时，感受到的只有惨痛的代价。

社会上确实有些人喜欢利用别人的"疾恶如仇"和"对事不对人"思想、"惩恶扬善"思想，来达到自己想说而不敢说、自己想发泄而不敢发泄的报复性目的。

作为周平老师这样"比较笨"的人，建议大家还是思考一下挑唆者的动机。

其实，化解挑唆者的阴谋非常容易，有两个方法可以轻松解决：

第一，做"出头鸟"时，说明"我是谁的代言人"。

第二，叫上挑唆者一起去向对方了解对方的想法和观点。

4. 对微小的不公平斤斤计较驱动了"拒绝服从能量"

很多人生怕自己吃亏，或者对一点点小的吃亏心怀不满，甚至有些人想获得的比别人多一些；当他们的期望值不能得到满足时，拒绝服从的能量也就加强了。

如果一个企业这样的事情发生比较频繁时，这个企业就需要加大对员工的心态培训、包容培训、付出精神培训。

5. 心服口花对人生职场的恶劣影响

很多人，他的心里是百分百认同的，可是往往碍于面子，总得唠叨两句、反驳两句，这样的人对组织的贡献可能比很多人还要多，但是却因为语言上的不检点，让上级认为他的态度和观念与组织有偏差而失去了太多机会。所以，如果一个人在你心中被认定为是好的，就不要在嘴上逞能了；如果真的到了"爱你在心口难开"的地步，受伤吃苦的还是你自己。

6. 找"存在感"无意识造成的上级对人的服从力"低下"认知

有些人在组织中不被关注，同事关系也不太好，于是经常会为了找存在感而发表一些言论。其实，他本身也是个弱者，而他的出发点也不是想刻意去伤害谁，但结果往往是被上级认为他的服从力低下，于是被打入“冷宫”也就在所难免了。

7. 观点和原则对立而驱动的强烈拒绝服从驱动能量

有些事情确实被你在个人观点上不能接受或者在原则上不能认同，这样的人其实没有坏心眼也没有报复心，只是心直口快地将自己的想法说了出来。

由此，很多正能量不够的上级和同事，往往将这种高尚品质列为“不是一路人”的行列，从而可能导致关系激化。

8.“心不爽”而充当的顶门柱，被上级视为“如鲠在喉”

很多时候，别人的某些言行让我们的心里不舒服了，于是不报复回去心里会更不舒服。很多人都有这样的态度。

著名武术家叶问的一句名言这么说道：“在武功上赢了别人，在武德上同样也要赢得别人，别人在武功上输给了自己，但是一定要让他在面子上赢回去。”

叶问一辈子打败过无数武林高手，却每次打败别人之后，都会说“承让了”，经常还会加上半句：“其实你再坚持一下，我就输了”。这样的言论提升了叶问的武德，同时也让败的人败得心里舒服。于是，他没有因为打败别人而结下仇恨。很多武林高手往往打败别人之后，第一件事就是欢呼雀跃，甚至还给别人竖个小拇指来侮辱别人，从而激发了别人的报仇心理——如果公开比武打不过你，使点黑手、下点毒药，找你家里人一点麻烦，这么惨痛的代价，实际上就只是一件事情——没有让人家心里舒服。

9.“玻璃人”习惯给上级造成“不信任”意识流定义

“玻璃人”是指最容易被伤害的人，而这样的人处处需要人呵护；他的情商非常低下，在很多人看来，完全不是问题的事情，他则认为别人狠狠地伤害了他。久了之后，同事和上级就会将他定位为“情绪化太重”或“短期内不堪大用”。

当然，很多人就是这样被宠坏的，如果最早的时候不对他进行处处呵护，不因为一点点小的事情就去道歉、安抚，他的“玻璃人性格”可能就自我治愈了。

10. 手忙口“脏”造成上级对服从者的全盘否定

很多人对工作有非常大的贡献，可是他经常边做边发牢骚，同时他内心深处又认可了这样的工作环境，可是他就是不发牢骚心里不舒服。结果，发了牢骚后，他心里舒服了，上级却对他不舒服了。因此，这种人就叫“有苦劳，无功劳”。

当我们遇到这样的事情时，坏的事情如果我们口是心非地把它说好，那就是服从力气质；好的事我们口是心非地把它说成坏，这就是服从力低下的表现。

总结：做一个行为服从的人，领导会放心把事情交给你；

做一个观点、理念服从的人，领导会把你当成他的“自己人”；

做一个认知服从的人，领导会认为你思想觉悟很高。

反之，你就会被领导贴上“不配合、不服从”的标签；尽管你可能做了很多实在的事情，最终结果也难逃不被重用的命运。

上级认为你“不服从”的观点是很容易被改变的，只需要很短的时间，连续从语言上、态度上、行为上表现得非常服从，不出半个月时间，领导对你的不好看法很快就会烟消云散。当然，当不好的服从力观点改变之后，就应该坚持这种行为和态度，否则一旦领导认为你又退回去了，之后要改变，就会非常困难。

第三章 个人服从能力级别评估

第一节　服从能力的三个方面及五个级别

一、服从能力的三个方面

我们在第一章中写了服从力的三大系统，分别是：认知系统、言论系统和行为系统。

没有认知系统就没有服从的使命感和意志力；

没有言论系统就没有别人对你服从能力的信任；

没有行为系统就没有服从要产生的结果。

接下来，我们就三大系统的有效落实进行简单讲解。

1. 服从的态度及思想

(1) 服从的态度决定了服从的驱动力。

别人对你是否信任主要取决于你服从的态度。很多人在对某件事情如何分工的时候，往往会有以下思考：

A. 小伙子能力不错，就是可能不太愿意去做这件事情；

B. 这个小伙子态度倒是挺好，要是能力上再强一点就更好了；

C. 这小伙子态度非常好，能力虽然不如 A 小伙强，但做成这件事足矣。

以上三个思考毫无疑问是“C 小伙”获得了信任和机会。同时，作为“A

小伙”，如果团队中没有“C 小伙”这么个人，“A 小伙”充其量也只能是干活有他、功劳没他。

如果“A 小伙”在没有“C 小伙”的情况下，临危受命做了上级要求做的事情，在没有获得功劳表彰时，去找领导理论“为什么没有给我记功劳”时，领导只需要说一句话“难道这不是你工作中该做的吗”，这样一来“A 小伙”的功劳和苦劳都让工资抵消了。

“C 小伙”则不同：他做完这件事情后，领导会组织部门开会。“A 小伙”这时候就成了不服从管理的反面教材，“C 小伙”这个时候就该加薪进爵了。

总结：服从的态度决定了自己对做一件事情的驱动力，也决定了上级让你做这件事情的驱动力；反之，操作能力再强，一旦上级觉得你缺乏了服从的态度时，你的能力也就毫无用处了。即便团队中没有别人可以替代你，但事情结束后也难免被卸磨杀驴。

（2）服从的态度驱动了思想的高度。

很多人只是态度的服从，而服从之后就是有力无脑地去干活。可是，当一个人对某件事情缺乏思想上的高度认识时，做事的质量或者做事的全局性也就降低了。

①服从职位：很多人是因为服从上级这个职位而选择了言听计从，往往按领导的要求去做事，不会在做事中加注自己的思想，甚至在操作中发现了上级的指挥在实际操作中可能不是最理想的，而自己又具备达到最理想的能力时，往往放弃最佳的达成结果。

②服从岗位：很多人干一天事完成一天任务，不求有功但求无过。他会努力地把事情做到更好，但却不太会主动地去思考创造性价值。这样的人在工作上几乎是无可挑剔，但是他原本可以为公司和组织创造更高的价值，并走向更高的职位，却由于他本人的格局仅限于双手，而无法为自己创造更幸福、更有成就的人生。

③服从思想：很多人在态度上有非常好的服从力，但在做任何事情时，他都会思考这件事情的最后核心价值，于是这类人在完成任务时，除了做好本职工

作以外，还可能会考虑与做该项任务相关联的事务。这种人被称之为“有预见性”。

④服从内心：很多人常说“你有没有用心做事”，任何人在执行任何一项任务时，都要凭借着自己的良心来做事情，否则就成了完成上级指派任务而在这件事情中没有加注自己的情感，这就是社会上常说的“有法无情”。

故事 **珠海公交集团的一位有法有情的公交司机**

在中国《PTT国际专业讲师培训》导师班上，有一位公交集团高管林菁参加了导师班的学习，在课程中，他讲了一个有法有情的故事。

公交司机一定是在指定的位置停车，供乘客方便上下车。有些站台地势较低，雨天容易积水，很多乘客下车时鞋和裤子容易被打湿。司机们按规定位置停车，绝对不会有任何人能找到挑剔的理由。而有一位司机在雨天选择停车时，一定会考虑该路段上下乘客的安排和方便，尽可能绕开积水位置，又没有驶离停车范围。这个司机就做到了“有法有情”。

故事总结：很多司机会因为工作压力大、社会地位不高、收入也不太高，在停车时，会在权力范围内故意刁难乘客，或者不经意地给乘客带来不方便，但是他却在工作范围内合理合法。而故事中的这位司机，他做到了法中有情，这样既方便了每位乘客，又为公司赢得了美誉度，自己的道德素养也得到了广大乘客的认可。

（3）四大服从的成果比较。

①服从职位：服从了上级就是做到了按规章制度做事，而上级最多也只能对你按规章制度办事。当上级从思想上和内心里不认同你时，你会成为一辈子的优秀老员工。

②服从岗位：服从岗位最多能做到工作质量较好，不犯错误；但是缺乏了思想和情感的做事，自然也不会得到别人思想上的认同和情感上的喜欢的回报。不过，这样的人应该会经常获得上级或公司给予的不太重要的奖项和

表扬。

③服从思想：服从思想是指做每件事情时，都会对这件事情的最高价值和最高使命进行分析。当其在工作中有了全局观时，他的很多事情都会为下一件事情或者下一环节做好铺垫。于是，他在和其他人做同一件事情时，工作量却少了很多。

当一个人被上级认为“这个人做事情很有思想”时，这个人在团队中的威望和前途也就显而易见了。

④服从内心：服从内心就是做好自己，做任何事情都考虑对得起领导、对得起客户、对得起同事、对得起自己的良心。实际上“服从内心”高于了“服从思想”和“服从职业和岗位”。

“服从内心”的人可能在业绩上、前途上不如“服从思想”的人那么便捷和快速。但是“服从内心”者自己内心中的满足、自己内心中的成就、自己内心中的快乐指数会非常高，自己内心中的愧疚会很少。

（4）小结。

一个人只有态度服从了和思想服从了，做起事来才快乐，做事的驱动力才强，做事的速度和效果才会更好。

就如“和喜欢的人一起生活”，这是态度服从，也就是说，和喜欢的人一起生活，生活就会幸福。同样还是那个人，“如果你不喜欢对方，却还要被迫一起生活”，那你的生活就一定是痛苦的、就一定是不幸福的。

告诫：既然你“态度服从”要做、“态度不服从”也要做，而你在“态度服从”好与不好上级又能看得出来时，服从造成的结果就不一样了。与其这样，还不如想办法从态度上做到服从。

2. 服从的能力

（1）服从需要能力。

比喻：

上级指派工作最怕的是“用肉包子打狗”，结果不但没把狗打痛，而且连吓唬狗的目的也没达成，反而还把狗养得肥肥的。

我相信“用肉包子打狗”的人，其目的一定是想起到打狗的作用，而不是想把狗养肥，出现错误结果的原因在于武器选择错误。

用人：

用人和被人用最怕也和上面的比喻一样，用了一个不合格的武器造成了结果的失败。

在用人时，首先要考虑的是他的意愿“态度服从”和他的能力是否具备。同样，在被人用时，也要考虑到自己的能力是否具备，千万不要出现“上级原本是想给自己机会”而结果却成了“打狗的肉包子”。

（2）让自己的能力达到服从的能力。

①现象：很多人自身能力不具备，却又怕别人抢了功，于是不管自己能不能做好，都大包大揽地向前冲。结果却成了“态度服从”超强，“能力服从”不够的惨局。当然，有的时候可能是服从者低估了服从的难度，或者用人者高估了“服从者”的能力。

②分析：服从者在接受一件事情和被指派做一件事情时，一定要分析出该事情的难易度。切记：一次的失败可能就让上级对你产生失望，从而不敢再次给你机会。同时，一次的失败对企业和组织一定会造成相应或者巨大的损失。

无论是不想给公司造成损失，还是不想让上级怀疑自身的能力，总之“没有金刚钻，不揽瓷器活”这句名言没错。

③提升：当自己出现在一个岗位时，一定要在最短时间内掌握该岗位工作的能力。将自己的能力提升到组织中较高水平，达到获得上级百分之百放心的标准。这个时候我们自己的“态度服从”才能获得“能力服从”的机会。

同时，也要提升自己本职工作以外的相关联工作能力，以便在其他工作缺乏较高水平人员时，自己能有顶上的机会。

在这里，不由得想起我的好朋友洪海江老师的一本书《预见才能遇见》，说的是之前对事情有了预见性，在遇到机会时，机会才会真正属于自己。

④能力：达到了服从的能力才能驾驭服从的机会。很多人经常和上级顶撞、吵架，中间常常会出现这么一句台词：“你老不信任我，你给过我机会

吗?”说这种话的人，一般都做好了离职的心理准备。如果你没有做离开的打算，上面的台词最好不要出现。

这里还是要说明一下：“不给你机会”要么是不信任你的态度，要么是不信任你的能力，更或者态度和能力都不信任。

（3）不要让态度等得太久。

很多人的态度和忠诚早就获得了上级的认可，而上级却苦苦地等不到这些人的能力。实际上，认可了下属的态度却等不到下属的能力，对上级而言是件非常痛苦的事情。因为，认可下属的态度和忠诚而不忍心伤害和开除下属，然而下属不具备能力却还得花钱养着他。

同样，当你已经具备了忠诚和态度，上级就一定等待着你有能力时给你机会。很多人往往因为自己的忠诚被上级认可，而沾沾自喜地认为有了忠诚就够了。实际上，当上级等了很久还没看到你的能力的时候，“诸葛亮挥泪斩马谡”也就自然会发生在你的身上。

不要让你的上级等待得太久；不要让你的态度冲得太前，能力掉得太后；要让你快速成为“态度与能力”双箭齐发、齐头并进的服从者。

（4）态度服从与能力服从计算公式。

①态度强能力弱＝周华健歌词：爱到尽头覆水难收（态度强）；在深夜无尽等候，独自泪流（能力弱）。

②态度弱能力强＝郭富城歌词：表面上很倔强，其实内心一团糟（态度弱）；胸中藏着一把火，这种日子不好过（能力强）。

③态度弱能力弱＝李白名句：弃我去者，昨日之日不可留（态度弱）；乱我心者，今日之日多烦忧（能力弱）。

④态度好能力强＝邓丽君歌词：我一见你就笑（态度好）；你那翩翩风采太美妙（能力强）。

总结：不要让自己成为态度好能力差的人。因为，你会成为喜欢你的人的负担，成为爱你的人的累赘。

不要成为态度弱能力强的人。因为，你的一切功劳和贡献都将会被人视而不见，你将会时刻有被人替代的危险，或者你永远是“千年老二”。

不要成为态度弱能力弱的人。你将会成为别人眼中的“可怜之人自有可恨之处”，而因为可恨所以混得可怜。

一定要成为态度好能力强的人。你将会成为领导心中的宝贝，同事心中的依靠，下属心中的榜样。

3. 服从的绩效及标准

（1）服从的简单目的。

很多人认为：服从就是为了让人开心、服从就是听别人的话等。实际上，服从的目的是在他人建构的目标基础上，成为目标达成的建设者。

有的人将“拍马屁”定位为“态度好”，实际上，这与服从毫无任何关联性，所以服从的简单目的就是产生上级要的绩效，达到上级要的标准。

（2）服从的目的是业绩。

要别人服从你，你要的是什么？我相信绝不会是听几句好听的话；绝对不是听几句阿谀奉承；绝对不是让人帮你做些端茶倒水的小事。如果是这样，你在别人对你最低端的服从下，却付出了非常高的经济代价。

因为，你对每个下属身上都是有成本投入的，如果你给下属安排的只是上述工作，那下属完成起来就太容易了。而企业付出的工资及相关成本所产生的价值就太低了，甚至会一文不值。

①态度服从及带动他人的动力。

每个人都有该岗位的工作职责和使命。如果该员工完成工作中有太多的负面言论，就说明该员工的“态度服从”存在问题。这样的人除了自己不太可能完成任务外，还会影响别人完成任务的动力。

态度服从也是服从的业绩成果。因为下属自己的态度好，工作结果也自然有保障；同时，还能带动他人积极工作，激发他人的正能量。

②用服从产生业绩。

服从岗位的工作职责，在态度较好的情况下完成岗位的业绩，只有服从了岗位，才能确保岗位业绩的达成。

当我们不能正确看待岗位职责、不能正确理解上级对我们岗位的业绩量，当我们不以岗位业绩作为主要工作方向时，就绝对谈不上有服从精神。

服从，首先要解决的简单问题就是做好工作、保证工作量。

(3) 最高的服从是标准。

按标准做事是规范性组织和单位对人才考核的标准。如果一个人不能按标准做事，那么这个人的很多工作都有可能达不到标准，也就失去了组织和管理的一致性。

任何岗位都有非常多的各类标准，可能很多人个人的能力能够达到的标准高于组织标准，但组织标准一旦定下来后，就成了所有人的标准。如果某个人与所有人的标准产生了分毫差距，就必定给组织带来损失，或者影响到组织的整体性。

如：解放军走队列。

几百人按照统一的动作标准，确保每跨出一步的距离、每一步的时间、每一步离地面的高度，当几百人做到了完全一致时，这支军队的队列才能被全世界所折服。

可是，如果某个人说“我力气比别人大，腿可以抬得高一点”时，就会因为一个人较高的能力、较高的标准而拖累了整体队伍的一致性。

①服从岗位标准流程：几乎所有的标准流程都是数量和质量计算出来的。也就是说，按标准流程做事，数量、质量也就有了保障。

②服从组织、团队的氛围：保持了氛围就保持了和谐。一切影响氛围的人，要么充当了团队中的“鲶鱼”（如果不了解“鲶鱼”的概念，可以去了解“鲶鱼效应”，在此不作详细说明），要么充当了团队的“病菌”。

所以，如果不是上级指派你改变团队氛围，每个人就必须维护该团队的氛围。

③服从“不正当”任务：所谓引号的“不正当”任务是指：该员工没有正确理解这个任务，或者不接受某项任务，而被该员工自己认为是“不正当”

任务。

如：10 台生产设备有 3 台产生了故障，或者有人因某种原因不能来工作。然而部门却必须要按时完成某任务，于是，现场负责人决定，3 台故障设备的任务，由另外 7 台设备的人加班超额完成。很多人往往也把这样的任务当成了“不正当”任务。

任何事情都有可能发生意外，再周密的组织和计划也难免出现一些新的情况和变化。这种临时性的变化确实会打乱很多人的工作计划，甚至会增加工作人员的工作负担，还有可能降低工作人员的收入，但该项工作指令却是上级工作权力的一部分。

④服从标准化的工作任务量。

在每个人的工作中，既要保证工作的任务量，又要保证任务量需要的质量标准。如果没能完成任务量，就一定被列为任务没完成；如果不能保证质量标准，就一定会被列为质量不合格。这个时候“服从能力”就会受到质疑。

有些人会在工作中对数量不满意，实际上这就犯了“态度服从”的禁忌。有些人在工作中对组织制定的标准不满意，实际上这就犯了“认知服从”的禁忌。这些人都会被列入观点、文化与组织不相符的行列。

所以，既然是组织制定了某项标准，作为下属没有获得上级指派对标准进行修改的任务，就必须执行组织标准；如果上级对岗位有了任务量的准确标准，这时下属就必须完成和超额完成任务量的标准。

4. 总结

（1）态度服从决定别人的认知。

作为职场工作者或社会工作者，任何时候都必须在态度上做到绝对服从，在认知上做到绝对的靠近和认同，在思想上对事务有较高的认识和积极的理解，否则这个人一定会失去很多展现自我的机会，会失去很多与别人建立友好关系的机会。

（2）能力服从与服从能力。

在职场上每个人都必须掌握工作中的操作能力，达到组织中的较高工作水平的标准，让自己在机会来临时具备掌握机会的能力。同时，还要从性格、心态上提升服从的气质与服从的精神，让上级和相关人士认定自己是能完成某项任务的人。更重要的是，让人认同你是会服从的。

（3）服从的目的是产生绩效。

每个人都必须做好为组织和在岗位中产生绩效的决心和信心。同时，让自己的每一次服从都达成上级期望的绩效。更主要的是，按上级期望的标准去完成绩效。

二、服从力的五个级别

1. 上级对下属服从力分析

上级要准确了解每个下属的服从力级别，这样在进行重要事项分工时，才不至于所托非人。

很多时候上级没有分析清楚每个下属的服从力级别，从而在分工上将有难度的问题交给了缺乏服从能力的人，导致分工任务失败。有时候上级也将简单的问题交给了服从意愿差的人，同样也造成了任务失败。

更有时候上级对具有服从意愿和服从能力的人，没有进行合理分工，这样就寒了下属的心。

（1）职场中有忠臣、良臣和庸臣。

①忠臣：对公司忠、对事务忠、对体制忠，这样的人很多时候会与上级领导产生观点冲撞，有时候也气得上级跺脚吐血。在有生杀大权的封建社会，如果没有一个智慧的上级，做忠臣一定是悲哀的。

②良臣：既做到了忠臣的所有元素，又能考虑当权者的感受，所以良臣获得的东西远远高于忠臣。但如果面对的是一个智慧的上级，一定是忠臣比良臣要好做一些。任何时候，良臣的人际关系一定好于忠臣。

③庸臣：任何时候只考虑上级的心理感受，从不反对上级的错误决定，甚至还充当了上级错误决定的执行者和推动者。他只需要趋炎附势、揣摩上级的喜好，不会有太多建设性的意见和建议。这样的人只想着经营好当权者一个人

对他的喜欢和信任就行了，从来不会考虑其他人的利益和与其他人的人际关系。

（2）不同时局下忠臣、良臣、庸臣的生存环境。

①忠臣在明君时代与昏君时代的生存环境。

明君时代：明君时代忠臣大有作为，但人际关系相对较弱而上级也需要权衡全局，于是忠臣的职位上上下下、待遇上奖奖罚罚就在所难免。魏征、张居正就是如此命运。

昏君时代：昏君时代忠臣难做。一身的智慧和抱负及正气，不受体制所决定，忠臣的前途与成就完全靠上级的喜好、性格和上级身边的幕僚、好友在上级身边对忠臣的评价来决定。同样，既然是昏君，脾气暴躁、缺乏智慧也就在所难免，误杀几个忠臣也就实属正常。

忠臣缺乏良臣对上级的圆滑和温婉，同样缺乏庸臣的献媚与自贱。

②良臣在明君与昏君时代的生存环境。

明君时代：明君时代良臣对组织有非常大的贡献，但其地位和实惠远远不如忠臣。因为忠臣往往会在第一时间发表自己的观点，而良臣往往会在时机成熟后跟随忠臣的观点。

昏君时代：昏君时代良臣要比忠臣好做得多。几乎当权者在遇到大问题时，会准确认识到庸臣与幕僚的无能，又痛恨忠臣的自以为是和对权力者的藐视。于是在大事发生时，良臣就成了组织力挽狂澜、上阵杀敌的最佳人选。

良臣缺乏了忠臣对上级的直言与大气，同样缺乏了庸臣的逢迎与投机。

③庸臣在明君与昏君时代的生存环境。

明君时代：明君时代庸臣毫无作为，也没有任何发展机会。但庸臣却始终有较好的人际关系，保住低端职位不成问题。发生较大的事情时，也能智慧保命。

昏君时代：昏君时代庸臣可谓大有作为。他们任何时候都能抓住最有力的依靠和机会，拉帮结党后也能成为昏君的依靠。因为在庸臣当道时，忠臣几乎完全没有了市场。良臣也许是不忍心当权者身边无人可用，而假意追随庸臣，以待时机来临；又或者是贪图职位和好处，在不违背良心、不违反律法的情况下，追随了庸臣，或者是不反对庸臣。

也就是说，庸臣实际上也是有一定生产力和战斗力的。这是因为，毕竟有一帮能干的良臣可供其差遣。

很多人认为，良臣随了庸臣就等于失去了良臣的本性，而事实上良臣在具有忠臣的特质时，也会考虑上级的感受。昏君当道时，忠臣要么被害、要么被弃、要么自保离开。而这个时候，良臣考虑的则是“忠臣都走了，能干的人都走了，如果我也走了，上级身边就真的没人可用了”，由此可见良臣在昏君时代对组织的贡献更大。

庸臣缺乏了良臣的智慧和实力，同样也缺乏了忠臣的刚毅与品德。

2. 下属要了解自己服从的级别及差距

“人贵自知”说的是每个人都要对自己有准确的自知之明。很多时候自己没有能力做好一件事情，还怕别人抢了风头，于是就硬着头皮将自己没有能力做好的事情接了下来，结果造成了事情失败而使上级对自己不满意。同时，自己的职场对手什么也不需要做、什么也没做，却在领导和同事心中轻松超过了自己。

所以，每个人都要做好两个服从级别的分析：

①自己对公司、对上级的服从级别：据此来分析自己是否对公司、对上级忠诚。如果自己都分析出服从力不够，那么自己在这个组织中没有任何所获也就理所当然。

②了解自己与同事之间服从的差距：很多男人或女人在参加社会活动时，往往会发现同性朋友对异性的照顾往往优于自己，从而自愧自己对异性、对配偶没有给予很好的照顾。

职场工作中也是如此：也许你的服从力已经很好，但别人的服从力可能更好。于是，上级往往用最简单的思维模式来对下属进行比较。而服从力比别人差的你，可能很优秀，但“既生瑜，何生亮”的悲剧可能就发生在你的身上。

3. 五个级别的划分

下面我们就服从力进行五个级别的分类，以让上级根据五个级别对下属进行准确定位，同时也让每个人自己明白自己所处的位置，以及与别人所处位置的差距，从而有针对性地提升自己的服从能力。

一级：不加思索地绝对服从

①一级服从力说明。

一级服从力是最高级别的服从力。对上级和组织的决定不用费一些时间去思考，绝对拥护组织的决议和上级的决定。这样的人执行起任务来方向明确、维护组织和上级利益思想明确；同时，也不会给上级制造很多决策的烦恼。

②一级服从者对组织的贡献。

一级服从力的服从者任何时候都不会允许有人伤害到组织利益。

会将自己的工作质量完成到更好、更加尽心尽责。

上级有了一级服从者之后，不会有用错人的危机，从而造成用错人给组织带来损失。

一级服从者确定了这类人在上级心中的地位，从而组织内职位、权力划分清楚，内斗的消耗因此减少。

③一级服从者要具备的能力。

一级服从者必须对组织和上级绝对的忠诚。

一级服从者必须在能力上绝对能胜任所服从的事项。

在没有能力完成一件事情时，一定要有推功让贤的胸怀，主动向上级推荐最适合的人选。

有较强的学习能力以保障除了做好现在的工作外，还能做好未来的工作。

④做幸福的一级服从者。

很多人都觉得自己没有机会，而实际上是你在上级心中不是排在前面的一级服从者，这时候上级就将机会给了他心中的一级服从者。这时每个人都必须在上级面前展示出你具备一级的“态度服从”和一级的“能力服从”。

同时，当机会给了别人时，或者机会快要离开你时，你要表现出“推功让贤”的胸怀，从而让上级认为这个机会没给你而对不起你。

二级：理性科学分析后的服从

①二级服从力说明。

二级服从者实际上是比较悲哀的。因为该做的事二级服从者都做了，结果二级服从者的机会却少于一级服从者，在上级心中的地位也不如一级服从者。

二级服从者善于思考、爱思考，甚至很多绝对正确的事情，二级服从者都要进行再三地思考。只有在二级服从者心中认为正确后，才会积极服从。

很多时候，二级服从者还没有思考清楚时，机会已经归了一级服从者。

②二级服从者的心理分析。

扶正上级决策心理：这类二级服从者自认为有较强的能力，有时上级也确实作出过错误的决定，该服从者出于对上级的不信任，而想帮助上级做更正确的事情。虽然该服从者出发点很好，但上级也不至于事事错误，因此就会既失去了上级对他的友好认知，也失去了很多主导事情的机会。

不想让自己走弯路：这类服从者在任务来临前，往往会先对任务仔细分析一番，直到分析清楚了这类服从者才会去执行。这类服从者虽然处事稳重，但实际上很多浅显的事情也要大费周折地去思考，必定浪费了思考的时间。如果此时有个一级服从者，以他的经验瞬间做出了坚决执行的言论时，二级服从者也就失去了机会。更何况很多任务早已附上了执行方案，下级所有的思考其实是实属多余。

思考事情的合法与合规性：很多服从者接到任务时，会考虑一大堆与事情本身没有关系的事情。如“是否违反规章制度”、“是否违反了法律法规”、“是否伤害了某个人”、“谁谁谁会怎么看我”等等。

实际上，很多事情上级有了正确的决定和思考，甚至有些事情就是一定会伤害到某些人。但为了大局，伤害某些人是必要的。而服从者却因为质疑和思考，造成了上级的不快和不信任，因此被上级降低了对他的信任级别。

企图用自己的方法替代上级的方法：很多事情公司有了准确的经验和流程，很多工作只要稍做修改的话就有可能导致多个部门的工作也随之变化。有的时候，一个工作可能由 10 个人完成 10 个步骤。可是在实际操作中，为了其他步骤的简化与降低成本，而必须在某一步骤上予以复杂化和增加成本。这时牺牲一个步骤的代价来确保整个事件的优化与成本，就显得尤为重要。

此时，有些执行者可能没有正确理解全局性思考，而盲目地认定上级的错误；或者执行者正确理解了上级的意图，而错误地认为上级把自己摆在不重要的位置；等等。

③二级服从者对组织的贡献。

二级服从者可以称之为企业最受重用的第二梯队，也是公司最有前途的一个群体。

如果组织没有了一级服从者时，二级服从者自然就承担了整个组织的所有创造性事务；同时，如果一个企业重要性事务较多，而一级服从者时间和能力无法做到时，二级服从者就理所当然地扛起了组织的大梁。

与此同时，很多时候二级服从者实际上就是企业战略培养的一部分。因为这类人可能会出现能力上的不足，或者才进企业不久，对组织理念、文化还需要一个了解过程。所以，二级服从者既有可能是性格造成了长时间不能成为一级服从者，也有可能是企业没有正确的引导、教育及培训，使之无法进入一级服从者的法门；又或者是他们本身起点较低，或者进组织时间较晚，能在短期内成为二级服从者已实属难得。

④二级服从者要具备的能力。

认清与一级服从者的差距所在。

快速了解企业的规章制度，让自己不因为不了解规章制度而被认为缺乏服从力。

快速提升工作能力，让自己的能力达到一级服从者的水平。

与上级多做学术及情感交流，让自己尽快掌握岗位、部门和企业的相关知识、资讯，达成在知识上具备一级服从力，同时通过情感交流向上级传递“服从的忠诚度”，以预防因为缺乏有效表达而导致上级低估了自己的忠诚及服从力级别。

学习提升让自己尽可能地超越二级服从者的能力，从忠诚度上、能力上达到一级服从能力的标准。

⑤做幸福的二级服从者，努力成为一级服从者。

当自己处在二级服从者行列时，一定要正确认清与一级服从者存在的差距。很多人总自认为自己的能力、知识、忠诚都超过了别人，却不能得到应有的机会、尊重和待遇，常常将自己陷于苦恼之中，而事实上往往是自己高看了自己的级别。所以，才总是觉得别人对自己不公平。

正确地认清自己的服从力级别、正确地分析出与别人的差距，才不会因为职位低、被尊重低、机会少而苦恼，反而会因为知道了差距，而更多地尊重别人、更好地掌握学习的方向，从而让自己的内心深处得到快乐和幸福。

三级：成败与自身关系没有太大利益关系的服从

①三级服从力说明。

三级以下的服从者如果不能改变自己的服从能力和服从级别的话，很难在短期内获得太多的机会和职位的增长。

三级服从者实际上属于更多会考虑自身利益的一群人。在很多人心中“工作、干活就是要为自己带来更多的好处”。而事实上很多人狭义地定义了“好处”两个字的真实含义。

我们不能说“多为自己着想”就是自私的。因为几乎所有人都在为自己的收入、职位、能力、幸福、生活水平而努力。为以上而努力是没有任何非议可言的。

到底什么是“好处”？如果三级服从者真正理解了什么是“好处”，就能一下子进步到二级服从者，甚至一级服从者。

②三级服从者的心理分析。

二级服从者与一级服从者的差距是性格和能力的差距，而三级服从者与一级服从者的差距仅仅在于一点点的认知上，因此三级服从者可能比二级服从者更容易成为一级服从者。因为三级服从者没有性格上的差距，只需要正确理解什么是“好处”、什么是“真正对自己好”、“怎样才能让自己得到的更多”就行了，当三级服从者把这笔账算清楚，马上就能够达到一级服从者的水平了。

三级服从者能力分析：我们先从三级服从者的目的上看，就知道他的能力是不差的。因为该服从者的出发点是“对我好处多，我就多做；对我好处少，我就少做；对我没好处，我就不做”。也就说明了做多、做少、做好、不做，是由三级服从者自行来决定的，准确地说该服从者具备了做好的能力，也具备了做快的能力。事实上，三级服从者在能力上与一级服从者没有差距。

三级服从者与二级服从者的优劣势分析：二级服从者考虑事情的正确性、安全性、必要性，而不考虑自身的利益；同时，二级服从者还有可能是能力存在着问题。

而三级服从者从来不考虑二级服从者考虑的问题，只考虑自己利益的问题。所以，很多时候三级服从者比二级服从者更可靠。

上级对二级与三级服从者的分析思考：上级领导对二级服从者的不喜欢程度，远远大于对三级服从者。因为二级服从者会过多地分析领导、分析制度、分析流程，反对领导、反对制度、反对流程。这些原因既会影响领导的决策，也会伤害领导的面子。于是，在上级心中二级服从者在格局上、思想上优于三级服从者。然而三级服从者永远不会挑战自己的权威，永远不会给领导自身带来烦恼。

③三级服从者对组织的贡献。

三级服从者的业务能力永远得到上级的信任。

三级服从者对业绩的贡献是巨大的。

三级服从者掌握的操作能力绝对是企业的巨大财富。

三级服从者是技能能手，也是可以培养的储备干部。

④做有进步目标的、幸福的三级服从者。

如果说三级服从者只为了多劳多得，那么这类服从者一定是幸福的。因为现代社会就是多劳多得，如果这类服从者还想得到更多，就必须要制定进步的目标以保障自己的幸福。

其实，三级服从者距离领导的核心团队只有一步之遥，那就是在态度服从上得到解决。很多三级服从者往往有一句最常伤害领导者的话：“我靠能力吃饭，靠做事吃饭，我求谁啊!”就因为这句话，反而在上级心中确定了忠诚度不够的级别，也就被定位成了三级服从者。同时，也被定位成了格局不够、不够资格做领导的级别定位。

三级服从者一定要学习“态度服从”，让自己在上级心中改变格局低的定位，同时树立“上级支持者”群体人员的定位。这样越升一级服从者也就理所当然了。

四级：较量后的服从

①四级服从者说明。

此类服从者着实让人头痛。他们在做任何事情之前，都喜欢发表一番自己的观点。而这类服从者的观点与上级和制度的观点往往产生绝对的冲突。这类服从者发表观点的目的，也不是想让上级和制度为他们而改变。

有些人习惯性地站在反对者的立场上来分析问题。

如：有一个危重病人需要捐款援助的新闻。大家都在为之同情和捐款时，四级服从者的第一反应则是“他们就是在骗钱”。

如：公司成立十周年，我们要开展以更好的工作状态、更高的业绩、免费加班一个月回报公司活动。所有人都在感谢公司十年给自己的就业和安稳，很多人都在自愿为公司做一个月奉献时，四级服从者的第一思考则是：公司就是想让我们多干活少给钱。

这类服从者因为思想消极、言论消极，经常会成为打击团队积极性的一群人，这样的人同时也不爱学习和进步。当一个人有了这样的性格后，短期内不会有太多发展机会，甚至会制约其一生的发展。

②四级服从者对组织的贡献。

该类服从者其实对组织也是有较大贡献的。由于性格缺失问题导致社会地位不高，难以有太多发展机会，同时也是社会的弱势群体。他们在维权上，整体缺乏维权力量。还有经常发布负面言论的性格，说明这类人也不懂得保护自己，从而经常会被迫性服从。

四级服从者在基层业绩上是有较大贡献的。

四级服从者的重新跳槽就业机会也较少，而且这样性格的人，可能也经过了多次跳槽，在这类人心中会有“在哪做事都一样”的想法，所以工作稳定性反而较高；同时，上级也会因为这类人惹得上级生气，而为不给他们机会、不给他们晋升职位有了充分的理由，而且还理所当然地没有半点愧疚。

③改变四级服从者的思想和行为，从而改变其人生。

在此，我要提醒四级服从者：如果你的人生目标就是要做一个干了很多活，还拿低工资；做了很多事，还被人讨厌；明明有很大的贡献，却没有在职场上获得人的尊重及提拔——如果你喜欢这样的话，敬请自便，没人帮得了你。

如果你想有职位上的进步、收入上的提升、获得领导的信任和同事的尊重，其实非常容易你就能改变和得到。

改变自己的习惯和缺点：

第一，减少消极言论，多从积极正面的角度思考问题。

第二，盘点消极言论给你带来多少的损失与麻烦，尝试减少消极言论给自己带来利益。

第三，多思考和发现上级和同事的优点，少思考和发现上级、同事以及制度的缺点。

第四，强行让自己说尊重别人的话，慢慢形成尊重别人的习惯，从而获得别人对自己的尊重。

第五，远离消极言论人员群体，如身边出现消极言论，要严厉批评和坚决制止，绝不可附和，否则将会功亏一篑。

第六，提升与人沟通的能力，建立和上级与同事的友好关系。

第七，提升工作能力，来提升上级对自己能力的信任，得到更多服从上级的机会。

五级：拒绝服从

①五级服从力说明。

此类人群一定是任何时候都生活得不太幸福，任何时候机会都离他很遥远。

做拒绝服从者是非常容易的，只要不听领导的话就行，但代价却很大，几乎从上级那里得不到任何学习和发展的机会。

②五级服从者分析。

拒绝服从分以下几种：

第一，态度拒绝活不停：一面干活一面说难听的话，结果工作做了，什么好处也没捞着，反而经常被领导批评。

第二，态度较好不干活：有些人内心世界里对上级排斥和不满，却苦于对上级职位的敬畏，只能在语言态度上与庸臣同级，可在真正做事上却推三阻四，请假方法理由之多令人咋舌，时间消耗不少但工作数量则较低。

第三，态度行为全拒绝：这样的人，应该是有些思想、有一定职位及相关能力的，否则就不具备直接拒绝的胆量和勇气。这类人一旦选择了态度和行为的拒绝，就等于选择了与上级撕破脸、被同事孤立。

第四，寻求特权的拒绝：很多人可能因为对组织有较大贡献，对某些影响自己面子、方便、利益的事情表示拒绝；同时，上级也碍于这类人曾经的贡献而难以处理。实际上，一次对特权的索要就降低了你曾经贡献的威信，几次下来，你曾经的贡献就全盘被否定了。

因为与领导的关系而拒绝对某些事情的服从，同样也会让上级因此而难做，几次下来与上级的关系也会荡然无存。

③改变现有局面让自己有多种选择。

拒绝服从者实际上离被组织孤立和开除不远了。所以，每次拒绝服从之前都要考虑你接下来的命运。如果你还没有做离职的心理准备，就请你尝试受点委屈，来接受上级对你的要求。

很多时候，只是我们心理不愿意接受，或者是我们错误地理解了上级的安排。而实际上，任何事情只要你去想它的好，做的时候就幸福了，说不定你慢慢地就不再认为那是不好的事情；同时，上级对你的认知也就改变了。

拒绝服从者如果还想在组织中有所发展，请按以下要求做事：

第一，尝试强迫自己按上级要求而为。

第二，尝试发现上级和同事的优点。

第三，寻找工作给自己带来的好处，进而去喜欢工作。

第四，尊重上级的安排，尊重岗位的要求：因为这是工作者的责任。

第五，学习并尝试理解上级的意图和思想，说不定真的是自己错了。

第六，遵守组织的规章制度，这样你就没有拒绝的机会，你离组织也就更近了。

总结：五个服从级别中服从级别越高的人，往往做的事情越少、获得升职越快、得到的好处越多、工作中的幸福指数越高、工作中的朋友越多；反之，服从力越低的人，可能做的事情越多，得到的发展越少、得到的机会越少、收入可能越低，工作中的朋友和幸福指数也比别人要低。

要认真分析自己的服从力级别，发现与别人的差距，学习与弥补自己的不足，提升自己的服从力级别，努力让自己成为一个职场中幸福快乐的人、工作中有前途的人。

第二节　服从力需要理性的意志力

前期服从力缺乏

很多人是在某件事情开始时缺乏服从力。这样的人往往是由下面三种原因造成的：

一是对指派者个人的不服从。这是指派者与服从者之间的关系不够、指派者在下属心中的权威性不够、平时关系太好“尝试不服从特权”、觉得上级对自己不公平的报复性不服从。

二是服从者与任务指派者的观点差距。服从者对上级指派的事情认为没有做的必要性、服从者与上级对要做的事情出现了观念反差，导致服从者从原则上否定指派者的观点及要求。

三是服从者自身不足。有些事情服从者自己百分之百确定没有能力做好这件事情，又担心因为事情完成的质量不够，而给组织带来麻烦和对自己的绩效产生影响，于是拒绝服从。

中期服从力缺乏

很多事情是做了一半之后服从者的服从意愿下降。这往往由以下几种原因造成：

过早低估了服从的难度：服从者刚开始做这件事情时，没有预测到这件事情做起来会这么难，要完成这件事情自己要付出的代价和劳动太大；甚至还考虑到做成后得到的，与做的过程中付出的完全不成正比，由于意志力缺乏而降低了服从的力度。

做的过程中心理产生变化：很多人刚刚开始做时对事情有较高的认同，然而在做的过程中，可能是听到了别人说的什么，或者自己想到了什么，从心态上和认知上服从的力度被降低了。由于服从力中的主动性产生了问题，进而导致了服从力度的下降。这属于意志力中的思想建设产生偏差。

从被动执行到发展中产生了主动权：很多人刚开始时没有选择的权力，在被迫的情况下服从了上级的安排。可是，在过程中产生了很多的机会，而这些机会带给他的好处远远大于正在执行的项目。由于利益的驱动使他降低了服从力，甚至拒绝继续服从。

意志力薄弱造成了服从过程中服从力下降：

前期的服从力度不够是认知服从系统的不足；过程中服从力下降则是意志力与服从力管理体系出现了问题；接下来，我们对服从力中的意志力进行分析，通过提升意志力来提升和保障过程服从力。

一、什么是理性意志力

1. 理性意志力解释说明

（1）理性意志力解释。

理性意志力是准确分析某件事情的正确性、科学性。很多人喜欢一件事情，常常会喜欢到了走火入魔的状态，完全失去了理智分析的能力。结果浪费了很多的时间、浪费了很多的资源、花费了很多的金钱、伤害了很多的亲人，最后却以失败告终。

例一：误以为是营销，结果却是传销，最后无论是有意还是无意中欺骗和伤害了很多身边的人，其结果却往往是血本无归。

例二：南辕北辙的经典故事。故事的主人公无疑是非常有意志力的，为了他的意志力准备了上等的好马、准备了一车的银两、准备了坚固的马车，甚至还准备了忠实而健壮的仆人。结果，他要绕地球一圈才能到达他要去的地方。听起来像是环球旅行，可他的出发点则是去很近的地方办事。

上述两个案例都有坚强的意志力，也都有最高的不加思索的服从力。可是当意志力和服从力所服务的是错误方向时，其造成的损失将会非常巨大，甚至会无法弥补。

（2）理性意志力能力。

“理性意志力能力”是要在最短时间内认清所服从的事情是否正确。如果没有较强的分析能力，可能就会在前期服从速度上出现问题，让上级认为你的忠诚度、服从力不够，进而失去对你的信任。

反之，如果不能理性分清服从的事情，就可能在服从过程中造成潜在威胁。如果不服从可能让上级短期内不高兴，长期下来还有可能让上级改变对你的认知。可是，如果服从了一个错误的服从，或者服从了一个自己能力不具备的服从，而将事情办砸、造成了巨大的损失时，则使上级对自己的能力产生了信任危机的代价则更大。

所以，服从者的意志力需要有非常理性的服从识别能力。

（3）理性意志力有效识别。

“君子有所为有所不为”说的是：要认清楚什么事是能做的，什么事是不能做的。如果能做的事不做，就失去了“君子之风”，在这里有一句应对的名言：莫因善小而不为。

如果不能做的事情做了，就失去了“君子之范”，在这里也有一句应对的名言：莫因恶小而为之。

如何快速识别所服从事项的正确性？下面将做简单阐述：

第一，曾经自己有过成功的经历：如果是此类事情，自己也就具备了成功的能力。即便再出现的时间不同、空间不同，只要稍加应变也问题不大。

第二，身边的人有过成功的经验：看到别人成功过，自己也对别人成功的过程有了解和认知，并且还做过分析与备注，自己还对其操作的过程发现了某些瑕疵，而自己也有能力将那些瑕疵处理得更好。最主要的是，身边成功过的人还有可能在自己做这件事情时提供友情帮助。

第三，睿智上级的指派任务：跟随上级多年，觉得上级在用人处事上非常英明。虽然自己对这件指派的任务还没有足够的了解，但却相信：上级既然派我去做，说明上级认为我能做好，或者还安排了相关协助；更或者我自己认为我不行，而上级发现了我的潜能；即便我这件事情可能会办糟，但是“办糟”可能也是上级计划的一部分。

如：军事策划中的且战且退诱敌深入。

第四，虽然不曾做过，但步骤、逻辑清晰：有些事情不一定要曾经做过，只需要用预演未来的推演技术，将步骤、逻辑用最细腻的手法进行推演，准确分析可能出现的问题、准确找到问题的解决方法，只要推演顺利了、推演中的问题解决了，执行起来也就不会有太大问题，但一定要事先与上级沟通好随时协助“接应”。

第五，生活中很小的一些事情：其实一个人职业生涯中会遇到挑战的事情并不会太多，更多的时候都在做重复的事情，甚至是重复的小事。其实很多时候，我们的意志力往往止步于不愿意重复做简单的事情。

第六，有标准教材和操作手册的事项：很多事情由外引进而来，很多人都没有做过，但事情总得有人去做。通常，只要有标准的教材，按照规定的操作手册去执行，再加上精心的模拟推演，往往不会有太大问题。同时，即便产生了问题，上级领导也知道“这属于尝试研发过程”，小的失败也是难免的。

总结：很多人为了贪功，无论自己是否具备能力，结果由于没有经过理性的分析，反而给自己头上戴了顶“失败”的帽子。也有人过于高估了自己的能力，或过于高估了事情的难度，而给自己的职业生涯中多了一项失败。

2. 盲目意志力解释说明

（1）盲目意志力解释。

盲目意志力是没有经过科学论证和理性分析而产生的乐观分析结果。很多人往往相信“别人能做到，我也一定能做得成”和“他做不成，是因为他能力不够，而我做得成是因为我比他强”等等，这些盲目的自信，再加上强大的体力驾驭了操作，结果就因盲目而导致失败。

很多战争往往就因为几个不怕死的人咋咋呼呼，于是将士兵的斗志激发起来了，从而误导了上级的决策。于是派了几千拿木棍的士兵和敌人决斗，结果还没见到敌人长的什么样子，就被他们认为的“飞镖”射杀了。一百年后，军事分析家才知道那种“飞镖”叫“机关枪”。

这伙人有绝对的意志力，他们也坚信战争能打赢，从而盲目地相信了战斗能胜利。其结果除了电影和小说中有“误打误撞”获得成功的故事外，生活中很少出现因盲目而成功的故事。

（2）有效杜绝盲目意志力。

①别人失败过的事情不要大意：千万不要相信“死在这件事情上的人，是没有能力的”。可能他的“死”是个意外，但如果你没有做好对意外的预判和应对，那这个意外同样会发生在你身上，甚至你解决了那个意外，还有可能出现连环意外。

②挑唆性小人要预防：很多人喜欢做一些挑唆性的事情。其实同事之间大多对这类人也会有些风声，适当的预防一下就会给自己减少些麻烦。

③脚丫子都能想明白的错误，就不要证明自己的脑袋不如脚丫子了：很多事情已经一目了然，没有成功的可能性，就不要去尝试了。

例：有一个多功能农药肥料混合剂，装在一个 3 克的小瓶子里，只需要兑

100 千克水（就是 10 桶背式喷雾器），就能保证 10 亩地的肥料和 10 亩地不长虫子。实际上，这是一种虚假宣传。但无数资深农民却因多年来每年都要背几吨的尿素、磷肥而劳累不堪，当他们想到一个 3 克的小瓶子就能使自己从此不再劳累，而且地不长草、谷不生虫，还能土地肥沃，于是就轻易相信了，结果出现了全年颗粒无收。直到销售员被定罪为传销后，老百姓才知道瓶子里装的就是自来水而已。

④天降礼包，可能里面装的是炸药：很多人往往被天降的好事而冲昏了智慧的头脑。明明上级跟自己关系还没好到那个份上，上级对自己的能力和自己对上级的忠诚度也没有那么的信任，却将一件天大的好事摆在自己桌上，而上级心中的第一服从者此时却闲在一旁，没有得到这个连小舅子也不给的礼物。这天降礼包即便不是炸药，也可能是石灰粉。

总结：任何时候，越是重大事情越不能盲目。如果能做到谨小慎微，在小事情上即便自己能完成的事情，也做有几分难度的思考，虽然看起来有些多余，但总能给上级一个“处事稳重”的印象。

3. 理性意志力对个人人生成长的意义及作用

（1）意志力有时能化腐朽为神奇。

很多人总是在离成功还差一步时停下来拼搏的脚步。很多时候，当我们觉得这件事情很难了，就在困难面前降低了服从的力度，从而导致上级对自己的不满和事情做得不完美。

在各类励志电影、电视中，意志力薄弱的人就是用来充当证明别人意志力强的角色。其结果也是因为意志力强而获得成功和掌声，同样也是因为意志力弱而在关键时刻一败涂地。

电视连续剧《士兵突击》中，王宝强饰演的“许三多”与陈思成饰演的“成才”，两人在最后接受老 A 考核时，模拟了一个核爆炸恐怖活动，“许三多”以他的意志力获得了成功，“成才”却因为意志力不够而中途放弃。

所有人都知道“成才”的军事素养强于“许三多”，而最后“成才”却倒在了意志力较弱上。而事实上这个考核，并没有人数限定，只是对行为进行考核。无论如何，只要不放弃就一定能成功，可最后“成才”却选择了放弃。

（2）服从力需要意志力做保障。

①用意志力获得上级给予服从力的机会。

无论是得到服从的机会还是对服从的事情保证完美的结果，都需要有意志力做保障。

很多时候上级不看好自己的能力，我们需要用意志力来更好地做好手上的工作，用意志力来长时间地坚持，获得上级看好我们的办事能力和服从力。

很多人往往因为上级不看好自己而选择了调部门和换工作。一旦调部门成功后，新的部门领导一定会向老部门领导了解我们的情况。老部门领导一定会将对下属的认知，再加上对下属调离和背叛的不满，一并打包给新部门领导。实际上，到了新的部门同样没有好日子过。

有的人会选择换工作，而在新的工作单位总有很多功臣和良臣，上级领导需要凭借自己的良心将更多的机会给他们。因此，虽然本来是想用换工作来改变命运，可实际上真正改变命运的不多。而换工作改变不了命运，实际上是对意志力缺乏的惩罚，与此同时，意志力缺乏者本身也只能获得这样的结局。

小结：用较强的意志力向上级证明你有服从的态度和服从的能力，你就能获得上级给你更多的机会。

②用意志力完成困难的任务。

每个困难的任务上级都看在眼里，很多事情越是困难上级才能对你做事的能力越是放心。很多人往往因为事情有难度而不接受任务。也有人因为在办的过程中产生难度而放弃任务，这个时候很多做了一半的事情，甚至离成功就只差一步，上级安排另外一个人接手我们认为有难度的工作，结果别人却轻松做成了。

事实上，他的成功不是因为他有多厉害，而是因为我们已经完成了80%甚至更多的工作，别人对于这个任务的成功只是捡了个便宜，而这个便宜则是我们拱手相让的。同时，我们做了事情却没得到奖励，反而造成了上级对我们服从力的不信任。

在工作中，一定要认真分析困难的解决办法。在困难产生时，一面告诉上级产生的困难，一面宣誓“视死如归”。实际上，如果你做一件事情快要失败了，你的上级在他的上级面前也不好交代。当你选择放弃时，上级则顺其自然地将你做了一半的事情交给别人。可是当你选择“视死如归”时，上级最多选择安排别人协助，最后虽然协助者也有功劳，但主要功劳还在你自己手上。

小结：困难面前选择放弃就等于你的一切工作前功尽弃，还顺带让上级给了你“能力差”“态度差”的评价；困难面前当你宣誓“视死如归”时，你的工作态度百分之百地得到了认可，虽然上级可能对你的能力产生了怀疑，但却始终保住了两项，分别是：对你态度的认可；对你做了一半工作的认可。唯一的损失只是将功劳分给了别人一点点而已，但如果选择放弃就什么都没了。

二、个人意志力测评

前面我们讲了意志力的重要性，接下来我们从四个维度来分析自己的意志力级别，以便让自己认清自己的意志力能力，从而提升自己的意志力。同时，也用来分析下属的意志力，以便在重大任务指派时，能安排出最适合的人选，还能起到发现下属意志力存在的问题而进行有效培养的作用。

1. 个人服从力（主动性）能力级别测评

主动性是得到服从机会的基础，同时也是意志力的有力支撑者。如果服从力没有了主动性，也就说明“态度服从”级别不够；同时遇到问题时，解决问题、汇报问题的主动性不够，也就说明了我们意志力存在问题。

所以，解决主动性就是提升上级对自己的“态度服从”认可度和提升服从过程的意志力。

（1）主动性测评（见表 3—1）。

表 3—1

<table>
<tr><td colspan="3">服从力主动性测评</td></tr>
<tr><td colspan="2">姓名：</td><td>得分：</td></tr>
<tr><td>题号</td><td>问题与选项</td><td>选择</td></tr>
<tr><td>第一题</td><td>在工作中，你愿意……</td><td></td></tr>
<tr><td>三个选项</td><td>A. 和别人合作　B. 不确定　C. 自己能行</td><td></td></tr>
<tr><td>第二题</td><td>在接受困难任务时，你总是……</td><td></td></tr>
<tr><td>三个选项</td><td>A. 有独立完成的信心　B. 不确定　C. 希望有别人的帮助和指导</td><td></td></tr>
<tr><td>第三题</td><td>你希望把你的家庭设计成……</td><td></td></tr>
<tr><td>三个选项</td><td>A. 拥有自己活动和娱乐的个性世界　B. 介于 AC 之间　C. 没有要求</td><td></td></tr>
<tr><td>第四题</td><td>你青少年时和异性朋友的交往……</td><td></td></tr>
<tr><td>三个选项</td><td>A. 较多　B. 介于 AC 之间　C. 比一般人少</td><td></td></tr>
<tr><td>第五题</td><td>在社交活动中你是一个活跃分子……</td><td></td></tr>
<tr><td>三个选项</td><td>A. 是的　B. 介于 AC 之间　C. 不是的</td><td></td></tr>
<tr><td>第六题</td><td>当有人指责你古怪不正常时，你……</td><td></td></tr>
<tr><td>三个选项</td><td>A. 非常气恼　B. 有些生气　C. 无所谓</td><td></td></tr>
<tr><td>第七题</td><td>到一个陌生地方找地址，你一般是……</td><td></td></tr>
<tr><td>三个选项</td><td>A. 向人问路　B. 介于 AC 之间　C. 自己看地图</td><td></td></tr>
<tr><td>第八题</td><td>在接待顾客时，你喜欢一人努力与顾客交流，不愿意同事参与</td><td></td></tr>
<tr><td>三个选项</td><td>A. 是的　B. 介于 AC 之间　C. 不是的</td><td></td></tr>
<tr><td>第九题</td><td>你的学习很依赖……</td><td></td></tr>
<tr><td>三个选项</td><td>A. 阅读书刊　B. 介于 AC 之间　C. 参加集体讨论</td><td></td></tr>
</table>

（2）主动性测评结果分析（见表 3—2）。

表 3—2

<table>
<tr><td colspan="10">个人服从力（主动性）测评得分计算方法　　得分：</td></tr>
<tr><td></td><td>1</td><td>2</td><td>3</td><td>4</td><td>5</td><td>6</td><td>7</td><td>8</td><td>9</td></tr>
<tr><td>A</td><td>0 分</td><td>2 分</td><td>2 分</td><td>0 分</td><td>0 分</td><td>0 分</td><td>0 分</td><td>2 分</td><td>2 分</td></tr>
</table>

B	1分	1分	1分	1分	1分	1分	1分	1分	1分
C	2分	0分	0分	2分	2分	2分	2分	0分	0分
14～18分	该人员主动性、自主性很强。 通常能独立从事和完成工作，能放心将一个符合他身份的任务交给他。								
9～13分	该人员在一般性问题上独立，并能够完成一般性任务。通常大事情会拿不定主意，需要培养与训练对事务的判断力与决策能力。								
0～8分	该人员独立、主动性较差，短时间内不能放出去独立工作，必须先提升其工作意愿。可以先带着他一起工作，慢慢提升其意愿和工作热情。								

2. 个人服从力（自信心）级别测评

自信心测评是测评下属的自信能力或测评自己在自信上的问题。如果下属过于盲目自信，而上级没有认识到下属的自信和意志力是盲目的时，可能就做出了错误的工作安排。

而上级自身因为对下属分工上的错误安排，造成的工作失误的苦果只能自行吞下。所以，必须了解下属的自信心并分清下属的自信是来自实力还是盲目。同时，有些下属实力非常强，但却表现得不自信，也有可能造成上级错误认为自己无人可用。

很多足球教练没有发现下属球员的能力，很低价格地将球员卖给其他俱乐部，结果自己认为能力差的球员却成了其他俱乐部的柱石，只能悔之晚矣。

同时，作为一个下属也要充分认识到自己的自信是源于盲目还是实力。可以通过下面的测评分析和认清一下自己。

（1）自信心测评（见表3—3）。

表3—3

个人服从力（自信心）级别测评		
姓名：		得分：
题号	**内容**	**是/否**
1	你经常会遇到麻烦事？	
2	你认为你在别人面前讲话是件很困难的事？	

3	如果可能，你将会改变自己的许多做法？	
4	有很多事情，让你很难决定？	
5	你没有许多开心的事情可以做？	
6	你在家里常常感到心烦？	
7	你对新事物的反应比较不快？	
8	你的朋友中，岁数相差 8 岁以上的不超过 10%？	
9	你家里人不太注意你感情上的事情？	
10	你常常会对别人做出让步？	
11	你的父母对你期望很高？	
12	你是个爱惹麻烦的人？	
13	你的个人生活一团糟？	
14	别人通常不会听从你的话？	
15	你对自己的能力、机会评价不高？	
16	你多次有离家出走的念头？	
17	你常常觉得学习很烦，没有意思？	
18	你认为自己没有大部分人漂亮？	
19	你常常欲言又止？	
20	你觉得家里人不理解你？	
21	你觉得自己没有你的其他朋友那样会讨人喜欢？	
22	你常常觉得家里人或者同事在监督你？	
23	你常常对你自己做的事情感到很失望？	
24	你常常希望你是另外一个人？	
25	如果可能，你将会改变自己的许多做法？	

（2）表格得分标准。

所有题目：选“是”的，得 5 分。

所有题目：选“否”的，得 0 分。

最后将每个题目的得分相加，得出总分。

（3）自信心测评结果分析。

90～100 分：你的自信程度很高，但是有时有些盲目自信。

79～89 分：你的自信程度很高，有人时常会说你很自信。

69～79 分：你的自信心很正常，知道在工作中把握自己。

59～69 分：你的自信心比较低，有时也有可能影响工作。

49～59 分：你的自信心很不够，应该快点改变。

49 分以下：你的自信心非常低，如果不加强训练……

3. 个人服从力（幽默）能力级别测评

在意志力测评中幽默的能力也是意志力和服从力的保驾系统。幽默了自然乐观，很多时候就是因为消极认知而降低了意志力；同时，服从力也就跟着下降。

很多时候上级认为下级过于松散，不够严肃。实际上可能是下级的幽默度过高，而过高的幽默度和过低的幽默度，在服从力中都会产生负面影响；同时也会影响到正在服从项目的意志力。

上级对下属幽默能力的测评及了解、自己对自己幽默能力的测评及了解至关重要。因为这个测评能了解下属和让下属自己了解到，幽默对服从可能造成的负面影响，从而有效地提升自己的幽默能力，或者不要让过高的幽默影响了团队的严肃性。

（1）幽默能力级别测评（见表 3—4）。

表 3—4

个人服从力（幽默）能力级别测评		
姓名：		得分：
工作和生活中被对方接受和喜欢的程度。（请填写“是”或“否”）		
1	你是否喜欢想象自己在不同场合的情况？	
2	你是否喜欢与小孩一起玩？	
3	当你觉得很可笑时，你是不是会笑出来？	
4	在不太熟悉的人群中，你是否愿意出面带领大家？	
5	你是否喜欢冒险？	
6	熟悉你的人，是否认为你爱交往？	

7	看体育比赛时，你是否经受得起大起大落的比赛过程？	
8	是否喜欢听别人说或者自己讲些笑话、愉快的往事？	
9	你是否容易发火（月3次以上）？	
10	你的情绪是否会被严肃、紧张的场合带动到较低？	
11	你排很长的队购物和办事时，你的情绪是否一样好？	
12	你听到恭维话时，是否会很高兴？	
13	你是否偶然会郁闷？	
14	当别人开不合场合的玩笑，你是否会责怪他？	
15	你是否会以冷嘲来回应粗鲁的人？	
16	你是否有过与爱讲俏皮话的人斗嘴的经历？	
17	和你一起办事的同伴衣冠不整，是否会影响你的情绪？	
18	你是否认为手段和目标是一致的？	
19	当有人说你缺少幽默时，你是否感到很苦恼？	
20	你是否爱谴责那些“预言”“算命”“心理学家”？	

（2）得分计算方法。

所有题目：选“是”的，得5分。

所有题目：选“否”的，得0分。

最后将每个题目的得分相加，得出总分。

（3）幽默能力级别测评分析。

第一档得分：100～85分：你的幽默过头，幽默过头相反会让对方觉得你太随便，给人不太严肃的印象，需要适当的压一点幽默数量，掌握一下幽默的场合；

第二档得分：84～50分：你是个快乐的人，也能在工作和生活中给别人带来快乐，会有很好的人际关系，也能短时间与人拉近关系，很多人会愿意和你交流；

第三档得分：49～30分：不能说你一点幽默也没有，但是你需要提升幽默与快乐指数的方法，不过还没有达到影响工作和团队氛围的地步；

第四档得分：29～0分：你很少有笑容，甚至排斥团队中快乐的带动者，可能会影响到对方和同事的情绪，应马上改变。

4. 意志力能力级别测评

意志力既能让上级相信下级，又能让已经从事的项目有效完成，还能用持之以恒的意志力在上级面前获得信任的机会。

意志力没了，一切也就没了。一个挂在悬崖边上的人，双手拉着救命的藤条，放弃就是死亡，爬上去就是活命，是死是活就由意志力来决定。

上级错误高估了下属的意志力，上级安排的很多工作可能都会因为意志力不够而流产。下属高估了自己的意志力，则自己千方百计获得的上级的信任机会也就化为乌有，还可能从此再也无法获得上级的信任。

（1）意志力评分表（见表 3—5）。

表 3—5

个人服从力（意志力）级别测评					
姓名：				得分：	
	(1)	(2)	(3)	(4)	(5)
1. 我喜欢长跑，游泳，爬山等运动，不是因为我的身体条件适合，而是能使我更有毅力。	是	常是	可否之间	不大是	不是
2. 给自己订的计划，会因为主观原因不能完成。	是	常是	可否之间	不大是	不是
3. 如无特殊情况，我能每天按时起床，不睡懒觉。	是	常是	可否之间	不大是	不是
4. 订计划要有灵活性，以防不能完成好做调整。	是	常是	可否之间	不大是	不是
5. 在学习和娱乐发生冲突时，哪怕娱乐很有吸引力，我也毅然去学习。	是	常是	可否之间	不大是	不是
6. 学习和工作有了困难，会立即找人求援、协助。	是	常是	可否之间	不大是	不是
7. 在跑步时，有时感到生理反应，觉得跑不动时，会常常咬紧牙关，坚持到底。	是	常是	可否之间	不大是	不是
8. 我常因一本引人入胜的好书，不能准时入睡。	是	常是	可否之间	不大是	不是
9. 在做一件应该做的事情之前，常常先想做与不做的结果，而有目的地去做。	是	常是	可否之间	不大是	不是
10. 如果对一件事不感兴趣，不管多重要，积极性都不高。	是	常是	可否之间	不大是	不是

续前表

	(1)	(2)	(3)	(4)	(5)
11. 当我同时面临一件该做的事和一件不该做的事时经过斗争，往往前者占上风。	是	常是	可否之间	不大是	不是
12. 有时下决心第二天要做一件事，可是到第二天，做的热情又没有了。	是	常是	可否之间	不大是	不是
13. 我长时间做一件重要但枯燥无味的事而心不烦。	是	常是	可否之间	不大是	不是
14. 工作中遇到复杂情况时，常常优柔寡断，举棋不定。	是	常是	可否之间	不大是	不是
15. 做事前，我首先想的是它的重要性，其次才想到是否感兴趣。	是	常是	可否之间	不大是	不是
16. 感到困难时，常常希望别人帮忙拿主意。	是	常是	可否之间	不大是	不是
17. 我决定做一件事前，常常是说做就做，决不拖延。	是	常是	可否之间	不大是	不是
18. 在与他人矛盾时，我明知无理，却不妥协。	是	常是	可否之间	不大是	不是
19. 我希望做一个毅力坚强的人。	是	常是	可否之间	不大是	不是
20. 我相信机遇，好多事实证明机遇的作用有时比努力更加重要。	是	常是	可否之间	不大是	不是

（2）得分计算方法。

将表格1至20题，分成单号题和双号题。

所有单号选（1）得5分；选（2）得4分；选（3）得3分；选（4）得2分；选（5）得1分。

所有双号选（1）得1分；选（2）得2分；选（3）得3分；选（4）得4分；选（5）得5分。

最后将每个题目的得分相加，得出总分。

（3）意志力得分结果分析。

第一档：81～100分，意志很坚强：能独立胜任能力和工作范围内的一切工作，且自我管理能力强，具有能带动别人的意志力。

第二档：61～80分，意志较坚强：没有太大难度的工作情况下，能独立完成任务，但是如果有人传播消极思想和遇到重大困难时，容易选择放弃。上级可以安排在自己身边工作，慢慢提升其意志力品质。

第三档：41～60 分，意志品质一般：不排除在有管束的情况下，是个优秀员工的可能性。但是其自主性较弱，不能外放独立超过一周的工作；需培养其意志力。

第四档：21～40 分，意志较薄弱：可以说他不太具备意志力，这样的人需要在责任心很强、管理很严格的上级身边工作。否则，等于荒废了这个人的存在与价值。同时他会经常以各种理由请假，来回避很多重要的、压力大的、难度大的工作。

第五档：0～20 分，意志很薄弱：这样的人完全没有意志力，很多时候会直接反映工作的困难，经常会传播消极言论影响他人的积极性。如果是招聘之前发现这样的人，建议慎用；如果已经招聘来了这样的人，可以用强烈、严苛的绩效考核和强力而系统的过程管理来保证这个人的工作业绩，逐步提升其意志力。

三、个人意志力级别提升培养

1. 认清意志力提升的重要性

（1）认清下级意志力的重要性。

如果不能有效认清下级的意志力，很有可能将一个重要的工作托付给了一个不靠谱的人。既然都不靠谱了，这个托付的重要工作也就没有几分谱可靠了。所以识人才能用人，不能光识人的才干，也不能光识人的忠诚而任人唯亲。事情成功的主要原因是意愿＋能力＋意志力。

对上级而言，下级的意愿和能力很容易发现，而意志力则非常难发现。这就是很多高层管理者心中纳闷的问题——“为什么下级既忠诚、又能干，可却干不成事情”。实际上，这就是意志力缺乏造成的。

（2）认清自己意志力的重要性。

如果自己意志力不够，别人就或多或少也能看得出来。当上级认为你的意志力不够时，你的职业生涯也就永远是基层办事员了。因为重大事情一定不敢相信一个没有意志力的人。

尽早地发现自己意志力的不足，才能有效提升自己的意志力，从而获得更多的机会与更多的成功。

2. 服从力中的主动性提升培养

（1）提升主动性的重要性。

姑娘是追来的、机会是争取的、钱是赚来的、大学是考上的，这些说的都是主动性。

没有主动地去追求姑娘的动力，很可能一辈子也就单身了。虽然社会上有少量的“女追男”现象，但始终比例较小。机会是争取的、钱是赚来的、大学是考上的，说的都是我们去找、我们去追、我们去要。如果没有了我们的主动，那机会一定是远远地躲着你。

所以，努力提升自己的主动性，才是对自己负责、对人生负责、对家庭负责、对组织负责、对岗位负责。

（2）提升主动性的方法。

培养乐观性格及心态：让自己成为乐观的人，你性格乐观了，与你交往的人就多了；与你交往的人多了，话题和机会也就多了。

可以多看一些快乐性书籍、名人传记书籍、娱乐性节目来提升自己的乐观性格和心态。生活中、工作中将一些台词、游戏、故事略加修改，用于工作和社会交往。同时多想积极的事情、多讲积极的语言，少想消极的结果、少说消极的言论，你的乐观性格也就慢慢养成了，朋友和上级对你的乐观认知也就逐步形成了。

学习工作能力：在没有让人认识到你工作能力不具备之前，提前学习和训练好自己的工作能力。如果一个人在还没有做一件事情之前，已经学习了做那件事情的相关知识和能力，就可以证明他是个有主动性的人。同时，当上级和身边的人知道你已经掌握了某件事情的能力时，当这件事情一旦需要安排人去做时，机会非你莫属。

主动与人分享交流：多参加组织内部或者组织外部的交流活动，不要在交流中成为“录音机”，尽量让自己成为“播放机”。将自己的核心能力展现出来、将自己的想法表达出来，让人知道你的能力和想法。

很多人浪费了无数的交流机会，他们在交流中充当了“录音机”，学了一大堆“用得着”和“用不着”的知识和资讯。很多时候参加完活动后，直摇头否定知识的无用，一个这样的分享会，对自己而言就成了一个消极活动。

也有人过于“宝贝”自己的知识和想法，好像怕人盗去一样。这时自己的能力与想法别人也就不得而知了。

主动向上级汇报和请示：上级一定比自己更忙，如果你不能主动与上级交流，汇报你的情况和你的想法时，上级则认为你没有情况和想法，这个时候你的所有能力也就被埋没了。同时，主动地汇报与请示也等于委婉地向上级展示了友好和尊重。这是非常高明的向上公关手段。

和上级谈工作多了，谈心的机会也就产生了。当上、下级之间到了能谈心的级别时，你的所有能力都将会被用上。你所有的“态度认知”都将会为你带来机会。

关于上级如何提升下级的主动性，工作者如何提升自己的主动性，方法非常之多，在这里就不做一一注解了。希望读者朋友们能发挥主动的能量，寻找到更多主动的方法，也欢迎你们与作者团主动交流。

小结：主动才能得到、主动才能拥有。没有了主动，世界上的一切财富都不属于你。有了主动你将能获得更多你想要的，甚至还能获得你没有想到过的东西。

3. 服从力中的自信心提升培养

（1）自信对个人及团队的重要性。

自信是一个人幸福的根本、是一个团队充满活力和高绩效的保障。一个人如果没有了自信，他的生活中几乎没有任何快乐可言。

如果对专业能力不自信，在工作中见到任何人都会矮一截；

在婚姻中如果不自信，在家庭里就会地位全无；

在社会交往中如果不自信，就不会有一个朋友；

在学习中如果不自信，学习成绩也就无法保障。

同样，如果在团队中有了一群或者几个不自信的人，那么这个团队就完全失去了朝气和战斗力，这绝对不是团队的领导愿意看到的。

比如：团队和别人打场篮球，还没有开打，主力队员就说“我们怎么可能赢得了别人”，就这么一句话，团队水平姑且不论，其他队友的作战士气也就被影响了。

又如：团队合作公关一个大型项目，这个客户如果拿下，公司业绩将会翻倍。此前公司的最大客户需要量还不到这个客户百分之十的需求，最主要的是，团队要公关的这个客户之前的服务单位还不如我们。

这时项目中有个较高地位的人说了一句，“人家这么大的企业怎么会看得上我们这种小服务商”，就这么一句话，一定会刺痛团队所有人的心，因为事实上每个人心中都有对这个问题的恐惧，只是大家都渴望尝试着去尽力争取。虽然不一定能拿下该项目，但毕竟所有人都在向最好的结果努力。

如果没有人说出这么一句泄气的话，所有人都还为成功而努力着，可是一旦这句话说了出来，尤其是在团队中较有地位的人说的，那团队中所有人的斗志就会瞬间减半。甚至可能有人会认为“我们还是不要把时间和精力放在这个不着边际的事情上”。

事实上，在中国乃至世界上都有非常多的小服务商接下了世界五百强企业的服务，而有些年服务营业额是小服务商总资产的百倍、千倍。那些经典的小服务商拿下大项目的案例中，全都有两个共同特点：一是专业技术合格；二是缺乏自信但嘴里却硬绷着。

小结：团队中只要有一个人缺乏了自信，就会影响到身边三个人的斗志；有一个领导缺乏了自信，就会形成“将熊熊一窝”的无战斗力态势。

（2）团队及个人自信心分析。

①管理者要了解团队整体的自信心。

团队的负责人一定要搞清楚团队的整体自信心状态，以及团队自信心的来源。

自信心的来源往往有七点：第一，专业能力和技术领先于对手，或者产品极具竞争力；第二，初生牛犊不怕虎、盲目自信，不了解自己的底也不了解别人的底；第三，虽然我的能力也不够，但就是比对手好一点；第四，我们的领导从没打过败仗，我相信每一次出现困难时，领导都能有办法解决；第五，我不知道我们厉害在哪，但我看别人挺有信心的，我也就跟着助几下威；第六，我们整体的公关能力、问题应变能力很强、工作意志力很强、处理问题的能力很强；第七，我们企业、组织的影响力大、实力雄厚，品牌能帮助产生竞争优势，“我代表这样的单位哪能没有底气”。

团队管理者一定要根据每个人分析出他们的自信，源于七大自信元素的哪一点，千万不要在大事情上出现了误判，否则就绝不是下属自信的错，而是团队管理者对下属误判的错。

②个人要了解自己的自信级别及问题所在。

个人也要根据团队中的七大自信元素来源，分析出自己自信的原因在哪里；如果自己是个缺乏自信者，分析一下团队中的七大自信能给你带来的自信。这样也就能提升每个人自己的自信，同时个人的自信来源还有非常多的自身元素。

③个人自信元素的开发与分析。

个人特长对工作和生活带来的自信：每个人的特长是多方面的，包括如下：学历高、有艺术特长、颜值高等。

个人专业能力强：个人对工作有较深的研究、专业知识功底扎实、工作技能领先于同事甚至同行等。

曾经获得过的荣誉及贡献：很多人曾经代表自己或者为现在的组织、或者为以前的单位获得过较高的、大家认可的荣誉，以及为本单位作出过巨大贡献等。

应变能力处事能力突出：事情还没有发生，他是一个任何时候都能“以不变应万变”的人。没事的时候这类人也许没有自信，是因为他的优势暂时没有发挥的机会，而他的同事都知道：一旦有事非他莫属。

公关能力、沟通能力、人际关系：很多人学文不成、学艺不精，却唯独擅长与人交往，或者其有别的优势，沟通、人际能力也非常强。即便在组织内没有多大的业绩贡献，可他的沟通能力却使其成了团队中人际关系最好的。这类人因为在团队中人际关系好，他的幸福指数也高；如果上级使用得当，他的这方面能力又会成为组织和团队处理涉外事务的团队综合实力，并能产生重大价值和贡献。

EQ高、不娇气：能力不强的人如果还“动不动就计较别人”，那这个人一定不会有朋友。所以，无论前述其他能力有多高或多低，“EQ高”、“不娇气”也是一种优势和能力。很多人成为团队的开心果是对团队的贡献；有的人成为别人逗趣、调侃、使唤的对象，但他本人没有因为这些而不快乐，反而觉得在团队中能为别人发泄、倾诉、排解压力发挥作用也是对团队的贡献。

总结：一个团队绝对不可以没有自信，但作为团队的最高领导者，一定要分析清楚团队每个人自信的由来，以便根据自信的实际由来，而制定人才规划和战略规划。作为团队最高领导者，也要引导团队每个人从盲目自信、虚浮自信向理性自信转变。

团队中的每个人也要认清自己自信的由来，将自信发挥到工作和生活上，让自信带给自己幸福的生活。同时也要认清自己不自信的元素，进而去改变它；认清自己身上存在的盲目自信和虚浮自信，在盲目自信和虚浮自信的光环没有破灭之前，提前掌握理性自信，让自己成为一个实力派的自信者，并为组织创造价值。

4. 服从力中的幽默度提升培养

（1）幽默的人对团队的重要性。

①幽默在团队中的作用。

一个团队中有少量幽默度较高的人时，团队的整体作战能力会得到整体提升。因为，幽默的人对团队整体的减压能力较强，同时也能带动其他成员的幽默指数和快乐指数。

②幽默在团队中的价值及对幽默本身的约束。

有些人幽默度过高或者幽默的不是场合，也会对团队的业绩和氛围产生负面影响。管理者要与较幽默人士进行非正式沟通交流，引导幽默人士有效把握住幽默在团队中的战斗力，同时告知幽默人士在某些方面要管理好幽默的场合和在团队中的底线。这就是我们在前面幽默测评中对不同幽默程度在工作和生活中的作用和影响加以分析的原因，同时建议对幽默的五个组织作为团队幽默的管理。

（2）幽默的四个级别。

第一档得分：100～85 分：这个幽默级有些过头，幽默过头反而会让对方觉得你太随便，给人不太严肃的印象，需要适当的压一点幽默数量，掌握一下幽默的场合。

本级别在团队管理中的应用：这个级别对于压力较大的团队能起到帮助减压的作用。压力大则是因为业绩要求高，如果这个级别的幽默不能有效得到管理与控制时，会影响团队的斗志力、降低团队对高标准的要求。这就需要为幽默者设置幽默的场合和幽默的底线。

第二档得分：84～50 分：这个幽默级别在团队中最好所有人都能达到。这个级别能在工作和生活中自己快乐和给别人带来快乐，会有很好的人际关系，也能短时间与人拉近关系，很多人会愿意和你交流。

工作过程及生活中常用的幽默级别：很多人的幽默仅仅是在朋友交往场合，无法运用于工作和团队，也无法带给家庭快乐。这个级别的幽默应该将其语言、对话、思想发挥到工作过程中。工作中自己幽默了，自己的工作压力会减小；团队整体幽默了，全团队的工作幸福指数会提高。

在工作的起始阶段运用幽默时要较慎重：重要工作的开始往往是工作动员，同时也是制定工作的奖罚标准。如果这个时候负责人过于幽默，会让团队的人对于要做的事项缺乏重视；同时，如果团队中有几个人无底线地发挥幽默，也会降低其他团队成员对该事项的严肃性的认识。任何事情在结束时都是论功行赏、依错惩罚，行赏时可以尽情地幽默，而在处罚时则需要严肃。

将幽默用于处罚，会影响对工作的错误的认识及后期的告诫性，所以任何的处罚必须严谨、严肃；同时让幽默者提前意识到这个环节是不可以幽默的。

第三档得分：49～30 分：这个级别不能说一点幽默也没有，但是需要提升其幽默与快乐的指数和方法，不过还没有达到影响工作和团队氛围的地步。

本级别需要幽默高手和能营造气氛的高手：如果一个团队大家都处在这个级别的话，这个团队的整体幽默、和谐的氛围就太低。如果没有一个幽默高手和氛围营造高手的话，该团队的工作战斗力可能会减少一半以上。

中国人民解放军志愿军开赴朝鲜战场

中国人民解放军开赴朝鲜战场时，步兵是战斗部队的主力。所以很多人在中朝边境百公里外，就采取步行前进。当时天气较为寒冷，士兵的步行速度较慢，这时候有一个比较有音乐细胞的人就哼起了一首鼓舞士气的调子。很快整支几公里长的部队全体哼唱，行军的步伐比平时快了一倍。后来这段粗曲经过艺术家的修改被命名为《中国人民志愿军战歌》。

案例总结：一个士兵不经意的一段哼唱，鼓舞了整个军队的士气，加快了行军速度。

第四档得分：29～0 分：这个级别很少有笑容，甚至排斥团队中快乐的带动者，可能会影响到对方和同事的情绪，应马上改变。

反对幽默就是反对战斗力：团队中有谁反对常规幽默就是打击团队的战斗力。很多人自己没有幽默感，看到别人讲一句话给大家带来快乐时，心里就有一种莫名的不安与反感。这种反感既会打击团队的氛围，也会误导团队管理者对幽默价值的误判，使得团队整体氛围消沉。

缺乏幽默对团队的负面影响：

婚姻中缺乏幽默，婚姻就缺少快乐与激情，离异和外遇也就因此而发生；

学习中没有了幽默感，个人和全班的学习成绩就会下降；

工作团队中没有了幽默感，斗殴和工作外“高消费”就大幅滋生；

长时间工作、生活缺乏幽默感，会相应提升暴力和自杀比例。

小结：四个幽默级别应合理地应用于管理。对过度幽默者，希望该幽默者带动氛围时不忘应该在严肃的场合做好自我约束；过低幽默能力的人应提升幽默的能力，让自己变得快乐，应积极参与到别人带来的快乐中去。

整体的幽默指数是团队和个人意志力的保证。很多的“放弃”都是因为“不好玩、不快乐”。放弃一个工作是因为不快乐，放弃一段婚姻也是因为不快乐。所以，太多的中途放弃都与自己缺乏幽默和身边缺乏幽默有关。全世界没有一个人笑着笑着自杀的，也没有人说“笑完了，没事了，那我去死吧”。

5. 服从力中的意志力提升培养

（1）意志力解释。

意志力是大多数人都已经不能接受了，自己却坚持下来。意志力不是“死了也要完成”，当然在战场上或者重大灾害及事故救援中，如果有些事情必须要用死来完成，也经常会出现用死亡来完成任务的英雄事迹和英雄传奇。

意志力是指（军事行动外）对既定的目标在人的身体健康不受影响、完成任务的价值大于付出时，用智慧、体力、坚持、坚守等心理及行为手段，以完成最后目标为结果、以排除他人不能接受的压力和恐慌为过程，而达到圆满结果。

（2）意志力要件。

意志力离不开准确的目标：只有目标明确了，大家才知道“什么时候是个头”，才知道要做到什么结果。没有清晰准确的目标就不会有坚强的意志力。

意志力离不开科学的分析与方法：只有科学的分析才能知道意志力的方向是否正确，只有科学的方法才能几倍几十倍地降低对人体、心智意志力的消耗和标准。

意志力离不开主动性：当一个人都不愿意做一件事情了，那意志力也就停下来了，所以“我愿意”就成了意志力的最高级别。有个人义务照顾一位素不相识的老人30多年，没有一分钱的工资，还要为之付出生活费，自己还生活在贫困线以下。她就是四川资阳市一位普通员工谭小林。

当她有了我愿意的主动性，意志力也就倍数增长。

意志力离不开自信心：自信心是相信我能做到。任何人当不相信自己能做到时，就连尝试的可能性也没有了，当缺乏了自信时，意志力也就下降了、主动性也就没了。

意志力离不开幽默能力：合理的幽默能降低工作疲劳、提升工作热情、增强做一件事情的动力。一个具有较高幽默感的团队意志力的承受度，是沉静团队意志力的两倍以上。

意志力离不开智慧、体能、坚持、坚守：没有了这几项，意志力要么在拼搏中阵亡、要么在方向错误中无效、要么被其他欲望引领偏离了方向。只有运用了科学与智慧、较强的体能、坚持和坚守完成任务的信念，才能使意志力达到最高服从标准。

总结：掌握对每个人意志力的正确分析、对每个下属意志力的所有要件进行合理分级，才能做到“因材施教”，才能做到“因材而用”，才能将每个员工的能力最大化发挥出来，才能规避每个人的缺陷对工作可能造成的损失。

提升了个人的意志力，就提升了个人的能力与前途；

提升了团队的意志力，就提升了团队的整体战斗力和工作业绩；

提升了全公司的意志力，就保障了公司的战略得以有效实现。

第四章

个人服从力修炼及训练

第一节　个人服从力的六种习惯修炼

个人服从力是可以通过修炼来提升的。有了科学的、正确的修炼，每个人的“态度服从”也就能得到大幅提升，甚至达到“一级服从”的标准。

下面，我们对提升服从能力的六种习惯进行简单讲解。如果读者朋友想让下级提升服从力，需要根据以下六种习惯进行有针对性的引导和训练。作为个人如果想得到提升，需要平时加强对六种习惯修炼的重视，并减少与六种习惯反向而行的做法。

一、相信的习惯

1. 相信就是服从力

很多时候因为我们不相信别人的话，别人就不太愿意把我们当成知己；很多时候别人不愿意相信我们的话，我们就认为别人不够友好；很多时候因为我们有意和无意间对上级的质疑，上级就将我们列为“不服从下属”。于是短期内我们就难以成为上级心目中的重要成员。

2. 有关相信的分析以及如何做到有效相信

（1）相信是幸福的。

相信一个人，你就减少了和这个人的争吵不休。因为你越怀疑别人，就越急于证明自己，这时怀疑与证明之间就产生了口头博弈。无论谁输谁赢，两个人的关系总之是会被破坏了，实际上对两个人而言都是只输不赢。

所以，相信别人就会减少争吵，人际关系也就会非常和谐，工作和生活也就会幸福很多。

（2）相信是有代价的。

当我们相信了一个人的时候，很多行为上我们就要进行配合，甚至要花费时间和财富。如果相信错了，代价就由相信者来承担。擦亮智慧的眼睛，让自己通过相信获得幸福，减少因相信给自己造成的损失。

很多人因为误信他人而给自己带来苦恼；

也有人因误信他人而给自己带来重大损失；

还有人因误信他人而被贬被逐；

也有人因误信他人而终身悔恨；

更有人因误信他人而丧命。

所以，相信时就要做好正确的分析，让自己永远处在幸福的位置，不要让自己因错误的相信而经常受到伤害。

3. 信可信，不信不可信

（1）信可信。

在相信与不相信之间，一定要划定一条清晰的安全分界线。分界线划对了，相信就成就了一个人幸福、成长、进步、被提携的人生。

①对无聊的话题不较真，姑且全信：很多人茶余饭后因为一个毫无意义的话题与人吵得面红耳赤，赢了的人什么也没得到，却因那个无聊的话题而让别人认为自己不友善。也因为一个不友善的话题，让别人觉得与对方观念不同、信念不同，所以无法成为同路人。这样的一个无聊的话题却让自己陷于孤立。输了的人同样什么也没得到，也同样让一伙人认为彼此观念不同、信念不同，以后少与之来往。

生活中琐碎无聊的事往往比正经事要多很多。然而生活中的无聊却影响了我们的人际与仕途。不妨对别人说的无聊的话题全信，没有必要为了一个无聊的话题去动脑筋，更没有必要为之去伤害朋友之间的感情。

②有成功案例的事情全信：很多人习惯性挑毛病，别人已经把事情做成了，而且还受到了上级的认可，大家都在高兴之余，却有人对成功的事情加以指手画脚。也不排除这类人的想法和方法就是正确的，但改革派的发起者永远是孤立的和备受争议的。除非你能用最短的时间证明你是对的，否则对于大家都认同的事情，而且很确定发生的事情提出质疑和反对的话，一定就会被划归到“群众的对立面”。

③大家都相信的事情也信：很多人经常和主流派作斗争，因为这类人心里有一句话“真理总是掌握在少数人手上”。其实世界上哪有那么多真理，更何况一个小团队中的工作生活，要硬扯到“真理”上，这个追求真理的人就一定是与周围人格格不入的。

在团队中每个人头上都有眼睛、鼻子、嘴和耳朵还有头发，可有些人硬生生还以为自己头上还有两个牛角，同时还长满了一身的刺，所到之处不是顶人就是扎人。

在团队中既然绝大多数人都认定一件事情是对的，说明以人家的经验和功底一定犯不了大错。任何事情都有其多面性和多种方法，被某个人找到一种新的解释和方法也很正常。当所有人都认定了正确的方法时，就没有必要横生枝节，除非有上级否定了大家认同的方法。

④上级和大家会议通过的事情全信：和上级及会议通过的事情唱反调，那不是和组织过不去，而是和自己过不去。既然组织已经定了，一个下级要想改变难度太大，即便你是对的，别人也不一定是错的。比如有一样东西，我们是管它叫番茄呢，还是叫西红柿？吵了半天，领导的意见是西红柿，所有人也跟着叫西红柿，就自己一个人叫番茄。其实作为一个下属，你管它是番茄还是西红柿？只要其本质没变，就没必要不信。

⑤没有文件但上级态度坚决就一定要信：很多基础岗位既不关乎国家命运、百姓生计，又不关乎企业品牌和企业发展，只是一些事务性的工作岗位，当领导有了坚决的态度和准确的指向时，听领导的就好，没有必要把自己搞得

跟领导处在格斗的架势上。如果真的和领导对立了，下级赢也是输、输也是输。

诸如此类，所有非原则性、非法律性、非规则性、非道德性的事情，都没有必要不信。

（2）不信不可信。

有些事情明摆着是不对的，可有的人用脑子都没想明白这是不对的，结果一个不该信的事情被自己信了，小则挨顿批评，大则损失无法估量。

作为职场人士或者相关人士，一定要有相应的社会科学和自然科学辨识力，也要有基本的正确与错误的分辨能力。

很多职场上被人利用的情况，其实很容易就能想得明白，人们只是为了推卸责任或者认为没大事而不去想而已。因为一时的懒惰“不去想”而自己就误信了他人。

①经常挑唆他人的人，不可信：虽然不可信，但也不能直接否定，稍微思考一下总是好的，因为他也不是一辈子都在做这些见不得阳光的事。

②经常三反五复的人，求证性相信：求证其实也是不信的一种，但对于经常反反复复的人，当你求证之后对方会更重视一些，想反复时多少会做些考量。

③推翻性意见，交流后再信：有些过时的意见确实需要推翻，但当别人有了这个推翻性的想法，为什么他们自己不推翻却要让你来推翻？实际上，一方面是对方怕他的建议不系统，另一方面是怕惹来围攻。所以，思考一下你能否承受这个代价。

④同事绯闻、无聊非议，“不信”：其实但凡绯闻一定是无风不起浪，世界上被人做过的事情多，被人知道的事情少。对于这样的事，当你相信了，那就很有可能被说成是传绯闻的人了。既然绯闻没有伤害到自己，而又一定会伤害到同事，所以“不信”。

4. 让相信成为习惯

语言中经常用一些“相信”的语气，这是一种与所有人都能建立友好关系的态度习惯，所有人都会认为你的态度非常好，服从力非常强。

平时组织者可以组织下属做一些“相信性”台词和话语的训练。让每个人将“相信性”语言和语气化为工作和生活的习惯，团队从此就融洽和谐了。

个人平时应多研究一些“相信性”话语和台词，来修炼自己的“相信的能力”。如果自己工作和生活的环境中，大家都是“相信的”，你也有“相信的”性格内涵时，你的性格在团队中也不会素质低过别人，大家就会和平相处、团结融洽。

如果你具备了“相信性”技术和性格，即便你工作生活在“批评”“质疑”的团队和氛围中，你的“相信性”性格和技术也能让你成为团队中人际关系最好的人，你也就能成为机会最多的人。

总结：相信是门技术、相信是门学问、相信是一种武器、相信是一种性格，同时，相信也是一种修养。

相信不等于一定要马上做，相信后还有求证、改变的机会，只要你相信了，上级和团队就认定你的服从力了。

当你不相信时，加上也不是马上去做，这时上级和团队就会认为你是一个服从性和配合性较差的人。上级和团队认定了你服从性和配合性较差时，很长时间内的很多机会都将不属于你。

上级力推一个事情，有人不相信、有人质疑观望，你和少数人“信了”。上级感觉到有太多人不信时，也会求证自己的观点。上级发现观点错误时，可能会口头表扬并感谢不信的人，甚至会假意批评相信的人。其实在上级心中已经奠定了你和少数人是那种服从力强的人。这件事情反对者的反对没有任何价值，却把自己摆在了与上级对立的位置；质疑者的质疑没有任何价值，却把自己摆在了“不保护上级的人”的位置。相信的人也没有任何价值和损失，毕竟还没有开始启动这件事情，即便做了也是上级指挥的，但此时却把自己摆在了尊重上级、服从力强的位置。作为一名职业的职员，遵循上级的命令是必须的，即使上级是错的，在没有得到上级认可和指示的前提下，也不能够一意孤行，应该以服从为前提，因为组织都是有其命令的下达系统的。

二、重视的习惯

1. 重视才能成事

很多事情重视了才能带动别人重视，当别人认为你不重视的时候，也就随之得不到别人的重视。

重视上级领导的话：当你重视上级领导的话了，上级才敢放心地将事情交给你去做。有些时候上级会对我们唠叨不停，实际上是因为上级担心我们不重视。当上级认为你不重视时，很多有功劳的事情、重要的事情往往就不会分配给你去做。从而你就失去了展示自己能力、获得领导和同事信任和尊重的机会，也就等于失去了晋升的机会。

自己重视下级才重视：有些上级在分配一些事情时，在下属面前表现得无足轻重，从而让下级认为这件事情不重要。当下属认为这件事情不重要时，要么在工作顺序上将这件事情滞后，要么办这件事情的力度不够，造成完成该事情的质量不高。

所以，重视上级所说的话，能被上级信任；重视交办下去的任务，能被下级重视。

2. 重视的习惯及修炼

重视要养成习惯。有些重视是做给人看的，希望让别人认为我重视了；有些重视是对某件任务、某项工作的保证，让上级和身边的人认为自己是一个事事躬亲、重视工作的人。这样你就得到了上级的信任，并能带领出和你一样事事谨慎的团队。

（1）大事用会议。

很多重要的事情，如果管理者只是把几个相关人员叫到办公室里随口一说，下级往往只知道这件事情，而无法提升到“近期工作重点”的认知高度。小型沟通结束后，往往大家回去该做什么还做什么。

团队的管理者一定要对每件下达的任务分析其重要性级别，需要激发重视的一定要使用会议，最好能让不相关人士也列席参加，以让该事项的参与者认知到该事项的严肃性。

(2) 难事用动员。

对于下属执行起来有困难和需要较高意志力才能完成的事情，一定要做好相应的动员会来实现事项的启动。一般经过动员会的事项，没有人会掉以轻心。

管理者一定要掌握动员下级的技巧，要让每次动员都激发起下级的斗志，同时也要针对每个事情进行认真分析：知道哪些事情是需要用动员的。

(3) 长事用张榜。

有些事情需要用较长时间来完成，最好在办公室或工作场所较醒目的地方和操作者时时刻刻都能看到的地方，实行进度看板管理。

很多人认为看板管理就是对外发布信息，实际上更主要的是激励操作者对整件事情的重视。

管理者一定要将有些通过看板管理的事情做好张榜宣传工作，时时刻刻让下级知道，同时让自己知道近期工作的重心。

(4) 怀疑用检查。

有些事情在执行初期或者过程中，如果对某个人或者某个组织略有不放心时，一定要做好通知检查和突击检查，以确保操作者对事情的重视。

通知检查：是提前告知操作者要进行检查。很多人认为告知检查容易让下面的人弄虚作假，实际上弄虚作假也是一种重视，所以通知检查既是检查事情的完成情况，也是激发大家的重视。

突击检查：是没有任何预示、突然袭击做的检查。突击检查其实只有一个目的，就是检查事情的质量。

如果是为了激发大家的重视，通知检查反而更好用。

(5) 无标准用奖励。

重赏之下必有勇夫。有些事情是大家做得越多越好，并没有预先的准确目标，团队作业者也是多劳多得，或者为了激发大家做更多的事，而使用多劳多得。这种不设最终目标、又想达到较高业绩和激发所有人的斗志与能力的事情，最好能使用激励机制和奖励机制。这样既提升了业绩，又激活了每个人的士气。

管理者要计划清楚哪些事情是必须使用激励和奖励的。如果需要激励和奖励才能完成的事情，在没有激励和奖励的情况下，可能连三分之一的效果都达不到。

（6）下属成事用表态。

很多时候上级的想法与下级的计划完成不在一个频道上，结果上级乐观地计划上级的、下级沉静地操作下级的。而上级还以为工作有效下达了，结果几天之后发现下级没有任何表现。

每件交办给下级的任务，要么让下级现场给予表态和想法说明；要么设定一个准确的期限，让下级回去做一个准确的计划，再来做发言表态。最好能使用会议的形式，让下级无法抵赖、无法不去重视。

（7）原则用标语。

很多原则性的事情、很多容易发生事故的事情、很多所有同事都必须要遵守的约定，必须使用标语的形式来天天让下级看到、知道和重视到。

管理者一定要用好“标语管理”来对下属进行“警钟长鸣”的有效管理。有些管理者认为“标语”过于形式化，有些管理者喜欢办公场所清爽整洁，从而“忽略”和“误读”了“标语管理”的价值。这样一来，就使得很多“价值观”类管理、“警钟长鸣”管理、“团队契约”管理，没能有效发挥作用和形成长时间共识。

总结：重视必须成为习惯。用正确的习惯让团队习惯性做正确的事情；用标准的习惯让团队习惯性做标准的事情。

管理者有良好的“重视习惯”，就能培养出下属良好的“重视习惯”。

三、沟通的习惯

1. 先相信后沟通

很多人在还没有了解事情的真实情况时，就一口相信了，就有了上、下级的和睦与团队；另外有些人，同样还没了解事情的真实情况时，就一口怀疑和否定了，结果事情没什么大事，却给了上级一个他不配合、不服从的人格定位。

我们前面讲过“相信了不一定马上做”。任何时候先相信下来，然后再用沟通的手段了解上级和他人对事情的进一步说明。这个时候，无论好事还是坏事，都能在沟通中逐步明了；如果事情没有想象的那么简单，通过沟通上级也能发现其潜在的问题。

如果先反对再沟通，那么无论事情怎么发展，下级一定先得了一个“不服从”的印象。反之，任何事情先相信，再从工作计划中说出自己的困难和想法，所有事情也就迎刃而解了。

2. 工作沟通的习惯养成

任何事情在应下后，一定要在现场或者特约的时间内，开展一场针对任务进行的有效沟通。

（1）常态性工作任务沟通：有些常态性事情不需要专业的准备，就能根据以往的经验列出大约需要的时间、大约配备的人员、大约出现的问题、大约需要的资源，这样是最为融洽的工作沟通。

（2）超难度工作任务沟通：很多人遇到超难度任务时一口就回绝了，因为害怕自己没有完成任务的能力，造成在近期工作中的重大失败，从而失去上级对自己的看法和良好认知。实际上，这种拒绝是人生职业生涯中的最愚蠢行为。

当超难度工作任务砸到自己头上时，实际上升职已经确定。在接到这个任务时申请一个特定的时间做计划分析，并与上级预约分析沟通的时间。

有效难度分析决定了你是否能够升职：无论有多大难度都要将整个工作列出执行的步骤，然后将自己能力和自己团队能完成的工作列举出来，同时列举出不能完成的工作。不能完成的工作的文字和语言反应至关重要，几乎决定了事情的成败。

每一项不能完成的任务，就使用“向上交办”的技术告诉上级“你需要把这个部门交给我管理”，或者告诉上级“你需要把某部门的哪几个人调给我用一段时间”，实际上权力就已经到手了、升职也就不远了。

对于内部所有资源都无法完成的：建议上级同意自己成立一个攻关小组，当攻关小组还无法完成时，需要上级调拨相应经费，对外购买服务来完成任务。

当诸多的问题都使用了“借用其他部门人才”“调拨经费购买服务”时，上级做一个简单的分析后，要么就停下了这个任务，要么就答应了你的想法。

如果停下任务，那不服从的责任就与你自己无关了，所以任何时候都要先相信再沟通。同样，如果上级认同和接受了自己的计划，那么你“升官发财”也就显而易见了。

总结：越是重大的任务，越是给自己的机会；

越有难度的任务，越有机会升职；

任何时候，不管上级有没有说完和有没有说清楚，先答应和相信；

准确计划好事情的步骤流程和难度分析，巧妙地向上级索要支持与配合。

四、行动的习惯

1. 用第一行动证明自己的服从力

任何时候上级的事情都是最重要的。当事情到了自己手上后，简单的事情马上就行动起来，让上级看到你在服从上级的指派。

很多人在接到上级的事情后，认为“我现在正在做的这件事情也是上级指派”的，于是以新指派的事情滞后操作。这时上级就会认定“你不听话”“你服从力薄弱”“你不尊重上级”。

为了不给上级留下不好的印象和批评自己的理由，要在第一时间先把上级安排的事情做完第一轮后再做安排。

2. 请示上级给自己的工作进行工作指导

当手上有很多上级已经安排的还没做完的事情，又增加了新的需要较长时间完成的任务，对于很多人而言，一般都会认为这是上级在折磨自己，或者认为这个工作太苦。事实上，一个简单的技巧就可以全部化解了。

当手上有多项工作任务同时进行时，用 30～60 分钟写一个手头工作任务事项、计划流程、重要选项工作表。写完工作表后，请示领导，让领导指示哪项工作比较重要、哪项工作可以滞后。这时再按领导的指示一项项地完成。

工作表越详细、越多项越好：很多人的做法是，如果领导给自己安排了五件事情，自己就会在工作表中只写五个题目，再标注上时间。上级领导一看，就会认为“你一个月的工作就半张纸，这个月工资白给你了”。这样的工作计划表就把自己给害了。

工作计划表要将每项工作的详细流程清晰地写下来，全部以序号标注，而且越细越好；同时，对每个细化后的步骤均应标注需要用的时间，最好细化到以分钟为单位，涉及外出、楼上楼下走动、可能要做的等待都标注出来。这样，你计划的时间超出实际需要的时间 20%时，上级也认为是合理的。

当上级看到你如此细致的工作计划，会给你三个评价：第一，周密计划、做事认真可靠；第二，时间短工作多、作出的贡献大，这个人工资给得值、请得划算；第三，这个人太忙了、事情太多了，是时候给他安排个助手了，有些事务性的工作、跑腿性的工作，就可以交给下面的人去做。三点评价一旦形成，多个手下也就等于升职了。

总结：任何时候都不要拒绝，天大的事情分析出天大的问题，做好准确的细致的工作计划，抢先做好上级工作的第一步。一切的工作难度、再多的工作量，都会有上级为你解决，或者上级会安排人替你解决。

做到了行动的习惯，就形成了“勤快人少干活，懒人多干活”的局面，改变了“能者多劳”“傻人傻干”的千年常态。

五、改进的习惯

1. 改进是优化、是变通

很多事情在操作中会与计划时产生细微变化或者巨大变化。这个时候，持续的“改进”才是事情完成的根本所在。

有的事情可以通过优化来减少很多的工作量和工作时间浪费。同样，“变通”也是将很多“复杂的事情简单化”。

如：对于上面所说的“我个人能力和我团队完不成的事情”，可以将大多数人常用的拒绝和不服从“变通”一下，将自己能做的事情列出来，将不能做的事情向上级要人、要资源、要钱。这个有效的“变通”就化解了所有的问题。

2. 让改进成为习惯、成为制度

很多人遇到困难时不改进，用个人超强的意志力、用很长时间终于完成了工作任务，结果上级一句话“怎么这么久才做完”，足以让听的下属吐血。还有人在遇到这样的事情时，因为意志力不够，中途就放弃了，其结果比前一种人还惨。

困难的事情在操作中有两种改变方法：(1) 降低标准，退一步海阔天空：很多事情降一点点标准可能就减轻了50%～90%的工作量，而且上级原先定的标准可能是定的最高标准。(2) 改进方法：在操作中有些事情只要改进一下方法，难度就降低了。所以要使用改进的技术和改进的习惯，让自己能为组织做更多的事情、作更多的贡献。

改进要先申请：很多人用了一个比上级计划更好、更有效的方法，但由于表达能力没有让上级认识到这个方法的更好、更有效，结果就得了一个“自作主张”的罪名。

每次改进都需要事先告知，并且将改进的事先申请成为习惯和制度。如果上级批准了，事情就按自己的方法优化执行；如果上级不批准，也再次让上级知道了我们执行的难度，从而对我们最后的成果会给予更高的评价。当申请没有被批复，上级又知道我们遇到了难度和障碍，即便事情失败了，也会得到上级更多的谅解与包容。

总结：改进就是优化流程、降低工作量，能够让自己和团队有更多的时间为组织做更多的事情。改进的习惯则可以使自己、团队、组织有超强的战斗力和产生更高的绩效。

改进不能自作主张，必须获得上级的批准。当得不到批准时，要传达“难度”的思想给上级，不能让上级感觉到你表达的难度是有预谋的；当上级不批准改进时，尊重上级最初的决定也是最高级别的服从。

六、执行的习惯

1. 让上级看到你执行的习惯

不按上级说的做，是工作的失职；做了事不让上级看到，是你谋略的失职。中国有句话“做得好，不如做得巧”。对此可有两种解释：一种是说做得巧是比别人做得漂亮，做得更人性、科学；另一种是说平时不怎么做，结果偶尔一做就被上级看到了。你的执行最好能让上级看到。即便不是为了得到表扬和奖励，最起码也让上级对你放心。

让上级看到你执行的习惯，目的不在于投机取巧。当执行成为了一种习惯，你就养成了“实干家”的素质，从此你在任何地方、从事任何工作都具备了执行的美德。

2. 让执行成为习惯

让执行成为习惯是指：接到任何指令后，第一时间去执行上级的指令；做完工作计划后，第一时间去执行工作计划。很多时候领导对下属都会在第一时间进行工作检查，从目标管理的角度来分析：工作任务启动后，在完成最初百分之十的时间内一定要做工作检查。因为这时的检查，既检查了大家的动力和热情，又检查了大家第一步做的是否正确。

很多决策者在第一次检查中，如果发现动力和热情不够，会果断作出换人执行的决定；如果发现工作方向和质量出了问题，会马上安排人进行修改和辅导。在很多管理者看来，不热情、不主动比做错了更不可谅解。

3. 小事上的投机虽能带来蝇头小利但却会影响人生

执行的习惯必须成为每个职场工作者人生必备的习惯。小的投机可能会略有斩获，但人生绝对不会一直运气好。很多人开始的投机带来一点点的蝇头小利，在一段时间后被同事发现了其投机的性格，从此就没人愿意与他为伍。上级一旦发现下属有投机的性格，从此也就不太敢委以重任。

所以执行不是表演，第一时间的执行是为了更快速地启动事情，同时也能更快速地分析出可能出现的问题。

4. 快速执行会形成执行的习惯

任何时候，都是“一步领先，步步领先”“快人一步，掌控全局”。当我们习惯性第一时间就开始执行时，上级一定会在短时间内对个人或团队予以表彰。上级表彰个人和团队的目的，并不是你把事情做好了，而是以你为榜样表扬给别人看。

任何时候的“快人一步”都会给上级认定你“服从力强”的认知与定位。

当我们形成了“快人一步”执行的习惯时，其实事情也就已经启动了，将事情做完也就成了惯性。这样执行也就成为了习惯。

总结：人生所有的成果一定是干出来的。养成快速执行的习惯，从内心执行的态度上就是快乐的，上级对你服从的认知也一定是认可和肯定的。

没有快速执行的习惯，你会处处慢于别人，从而会失去本团队对你的信任，也会失去上级对你的认可，更会养成任何时候都拖沓的性格。

不要让别人的工作搞坏了自己的人格品德，而要用为别人的工作来养成自己良好的习惯和习惯性执行的品格，来造就自己的成功人生，同时来提升别人对自己的口碑与评判。

第二节　服从力的五个境界及服从力维度

一、服从力的五个境界

1. 手服从

把事情做好，影响看你做事、检查你做事的人对你的认知。

手服从是最低级别的服从，是最快出成果的服从。有一件事情已经不可避免地产生了，把事情做完就成了唯一的目的和结果。

手服从就是最快地、以最短的时间完成工作任务。谁最快，谁就成了服从力最强的人。

中国每年都会举办各种劳模评选活动，所有被评为劳模的人，几乎都是手服从的绝对代表性人物。

手服从就需要有我们前面写到的“意志力”，没有了意志力，手服从就不可能得到坚持。

在这里，需要重申一下意志力的几个方面：

（1）智慧、体能、坚持、坚守；

（2）绝对的主动性；

（3）较强的自信心；

（4）幽默的个人和幽默的团队；

（5）坚强的意志力和准确的目标。

小节：手服从是个人业绩的保证，是团队业绩的保证，是评价个人和评价团队最简单的评判标准；手服从是在有较强意志力下的最简单的服从。

2. 口服从

口服从是指在团队中对上级和对他人的意见和想法坚决地执行和服从。

口服从能快速形成团队中积极的带动作用，除了让上级认为你能完成和愿意完成任务之外，还能让上级认为你具备了带头和管理的能力。

我们前面说过“任何时候，先相信再沟通”，口服从就是在别人还没有表态的时候比别人先表示对上级和他人的支持。

口服从能在你还没有做出任何事情之前，就已经让上级在其心中确定了你比别人优秀的地位。

很多人心里知道，无论口里是否服从，活还得干。可在这些人心里就是没有算明白这笔账，结果做了很多但被领导认可的却很少。

3. 心服从

心服从才能幸福。任何时候往好里想，事情就没那么苦了。

做喜欢做的事，做起来才有干劲；做不喜欢做的事，做起来比坐大牢还苦。无论你喜欢做这件事，还是不喜欢做这件事，事情的本质实际上是没有变化的，事情的结果也不会因为你的喜欢和不喜欢而发生变化。你个人却会因为自己的喜欢与不喜欢而导致快乐与不快乐、幸福不幸福。

心里苦远远比身体苦更难受。让自己成为上级心中的知音，大家就都好过了。上级也会认为你是他忠实的支持者，而自己也因为将上级事事都往好里想，而觉得跟随上级是值得的。

心服了，意志力就强了：当我为一个我尊重的、信任的人办事时，干起来就会干劲十足，做事的过程中心情也会愉快，意志力也就随之增强。

很多人看着别人碗里的，讨厌自己锅里的。其实自己锅里的比别人碗里的又多又好，可却怎么也提不起来对自己锅里东西的喜欢。反而自己锅里的还遭人惦记。

喜欢自己现在拥有的，你会很幸福；

喜欢自己现在工作的环境，工作就没那么劳累；

发现上级的优点，你在服从上级指派的工作时，你的工作就是幸福的。

4. 结果服从

结果服从是指让做事的结果与上级的计划和期望的结果相同，你与上级之间从此形成“你办事我放心”的双方心理契约。

服从一定要以结果为目标，在服从之前先与上级沟通最后想要的那个结果，然后根据结果去计划要做的事情的步骤、计划，要做的事情需要的资源，从而让自己的结果与计划完全相符合。

很多人服从了半天，辛辛苦苦做了很多的事情，其结果却达不到上级要求的标准，由此就会给上级一个“做事不靠谱”的认知。这种人做了还不如不做。

作为职场工作者一定要对上级要的结果百分之百服从。如果你做的结果与上级要的结果不同时，你的工作过程、你对工作的付出、你对上级的尊重也就被全盘否定了。

5. 服从习惯

服从习惯是让自己任何时候不与人斗、不与天斗、不与心斗。斗争始终是影响战斗力的主要原因。

职场工作者每个人最好能养成服从的习惯，修炼成服从的气质，树立自己服从的人格，由此而使自己变得温婉厚实。

如果一个人处处与人斗，他将会失去很多朋友、失去很多支持者，会因为在与人斗的过程中消耗很多的时间、精力和体力。结果什么也没有做，人就已经很累了。

如果一个人处处与天斗，那就是自取灭亡。“下雨不打伞，走路不看红灯”，下雨时想着太阳的好，出太阳时想着下雨的凉快，这种人的心理永远不会有快乐的一天。

如果一个人处处与自己的心斗，那一定是精神不正常。很多人事事往坏处想，结果自己给自己心里添堵，过几天后发现事情不是自己想象的那样，自己的心才终于放下了。在添堵的那段时间中，对自己内心的折磨、身体的伤害，比得一场重感冒更具伤害性。感冒好了身体也就好了，还能恢复；然而与心斗造成的伤害，则很难得到恢复。

所以要养成服从的习惯。让服从的习惯帮助你在与人交往中得到很多朋友，并得到很多的支持；让服从的习惯帮助你在遇到事情时，能保证心情的舒畅，从而减少自我伤害；让服从的习惯帮助你跟随局势、跟随大流、跟随上级，从而拥有幸福的、快乐的、高效的人生。

总结：服从的五个境界是我们每个人人生中，时常都需要不停地自我告诫、自我修炼的五个方向。

人生中有一段时间对五个境界的某个境界失去了掌握，在较长的时间里处处遇到阻碍，会时时对自己的心情和身体造成很大的影响。

五个境界的服从是每个人自己的修行，也是和身边所有人和事的结缘。修行得越多，人生的幸福就越多、成长就越快；结缘得越广，遇到的阻碍就越少。

二、服从力的八个维度

服从的目的是在自己或他人建构的目标基础上，成为目标达成的实施者。那么在建构目标或是达成目标的过程中，我们要遵守、遵循哪些方面准则，才能让自己的目标更可行、更有价值，才能让自己在目标达成过程中更高效、更有成果呢？我们将从以下几个方面进行研究。

1. 服从自然科学

在建构目标或达成目标的过程中，一定要服从自然科学。如果不服从自然科学，就会走弯路，就会让自己陷入失败的泥潭，就会给所在单位和自己造成无法估量的损失。

（1）不服从自然科学的现象。

在职场上的人们越来越理智了，可是还有不少人在确定组织、企业或部门目标时，践行着“人有多大胆，地有多大产”的理念。这种不服从自然科学的现象在很多时候还很有市场，这种不遵守、遵循自然科学的现象，让很多人不断地遭到挫折和失败，可还是有人前赴后继，不断重复着别人失败的故事。

实际上，自然科学是最有规律可循的，可是很多人就是不能认真地去学习掌握规律，偏偏凭自己的感觉、一己之见或他人的建议，就做出有违自然科学的事。在努力很久很久、投入很多很多之后，才感觉到目标实现无望，才想起来要放弃目标、承认失败。此时，很多决策者还在想着是自己的运气不好，是国家的政策不好，是周围的环境不好，是团队不努力，但就是不承认自己的决策有误，自己在决策时是违背了自然科学的。

还有的，在制定目标时是服从自然科学的，可是在达成目标的过程却出现了不服从自然科学的行为或现象，这样也会造成目标无法达成的悲剧。目标虽然是服从科学的理论就可以达成，可是因为在实施的过程中出现了“南辕北辙”“刻舟求剑”等违背做事的自然科学的规律和要求，就造成在达成目标的过程中不服从自然科学了。

（2）造成不服从自然科学的原因。

其实在日常的工作与生活中，很多的人越来越遵守、遵循自然科学了。不过，仍然有极个别的人在跟着自己的感觉走、跟着自己的理念走，进而导致在决策时出现不服从自然科学的行为。

造成不服从自然科学的原因如下：

①自以为是：很多失败者，失败的原因是在决策时不服从自然科学，自以为是地跟着自己的感觉走，自己感觉什么好就做什么，现在看看我们周围的市场和人群，跟着流行走就是不服从自然科学的例证。

②不学知识：自然科学就是常识、就是规律、就是道，很多人不喜欢、不愿意学习，只想让自己开心、让自己舒服。你是可以一时的开心、一时的舒服，可是如果不学习如何遵守、遵循自然科学、客观规律，不学习专业的常识，就会造成无情的失败。服从自然科学的力量是巨大的，违反自然科学的代价也是非常严重的。

③感觉至上：很多人做事，不动脑筋、不加思考，跟着自己的感觉走，自己舒服了就去做，没有想过为什么做？做的目的是什么？做的条件是什么？我具备那些条件？我可以做下去吗？这些问题没有回答清楚就去作决策，不服从科学的规律，不失败才怪呢！

④盲目自信：在职场上有很多人，看到别人挣钱了，或是看到别人做什么事成功了，就感觉到自己也能成功。在没有认真考察的基础上就作出决策，这样违反自然科学的行为不失败可能吗？

⑤轻信他人；很多的人失败是因为轻信他人，别人在自己的状态下做事成功了，看到别人成功，在没有认真扎实地了解自我的基础上，轻信了别人的言行，于是就作出决策。别人的决策也许是正确的，别人的决策也许是运营成功

了，可是此时、此地自己有成功的基础吗？有成功的条件吗？如果这些问题没有研究，作出决策一定是违背规律的，一定是违背了自然科学的规律。

⑥无视条件：在职场上无论做什么事，都一定要了解掌握现实的条件是否可行，如果不研究可行性的条件而作出决策，那一定是没有基础的，是无源之水，无本之木。在研究不细不实不全的情况下就作出决策，就是不服从自然科学。

上篇——产品推出的决策要服从消费需求和技术水平的自然科学规律

曾经辉煌过的“柯达公司”是照相胶卷先驱企业，它在1975年发明了首部数码照相机。由于担心数码业务可能冲击当时利润丰厚的胶卷业务，柯达便把这种产品束之高阁。明明是自己发明了数码相机，却痛失借此新产品调整企业和市场的极佳机遇，结果瞻前顾后坐失良机，大大延缓了企业转型的有利步伐，最终也逃脱不了无力回天、被残酷竞争对手所击败的厄运了。

案例分析：柯达败走麦城的案例告诉我们，每一款产品都有其生命周期。随着技术的进步、消费水平的提升，产品的生命周期规律这一自然科学常识是不可以违背的，违背了就会吃大亏。柯达凭着比别人超前十年的科技优势、所占的市场份额，明明知道有更新的更有价值的产品却不推向市场，还想持续地靠过去的技术优势强行霸占市场。这种做法是违背自然科学的，失败是注定的，只是时间早晚的问题。

所以，不论作什么决策、研究什么问题，一定要服从自然科学的规律，不遵守、遵循自然规律，就要被自然科学的规律所淘汰，就会面临失败。服从自然科学规律和常识，是作决策时最重要的准则。

中篇——解决问题的流程要服从最佳路径选择的自然科学规律

田忌赛马的故事众所周知，故事说的是：

齐国的大将田忌很喜欢赛马，有一回，他和齐威王约定，要进行一场比赛。他们商量好，把各自的马分成上、中、下三等。比赛的时候，要上马对上马，中马对中马，下马对下马。由于齐威王每个等级的马都比田忌的马强得多，所以比赛了几次，田忌都失败了。

田忌觉得很扫兴，比赛还没有结束，就垂头丧气地离开赛马场。这时，田忌抬头一看，人群中有个人，原来是自己的好朋友孙膑。孙膑招呼田忌过来，拍着他的肩膀说：“我刚才看了赛马，威王的马比你的马快不了多少呀。”孙膑还没有说完，田忌瞪了他一眼：“想不到你也来挖苦我！”

故事说到这里，我们暂停分析一下：故事中说田忌失败了，此时的田忌接受了失败的结果，这是正常的一般人的认知水平，没有去深刻地反思、寻找失败的原因，更不用说去寻找战胜齐威王的方法了；听到孙膑的说辞时却认为孙膑在挖苦他，这是符合田忌的认知规律的。田忌的表现服从了人的认知科学和行为科学。

我们接着看故事是如何发展的：

孙膑说：“我不是挖苦你，我是说你再同他赛一次，我有办法准能让你赢了他。”

田忌疑惑地看着孙膑：“你是说另换一匹马来？”孙膑摇摇头说：“连一匹马也不需要更换。”田忌毫无信心地说：“那还不是照样得输！”孙膑胸有成竹地说：“你就按照我的安排办事吧。”

齐威王屡战屡胜，正在得意洋洋地夸耀自己马匹的时候，看见田忌陪着孙膑迎面走来，便站起来讥讽地说：“怎么，莫非你还不服气？”田忌说：“当然不服气，咱们再赛一次！”说着，“哗啦”一声，把一大堆银钱倒在桌子上，作为他下的赌钱。

齐威王一看，心里暗暗好笑，于是吩咐手下，把前几次赢得的银钱全部抬来，另外又加了一千两黄金，也放在桌子上。齐威王轻蔑地说：“那就开始吧！”一声锣响，比赛开始了。

孙膑先以下等马对齐威王的上等马，第一局输了。齐威王站起来说：“想不到赫赫有名的孙膑先生，竟然想出这样拙劣的对策。”

孙膑不去理他。接着进行第二场比赛。孙膑拿上等马对齐威王的中等马，获胜了一局。齐威王有点心慌意乱了。

第三局比赛，孙膑拿中等马对齐威王的下等马，又战胜了一局。这下，齐威王目瞪口呆了。比赛的结果是三局两胜，当然是田忌赢了齐威王。

案例总结：马匹还是同样的马匹，由于调换一下比赛的出场顺序，就得到转败为胜的结果。这就说明，同样的资源采用不同的分配顺序，就会产生不同的结果，这是服从自然科学的规律的。很多人在日常工作与生活中，没有深入地去探寻流程的规律和比例的规律，就接受成败的结果是有问题的，是违背自然科学的。所以掌握顺序规律和比例规律，才是符合自然科学规律的道。因为自身认识上存在的问题，没有掌握这些规律，也没有服从这些规律，失败是正常的、失败是必然的。

下篇——选择用谁的决策要服从人才成长的自然科学规律

纸上谈兵的故事广为流传，这个故事说的是：

赵奢是赵国名将，为赵国屡建战功。可是赵奢的儿子赵括却不像父亲。赵括从小的确读了不少兵书，谈起用兵之道那简直是滔滔不绝，连他父亲都不如他。于是，赵括自以为是，觉得自己是了不起的军事家，他狂妄地认为自己在军事上已经是天下无敌了。然而赵奢却不这么认为，他不但从未赞扬过儿子的夸夸其谈，反而却常常担忧地说："日后赵国不让赵括带兵便罢，如果让他带兵打仗，那么断送赵国前程的将必是赵括无疑。"

过了几年，赵奢死去了。这一年，秦国对赵国大举进攻，赵国派了年龄很大的将军廉颇率军迎敌。开始，赵军连连失利。在这样的情况下，廉颇改变战略方针，他下令让军队坚守城池，以逸待劳，不要主动出击，保存实力守住阵地从而拖垮秦军。结果真的，秦军由于远道而来，经不住廉颇的拖延，粮草渐渐接不上，快要支撑不下去了，秦军十分恐慌。于是秦军也施展计谋，派人悄悄潜入赵国散布流言说："秦军谁都不怕，就怕赵括担任大将。"

赵王正在为廉颇在军事上毫无进展而闷闷不乐，听到外面流传的那些说法，便撤掉廉颇，要派赵括为大将来统帅军队。赵括的母亲记住丈夫生前的嘱咐，再三向赵王说明情况，极力劝告赵王收回决定。可是赵王哪里听得进去，他真的任命了赵括担任大将来取代廉颇。

赵括一到前线，便开始胡乱指挥起来。他完全改变了廉颇的策略，大量撤换将官，一时间弄得人心惶惶军心涣散。秦军得知赵军这些情况，自然正中下怀。一天深夜，秦军派一支队伍偷袭赵营，刚一交战，便佯装败走。同时，秦军又派兵乘机切断了赵军的粮道。

赵括不知实情，还以为秦军真的是败逃。他得意地想，取胜即在眼前，这正是表现自己的时候。于是他命令部队紧紧追击。结果，赵军追了一段后即被秦军伏兵将追兵拦腰截断，使赵军首尾不能相顾。然后，秦军一齐杀出，将赵军各个击破，团团围住。

赵军被秦军围困 40 多天，粮食早已吃光又没有接应，一时间军心大乱。赵括一筹莫展，满肚子的兵法也不知如何施展。眼看守下去也是活活饿死，便率军仓皇突围。可是怎敌秦军四面掩杀，哪里突得出去。结果赵括被乱箭射死，40 万赵军也全军覆没。从此以后赵国就一蹶不振。

案例总结：这就是“纸上谈兵”的故事，赵括纸上谈兵并无真才实学，而赵王还对他委以重任，结果招致惨痛失败。这个故事告诉我们，在选人用人方面，一定要服从人才的成长规律，一定要服从自然科学，不能只凭别人言论和自己的言论就作出决策，很多组织、企业领导在选择如何用人、怎么用人方面，也与赵王只听信别人的言论却没有自己的正确判断一样。事实证明，在用人上不服从自然科学是要吃大亏的。

（3）强化服从自然科学是成功的提前和基础。

自然科学是规律、是道，是必须要遵守和遵循的。如果不遵守和遵循自然科学，就一定会遭遇失败。人无论做什么都是无法超越规律和科学的。做事必须在服从自然科学的基础上，才能更快速、更直接地走向成功。没有服从自然科学作为基础，一切的努力都是白费力气的。自然科学包括的范围非常的广泛，选择“做什么”决策时是自然科学，选择“如何做”、确定流程时是自然科学，选择用“谁来做”、确定选择用人时是自然科学，选择“怎么做”、确定做事的细节要领时也是自然科学。真的要做成一件事，如果没有这四个环节作为前提和基础，不服从这四个环节的自然科学规律，那结果注定要失败的。

所以，无论组织、公司或个人，在作任何决策时，都必须遵守、遵循自然科学的规律。

总结：组织、公司、部门或个人在作任何决策时，都必须遵守、遵循自然科学的规律，按自然科学的规律办事。否则，一定会出现诸多的问题，甚至于失败，而很多的工作问题都是可以避免的。所以，在很多时候都有这样一句话“知识决定命运”。知识是什么？知识就是自然规律，是认识后的自然科学。服从自然科学一定会使自己少犯错误，快速地成长进步。服从自然科学是修炼和提升服从力很重要的维度之一。

2. 服从行政上级

在现代职场上很多成果卓越的管理者之所以卓越，一定是遵守、遵循着服从行政上级的准则，让领导感觉到是“靠谱”、“很听话”、“很有分寸”、“很有能力”的人。如果是这样，就会获得很多机会和支持，就可以避免很多不必要的麻烦和阻碍，进而创造出卓越的业绩和成果。服从行政上级是修炼和提升服从力最关键的“最后一公里”的维度之一。这项内容在本书其他章节中有详细讲解，在此就不作重复说明，敬请读者朋友谅解。

3. 服从管理制度

俗话说：“无规矩不成方圆。”管理制度就是单位的规矩，一个单位如果没有规矩，就会麻烦不断，整个单位就会处在一个无政府状态，谁想怎么干、就怎么干，谁想怎么做、就怎么做。当一个单位里的人不能服从管理制度时，这个单位的效率一定是极低的，一定是无法统一管理的，更不用说创造高效卓越的业绩了。

（1）不服从管理制度的现象。

在企业的运营管理和日常管理中，很多人是服从管理制度的，往往也有个别的人不服从管理制度。这些人要么是自制能力太差晚来早走，要么是自我意识太强个人利益高于团队利益，要么是规范意识缺乏随着自己的性子来。不论什么样的原因都会给企业的管理带来很多麻烦，一定会导致单位整体服从力的下降，进而会影响单位的成果和业绩。

然而，以上的问题看似都是小问题，没有什么大不了的，可是这样的小问题积累多了，叠加起来就成了大问题。这些不服从管理制度行为，严重影响着企业高效运行，进而影响到企业的业绩。如果在执行实施过程中，执行实施者不服从管理，就会造成混乱，服务或产品就会出现问题。如果企业运营出现了问题，就会把这些问题归结到老板或领导头上，其实也真是老板或领导执行管理制度不力而造成的。

（2）造成服从管理制度不足的原因。

优秀企业一定是严格服从管理制度的，这类企业的整体服从管理制度的意识水平一般都是很高的。而那些不够优秀的企业，往往是极个别人影响了整体的氛围，进而导致整体服从管理制度的意识下降。

①执纪不严：在日常的管理中由于领导者执行纪律不严格，造成了违纪者没有被及时地处理和处罚，很多违纪者因为没有被处理和处罚就当成不知道违反了纪律，其他的员工看到违纪者没有被处理和处罚时也跟着去做。这是管理者不能及时维护纪律尊严，对违反或破坏纪律者不能进行及时处理和处罚，就一定会影响管理制度的严肃性，整个单位的服从力就会大打折扣，就会出现服务或产品质量问题，就会直接影响到单位业绩。

②不够重视：很多职场人只重视与领导的关系和工作业绩，其他的方面特别是纪律方面，比如规范化管理方面一点都不重视，认为只要与领导处好关系、只要完成了任务就万事大吉了，是否服从管理制度与我无关。这样的员工一时可能是有利的，可以解决很多问题；但是，如果长期这样不重视管理制度和操作规范，就会严重破坏和谐的工作氛围。管理者必须高度重视违反和破坏管理制度的问题，把这类问题当成重要的日常工作来抓！

③自制力差：有这样一类员工干活时能冲在前头，遇到困难也能勇敢去挑战，可是在日常管理中的自我控制能力很差，管不住自己，不是晚到就是早

退，视管理制度如摆设，他们不是不想服从而是管理不了自己。这样的员工是经常违反纪律者，可是又无大的严重过失。这样的员工一定要给他找一个严厉的领导，来约束监督其服从管理制度并建立良好的习惯。

④个性太强：很多员工追求个性张扬，以不服从管理制度为英雄者也是大有人在的。这类员工不论遇到多大的困难和问题都不怕，为了张扬个性还会故意表扬一下自己。这样的人可爱又可恨，可爱的是不怕困难勇于挑战，可恨的是视纪律如儿戏，影响着管理制度的执行。

⑤规范性差：很多员工缺乏规范性的意识和行动，只重视任务的完成情况和业绩为王的职场氛围，造成很多员工没有或缺乏规范性训练，从家庭到学校、再从学校到单位，每天都在紧张地工作着，就是有时间也想放松休息享受一下。做规范统一的训练对现代年轻人来说，是件很难的事，所以服从管理制度的意识和行动特别差。

（3）强化服从管理制度就是强化协作意识，就是提升战斗力。

管理制度就是一个单位的规矩，无规矩不成方圆，要提升单位的战斗力就必须严格服从管理制度。只有这样，才能做到协调一致、才能做到步调一致、才能实现行动一致，只有协调一致的行动才能创造出更好的业绩和成果。

所以，提升一个人服从管理制度的行动就是在提升团队的战斗力。

总结：一个组织、公司或者上级领导，一定要把对员工进行服从管理制度的培养当成重要事情来抓，想让自己更加卓越的员工也一定要从服从管理制度入手，建立良好的服从习惯和服从意识，这样就会给自己创造更多的机会，获得更多的支持。否则，一定会出现诸多的工作问题和工作事故。而很多的工作问题都是可以避免的，所以，服从管理制度就是提升凝聚力，就是提升战斗力，就会创造更好的业绩。把服从管理制度作为服从力来源的一个维度，是提升服从力必须重视的一个方面，是训练服从力、提升服从力的切入点之一。

4. 服从地方风俗

服从的维度很多，很特别的一个维度就是地方风俗。如果我们要在某地做成某件事，就必须先了解这一地区的风俗民情和处事特点。只有了解了当地风俗民情和处事特点，才有可能避免很多不必要的问题，了解当地的风俗民情是做好工作的前提和条件。比如：如果是接待西方人，就一定要避免让他们住在13层，因为在西方13是个不吉利的数字。如果要去藏区就一定要先了解藏区的风俗民情，才可能把准备工作做好。建立服从意识，养成服从习惯，了解活动地区或是了解服务对象的地方风俗，都是修炼和提升服从意识和习惯的切入点。

5. 服从氛围

一位优秀的职场人士一定是服从氛围的高手。服从氛围是服从力的一个重要维度，服从力的建立是一个综合性很强的问题，如何做好服从氛围是需要有变通的思维和灵活的行动的。服从氛围是考验一个人观察能力和应变能力的最佳方面。

然而，有那么一小部分人不知道服从氛围的重要，把自己搞得很紧张，也把别人搞得很不愉快，让周围的人疏远和不欢迎，自己的人际关系也遭到很大程度的缩小。服从氛围就是合群，就是做适合氛围的事，就是做符合氛围的人。

（1）造成服从氛围不足的现象。

要提升服从力就必须关注一个很重要的维度，那就是服从氛围。可是有部分人就是因为种种原因不知道服从氛围，把自己和别人搞得都很紧张。很多人不服从氛围是因为缺乏这方面的修养，自我意识比较强，按自己的性子做事，不考虑和计较后果。

然而，服从氛围是卓越人士必修的功课。如果一个人不能服从氛围的要求，就是缺乏观察力、缺乏应变力、缺乏敏锐度。服从氛围意识不强的人，有很多时候是事倍功半。提升服从氛围的意识和能力，养成服从氛围的习惯，是一种很有价值、很有品味的事。

（2）造成服从氛围不足的原因。

职场人士如果对外界环境不敏感，服从氛围的行动就建立不起来。只有对环境敏感的人，才能真正建立起服从氛围的习惯。

服从氛围不足的原因如下：

①反应迟钝：对外界环境的氛围和变化反应迟钝者，服从氛围的敏锐度不足，当环境氛围变化时不能及时地做出相应的反应，想要他服从氛围是很难的事情。如果真的要他养成服从氛围的习惯，是需要下很大工夫的，与其这样还不如调整他的工作来得快。

②不够重视：很多人有时候会陶醉在自己喜欢的事务中和自己的习惯中，缺乏与环境做亲密接触的动力，缺乏积极主动地寻找机会获得支持的信念，导致不能在特定的氛围下做特定的事，就是不能做服从氛围的行动。

③缺乏修养：一个追求卓越的人，一定会注重周围环境的变化，会依据不同的环境做出相应的行动，让每一次活动或行动都卓有成效。这样的素养是长期修炼出来的，缺乏修养的人是不会把服从氛围当成卓越机会的。

④我行我素：日常工作中有很多人特别喜欢我行我素，张扬个性和特点让他们往往显得特立独行。这种人要么是有奇特的才艺，要么就是不学无术者。服从氛围是密切融入环境的唯一法门。

（3）实例。

笔者清晰地记得，那是1988年8月份的一天，天气特别闷热，炽热的太阳毫无遮掩地照射在黑龙江省牡丹江市一段繁华的马路上。笔者当兵两年来第一次请假外出，与战友郑谊刚穿着整洁的军装缓慢地行走，欣赏着街景。突然在前方不远处传来了一阵阵的话语声，起初我还没有注意，继续向前走就听到有人说：那边来了两个穿军装的，这事他们能管。我一听到这话就拉战友停了下来，因为不知道前边发生了什么事，对第一次单独外出的两个外地新兵来说，能找到回军营的路按时回去销假就很不错了，还要帮助别人做什么事？

当再次听到“穿军装的能管这事，快叫他们”的声音时，我们相互看了一眼，又看了看对方的军装，没有别的办法，只好硬着头皮向前走去。走到人群前面，我们才发现在地上躺着一位晕倒的小女孩，边上还有一位十一二岁的小女孩在哭，原来是妹妹因为天气太热、中暑晕倒在地了。周围围观的人也不知所措，看到穿着军装的我俩，就像看到了希望。人们期待的目光与姐姐的哭声，让我伏身背起晕倒的小女孩，边跑边问医院在哪里。我俩把晕倒的小女孩背着送到了医院，挂上了急诊送进了急诊室，并陪着姐姐给家里打了电话。看着慢慢苏醒过来的小女孩与妈妈手拉着手，我俩擦着满脸的汗悄悄地离开了医院，又悄悄地回到了军营。

30 多年了，具体的细节记不清了，如果不是因为参与写这本书，恐怕很难想起这件事了。正好写到了服从氛围这个章节，勾起了久远的回忆。如果穿着军装的我俩不去抢救晕倒的小女孩，我想我们是对不起那身军装的，那些围观的人更会对军人的期待大打折扣，我想那对小姐妹也一定不会对军人特别有好感。服从氛围让我战胜了自己，服从氛围让我做出了自己应该做的事。现在想起来，如果我俩不能服从氛围做军人应该做的事，那么社会对军人的爱戴就无从说起，军爱民、民拥军就成了笑谈。服从氛围让我突破了自我约束，做了一件让自己欣赏自己的好事，为我的军旅生涯留下了美好的回忆。

实例总结：服从氛围是一种力量，服从氛围是一种责任，服从氛围是一种担当，服从氛围更是一种智慧。卓越的职场人士，一定是服从氛围的高手，只有懂得服从氛围，才能在任何环境下都能如鱼得水，获得更多的机会和支持。

（4）服从氛围就是战斗力，服从氛围就是担当责任。

服从氛围是服从力的一个维度，通过服从氛围提升融入环境的能力，训练不论是什么环境、什么样的情况下，都能做出恰当的反应，这样的人一定会在任何环境都能获得支持和帮助。服从氛围就要对环境敏锐，服从氛围就要克制自己，服从氛围就要挑战自我，服从氛围就要融入环境。服从氛围是训练提升服从力的一个维度，也是非常重要的切入点，服从力训练从服从氛围做起是最管用最有效的措施之一。

6. 服从客户要求及期望

服从客户要求及期望是服从维度中最为关键也最为特殊的一个维度，因为这个维度是服从的方向，是其他一切服从的导向，更是其他一切服从的结果呈现。其他的一切服从都是为这个服从维度服务的，它是服从的“最后一公里”，更是服从的结果和业绩的呈现。

（1）服从客户要求及期望不足的现象。

服从客户要求及期望是其他一切服从的最后指向，是最特殊的一个服从维度，也是唯一的目标成果验证维度。很多领导和员工往往会忽略客户要求及期望，按照自己的想法去计划安排工作、设计制造产品、研发服务项目。如果工作提供者仅仅从自我感受或经验出发，那么客户的要求及期望就无法兑现；如果客户要求及期望不可能兑现时，就是工作或服务操作结果出现了问题。

服从客户要求及期望是需要做大量工作，才有可能真正了解到客户的要求及期望是什么。只有真正地了解掌握客户的要求及期望，才可能提供最符合客户要求及期望的产品或服务；反之，由于不知道客户的要求及期望是什么，就会生产或提供不是客户要求及期望的产品，产品生产出来了没有客户来消费、或是客户根本消费不完，只能放在各自的仓库里，生产任务完成了很多很多，但只能是产品，无法形成商品，因为根本不是客户要求及期望的。服从客户要求及期望即订单式生产或服务，是最佳的产品或服务提供模式。

（2）造成服从客户要求及期望不足的原因。

随着科技的进步和生产效率的提升，现代社会的生产或服务不是整体效率更高，而是呈下降趋势，提升的是单个组织或企业的生产效率。因为大家都看好这类产品，于是大家就都来生产，整体生产的产品远远大大需求的产品，造成许许多多的产品生产出来后只能放在仓库里，或生产能力空置在那里不敢生产，因为产能过剩生产得越多亏损得就越大。

服从客户要求及期望不足的原因如下：

①跟着感觉走：很多生产供应商根本没有认真地研究分析过整体产能的问题，就根据社会需求什么，我就生产什么；什么产品能挣钱，也不看市场是否真的有刚性需求，就跟着自己感觉到的需求加入生产提供商之列。

②跟着技术走：因为没有更高的技术，所以只能是技术能生产或提供什么，就生产或提供什么，跟着当下的技术提供能力确认自己的产品或服务

提供。

③跟着资本走：就是哪种产品或服务能挣钱，管它总体供应商是否远远超过需求及期望的供应量，我也要挤进去吃口肉。

④跟前行者走：只要有一家企业生产或提供的产品好，紧跟着不长时间里就会有一大批产品的供应商出现，因为没有更多的前期研究开发的费用，只能跟着前行者走低质量低价格路线，强制性地降低产品或服务质量才可能有利润、维持生存和发展。

⑤跟着热门走：只要一有热门的产品或服务推出，时间一长就会有一大批同类型生产或服务提供者出现，这个热门就变成冷门了。

（3）实例。

1984 年青岛海尔引进冰箱生产线时，是中国当时引进的第 31 条冰箱生产线，现在看看当年引进冰箱时的情景，国家肯定需求及期望有冰箱需求点，可是先后引进三十多条生产线，一下子就造成了生产产能的过剩，几十年过去了，现在回头看看，当年引进的三十多条生产线能活到当下的企业才有几个？这个现象反映、呈现出的很多问题，值得我们深思。

实例总结：通过这个案例我们可以看到，看似服从了客户需求及期望的生产，为什么会造成产能或服务提供过剩呢？一个重要的原因就是成为了热门或热点，大家又没有别的路可走，就只能拥挤着做可做的行业从而导致过剩了，过剩的产量或服务提供让一个个加入者纷纷倒下。这就是没有认真研究分析未来市场需求造成的，就是只服从当下的客户需求及期望、没有研究过成熟后的市场供应能力造成的。

（4）强化以服从客户需求及期望的产品或服务提供是生存基础。

如果一个企业或个人提供的产品或服务在社会上没有了市场需要，那提供的产品或服务就只能是产品而成不了商品，就无法持续地生存下去。放眼世界看中国当下及未来的消费趋势，中国市场是巨大的也是无限的，可是中国的消费者需要的已不仅仅是满足功能性需求的产品或服务了，现在客户需求及期望的是更高品质、更有个性化的产品或服务，从客户当下或未来的需求及期望入手，强化服从客户需求及期望，开发出更高品质和更高服务的产品，是未来中国供应商必须研究的问题。

所以，强化以服从客户需求及期望的产品或服务提供为切入点，开拓生产或服务市场更为重要。

总结：一个组织、公司如果不能提供更多客户需求及期望的产品或服务，就无法在市场上立足，更无法拓展更多的客户了。服从当下和未来客户需求及期望提供商品供应，是企业生存发展的根本所在。生存缘于需求，发展更缘于需求。服从客户需求及期望是提升训练服从力的一个最重要的维度，一定要加强对客户需求及期望的研究和分析，才能在市场上立于不败之地。

7. 服从权威专家

能成为权威专家者，一定是在某行业或领域做了很多年的资历深厚者，一定是对某行业或领域研究得很深很透者，掌握了某行业或领域的规律或核心技术或规律者。权威即是本行业或领域的专家，如果做某行业或领域不服从权威专家的意见和建议，就一定会在这个行业或领域失败。权威不是无中生有的，权威不是想象出来的，权威不是吹牛吹出来的。权威一定是持续地深入一线，解决本行业或领域一线问题或技术的领跑者。

服从权威专家就是站在行业或领域巨人的肩上，就是站在行业或领域的知识制高点上，就是站在了行业或领域技术的制高点上，就能解决行业或领域最难的问题和最难的需求。

（1）服从权威不足的现象。

为了快速提升和训练服从力，最重要最有效的方法就是直接跟权威学习、跟踪权威的技术和成果，直接掌握行业或领域的制高点。可是现代很多人却在否定权威的价值，不服从权威和专家的代价是给自己的前途造成很大的影响。

然而，权威专家是相对而言的，由于地缘关系或行业发展等原因，某一地区或行业的发展领先了全国或全世界其他的地区或行业是可能的，也是必然的。知识、技术或产品的创新必然先在某一地区的某一组织或企业被发现和生产出来。

（2）造成服从权威专家不足的原因。

职场和社会很多人还是非常服从权威专家的，尊重和敬重权威专家的水平是越来越高。但也有很多不服从权威专家的事，时有发生。

服从权威专家不足的原因如下：

①资讯发达：由于现代信息技术的快速发展，即时通讯把全世界的最新知识信息、技术信息等资讯进行着同步的传播，让知识、技术不再神秘也不再滞后。如果权威专家的学习力不够或知识、技术更新不快，那么他们就会受到很大的挑战。

②角色不同：角色不同，看问题的视角就不同，看到的问题就不同；站在全局看与站在局部看，所呈现出来的是不同的，站在普通用户或旁观者的感受是不同的。通常非专业人士总是习惯于只看关系自己的利益的方面，所以服从权威专家的意识就不强。

③认知差距：认知水平的差距也会造成服从权威专家的不足。在非专业人士看来很简单的东西，在权威专家眼里可能非常复杂和高端的；在权威专家眼里是非常简单的东西，在非专家人士眼里则可能是非常高难的东西。

④方式差距：人的价值观和目的不同，权威专家在某个行业和领域人士那里是权威和专家，而非专业人士只看与自己的价值和利益有关的方面，不理解和不认可的呈现方式就不服从权威专家了。

⑤爱好不同：人的喜好不同，认可的东西就不同，在某些人眼里有价值的东西，在其他的人眼里可能一文不值。爱好就有深层的认知，不爱好就不了解具体的价值和内涵，所以没有共同的爱好和基本的常识，就不服从权威专家。

⑥责任不同：权威专家是行业或领域的资深研究者，承担着行业或领域前沿或发展方向的研究，解决的是专业领域的难题和问题，而应用者只关注是否解决自身的问题，是否方便自己的应用。

（3）强化服从权威专家是提升训练服从力的重要措施。

如果要做某行业或某领域的研究和工作，一定要先向权威专家学习请教，服从权威专家是快速学习成长掌握行业或领域知识、技能的最快速的途径与措施。一个不服从权威专家的人或单位一定是要吃苦头的，一定会走很多弯路的。

所以，强化服从权威专家，是快速掌握行业知识、技能的最佳方法。

总结：一个组织或领导在运营、管理企业时，一定要强化对权威专家的服从意识和服从行为，只有服从权威专家才能少走弯路，才能提高单位的工作效果和工作成果。服从权威专家就能站在知识、技术的制高点上，就能掌握最前沿的资讯和技术。服从权威专家是掌握某行业或领域知识、技术的最方便最快捷的路径。

8. 服从内心

服从的目的是用最小的投入创造更大的价值，提供最好的产品或是提供最佳的服务。然而，创造更大价值、提供最好产品、提供最佳服务的目的又是什么呢？是让提供者能快乐富足，让自己内心充实、丰盈与快乐！服从自己的内心才是最终的需求及期望，才是最有价值的。这项内容在本书其他章节中有详细讲解，在此就不作重复说明，敬请读者朋友谅解。

总结：服从的八个维度是认知、研究服从力的八大路径，要想理解透、掌握实服从力，就必须对每个维度都进行详细深入的研究。

服从的八个维度是我们提升和训练服从力必须研究的八大方面，每一个维度都对服从力有很大的影响和制约。掌握服从的八个维度，就不会漏项，就不会走偏。

八个维度的服从是每个人提升服从力修行、提升工作效率做到事半功倍的最佳措施，是降低和减少工作阻碍、获得更多支持的必由之路。

如果你想让自己的服从力修为更好，就必须通过八个维度的修行和身边所有人和事结缘，与接触的所有人和所有事结缘，让自己的工作更有成效，让自己的业绩更好，让自己的人生更加幸福辉煌。

第五章

管理者服从力修炼及训练

第一节　提升下级服从力的有效工具

一、爱岗教育让下级愿意服从

1. 爱岗教育不足的现象

企业在给下属员工的培训中，往往以岗位知识和操作技能培养为主，常常忽略爱岗敬业教育培训。而同时岗位知识理论培训往往容易考核，领导提个问题下属回答正确考试就算通过了；同样，岗位技能也比较容易考核，只要下属员工操作正确了，也就算基本掌握了。

然而，最缺少考核标准的则是爱岗敬业指数。而正是因为没有考核标准，对下属的爱岗敬业的培养与考核也就没有了思路与方向。但技能考核通过了的员工，往往因为爱岗敬业程度不够，而在有的工作上出现工作质量问题。这个时候很多人会把问题归结为操作技能问题，而实际上真正的问题则是爱岗敬业程度不够。

2. 造成爱岗敬业不足的原因

一般说来，现代职业工作者爱岗敬业的整体水平都比较高，而往往因为极个别人影响了整体的氛围，进而导致整体服从力的下降。

爱岗敬业不足的原因如下：

第一，缺乏考核：由于爱岗敬业没有准确衡量标准，因而也就没有了考核标准，甚至基本上提也不提了。因为没有了考核，下属在“爱岗敬业”方面就缺乏了敬畏。进而，爱岗敬业的标准就降低了。

第二，榜样参照：很多企业领导在对下属的管理中，经常会表扬下属，从而激发了很多人参照被表扬者的能力和行为作为自己的最低标准。甚至有时有些被表扬者问题也非常多，而领导对这些问题也是了然于胸，但解决起来却是举步维艰、毫无建树，这个时候团队的整体服从力就下降了。

第三，任务至上：很多公司经常会说“怎么做随你，做到了就行”。这个时候，很多人往往就会违规操作，而违规往往不容易被看见。可是违规后始终会留下后遗症，为公司和部门的后期发展和管理埋下了隐患。这种只考核业绩不考核品绩的企业文化和管理制度，助长了爱岗敬业意识的下降。

第四，卖主情结：很多管理者在管理中对某些下属形成了有意或无意的伤害，而有些“选择性记忆”比较好的人，往往忘记了领导和公司对他的好，牢记领导和公司对他的差。于是，只要该员工找到报复的机会，基本上不会心慈手软。

第五，不够重视：每个人的心中对不同的事情重视度往往不同，如果某个人对某件很重大的事件没有加以重视，而上级领导也没有对该重大事件进行思想建设，其结果就因为重视度不够出现了工作的遗憾。而这种无心之过，也会被其他人认为不够爱岗敬业。

3. 加强对员工爱岗敬业的培养是企业服从力的基础

一个企业在对员工的培训和培养中，一定要把爱岗敬业作为主导教育培养方向之一。如果一个人有足够的能力而缺乏爱岗敬业精神，他在工作中就会经常出现各类小的问题。反之，如果一个人本身不会做一件事情，但是他内心深处有了对岗位的尊重和敬畏，在他做任何一件事情时，都会主动寻找正确的方法。

所以，提升一个人的爱岗敬业指数比提升能力指数更为重要。

总结：一个组织、公司或者上级领导，一定要把下属的爱岗敬业培养当成重要事情来抓。否则，一定会出现诸多的工作问题和工作事故。而很多的工作问题都是可以避免的，所以，在很多国家单位的海报宣传中都有一句话："事故源于麻痹。"

二、榜样塑造让下级对照服从

1. 榜样塑造不足的现象

企业的高绩效来源于强大的服从力，如何培养和提升下属的服从力，是企业经营者必须做的事情。可是在日常的管理中大多数企业和管理者都采取了最简单最原始的方法：批评处罚和表扬奖励。采取批评处罚和表扬奖励的方式培养员工，实施起来比较简单直接，遇到出现问题的员工，针对问题批评一顿或处罚一下就完事了；遇到做得好的员工，表扬一下或给一些奖励就完事了，方便快捷简单有效。可是，这两种措施对提升员工的服从力都有一定的局限性。

实际上，最能给员工带来工作动力的榜样，因为没有明确的标准，榜样塑造工作就无限期地搁置了。很多想要成长进步的员工，往往因为没有榜样可学，没有标杆可比，在工作中无法形成比、学、赶、帮、超的竞赛氛围，因而员工的工作热情无法持续、工作技能提升研究缺乏动力，造成了员工成长进步的缓慢和无力。

2. 造成榜样塑造不积极的原因

放眼全国各行各业中，都有很多非常卓越的员工可以作为榜样进行学习。但是，因为很多人碍于面子不好意思去学习，导致很多卓越的做法得不到及时有效的应用，影响了整体素质和技能的提升，进而导致员工整体服从力的下降。

榜样塑造不积极的原因如下：

第一，直接价值不明显：由于塑造榜样没有直接的价值，很多企业管理者没有塑造榜样的动力，造成下属在学习中没有榜样、工作中没有标杆。员工工作的激情和工作的动力就降低了。

很多企业也没有对管理者提出明确的榜样标准和榜样考核，因而使管理者对“榜样”缺乏重视。甚至很多管理者认为“我做给他们看”就已经是榜样了，实际上“做给别人看”只是能力技能的示范。

第二，减少麻烦：能被全方位塑造为榜样的人很少，员工成为榜样后的一举一动就成为了公司的焦点，其他员工遇到与自身相关利益的事情都要与榜样进行对照，无形中给榜样塑造者带来很多的麻烦。塑造榜样给企业带来的好处是延迟的无形的，而给塑造者带来的麻烦是现实的直接的。所以作为塑造榜样者的动力荡然无存。

第三，怕榜样倒：很多企业在特定的环境条件下塑造了榜样，在某个领域带来了很大的效益，随着时间的推移和环境的改变，榜样的优势荡然无存，由此给塑造榜样的负责人带来很多负面的影响。实际上“榜样倒”不是榜样就一定会倒，而是成为榜样之后，太过重视“经验的力量”，随着资讯的变化、技能的升级、知识的替换，很多榜样也就过时了。

“榜样倒”是因为缺乏更新，让善于更新的人甚至曾经是“榜样者”的“学生”“手下”取代了他，他的学生与手下学习了他的经验又在他的经验基础上进行了更新，于是老的榜样就倒了。

第四，碍于面子：是指“拒绝学习其他企业的方法和经验”。企业自身没有榜样可塑不是问题，可以塑造行业最顶尖的人才为榜样。可是很多企业碍于面子，不承认自己的企业比别人差。特别是不想让社会知道有企业比自己做得更好。

第五，“世界舰长”：是指独裁性暴力指挥者。很多管理者，在他的权力范围内就像一位“世界舰长”一样，只要求别人高标准，不要求自己高标准；只要求别人多做事，不要求自己多做事；自己做不到的事情，还逼着别人做到。很多组织管理者不以自己做榜样，也不为下属做示范，定下一个目标之后就制定考核标准，于是下属没有了榜样，没有学习的范本。

3. 实例

军队是一个特别会运用塑造榜样的方法来激励全军将士的组织，在战争年代军队塑造了无数个榜样。在 2015 年 9 月 3 日的专题阅兵中，由 10 个战争年代的英模部队老兵组成的方队，在猎猎军旗的引导下走过阅兵台，几十年前的榜样激励着一代又一代军人的革命斗志，让年轻的军人们接过先烈们的枪，传承英雄们的精神，肩负起民族的责任，完成了保家卫国、抗震救灾等各种任务。

张思德、雷锋、苏宁这些名字，就是军队不同时期的榜样，对军队的思想建设起着巨大的作用。特别是雷锋这个名字，影响力已经走出了国门。

实例总结：榜样的力量是无穷的，英模部队的革命斗志激励着一代又一代的军人，为军队战斗力的提升提供了源源不断的精神支持和精神动力。塑造不同类型的榜样，是提升部队战斗力和凝聚力最好的措施。

作为企业的经营管理者，一定要学习军队的榜样教育模式。一定要学会运用塑造榜样的力量，全方位提升企业的整体服从力。让优秀的军事化管理方法在企业产生作用和价值。

4. 运用塑造榜样的力量是培养企业服从力的动力

企业要想激活员工进步的动力，就一定要把塑造榜样作为重要的措施。塑造了榜样，管理培养员工，就有了明确的目标和标准，员工就有了学习的动力和热情，就会形成比、学、赶、帮、超的良好氛围。反之，如果没有塑造榜样，员工学习就没有明确的标准，就不知道自己应不应该努力，就不知道自己应该向哪个方向努力，就不知道自己的表现与榜样的差距。

所以，塑造榜样是企业提升员工学习激情、激活员工进步动力的重要措施。

总结：作为组织、公司的领导和上级，一定要充分利用榜样的力量，通过与榜样的对照来激发员工工作激情和工作斗志。榜样的示范作用就是服从力，榜样的模范作用也是服从力，通过塑造榜样，进而提升企业的整体服从力是性价比最高的措施。

三、技能培训让下级学会服从

1. 技能培训不足的现象

企业或领导帮助下属提升工作的操作技能，就是在提升下属的服从力。可是很多企业在对员工进行技能培训的时候，往往只重视对流程、步骤的培训，而忽略操作要领和操作标准的培训；而同时操作流程、步骤很容易培训，让员工背记一下，简单地讲解一遍，粗略地示范一下，让员工简单地模仿操作一下，能完成操作就算通过培训了。

然而，仅仅掌握了操作流程、步骤，却没有掌握技能操作细节、力度和分寸的技能培训，当下属在实施操作时就没有了分寸。而技能培训通过的员工，往往因为工作操作细节的掌握不够，在看似简单的操作上出现了质量问题，这个时候很多人会把问题归结为员工不用心，实际上真正的问题则是培训操作技能时不深不细，缺乏有效的细节训练造成的。

2. 造成技能培训不足的原因

现在的年轻人对自己喜欢的事，做起来特别的细，特别的上心，可是对一些看似操作简单的技能，往往在极个别细节上掌握不好火候，进而导致整体服从力的下降。

技能培训不足的原因分析：

第一，培训不细：对下属的操作技能培训，往往是临时指定培训负责人。很多企业的操作技能培训，一般只有流程、步骤的规范和明确，缺乏对影响操作服务结果细节的培训，进而，操作培训做的标准就降低了。

第二，培训不实：很多企业在对下属的培训中，做了很多表面的花架子，看起来培训的时间很长，流程、步骤掌握得很快，可是影响服务效果的细节和火候往往被忽略了，服务操作的质量就下降了，下属的服从力也下降了。

第三，缺乏考核：对操作技能的培训考核，过于注重对流程、步骤的考核，而缺乏对操作服务后效果的考核，因为操作技能考核通过了，下属在上岗后的操作服务过程中就不认真研究服务操作细节了，进行服务操作的质量就降低了。

第四，缺乏绩效跟踪：很多公司工作任务重、工作多、着急用人，能干活的人都要上岗干活。这个时候往往会省略很多操作细节和操作的时间，而省略的操作细节和操作时间往往不容易被看见。可是省略操作细节和操作时间，一定会对工作质量产生影响，因为缺乏有效的绩效跟踪考核体系，出现的工作质量无法落实到具体人头上，影响了操作培训技能的提升。

3. 实例

2013 年 10 月的某天上午，笔者陪朋友去维护保养车辆，走进车间时看到一位客户在指手画脚兴奋地说些什么，于是就很好奇地走了过去。仔细一听，原来是来这里换机油的客户，看到工作人员把前边的支架抬高了 20 公分左右，让车辆前高后低后才开始放掉废旧的机油时说：我在部队开了几十年的车，维修保养过很多车辆，看到你们放掉废旧机油的操作动作，让我看到了你们的专业度，从今天起我们单位的车辆就在你们这里保养了，这是我看到的最专业的放油动作了。正在操作的维修工笑了笑说：我们公司非常注重操作细节和要领，一听您这样说就知道你是位内行的人，知道这样操作的目的是什么，这也体现了我们公司的服务理念，即“我们用心，您安心”的服务理念。我们公司在每一个操作细节上都是这样的，这也是我们公司优于其他公司的地方。

实例总结：一个细微的操作，就获得了一位非常专业客户的认可，并带来了很大的客户资源。细节的力量是巨大的，细节服务是品质的保证，只有把操作服务的细节研究透了、掌握好了，才可能让更多的客户满意。培训好员工的操作细节和操作标准，就是服从于任务项目的规范和要求，就能获得更好的客户满意度，就是服从力提升的具体表现。

4. 加强对员工操作技能的培训，是培养员工服从的关键

企业在对员工进行技能培训时，必须把“最后一公里”也就是服务操作的效果，作为培训考核的标准，如果一名员工只掌握了服务操作的流程、步骤，而没有掌握服务操作的细节和要点，在工作中就会经常出现服务质量问题。反之，如果一名员工的服务操作流程、步骤掌握好后，还掌握好了服务的细节和要点，那么这名员工在服务操作过程中就不会出现服务质量问题。员工只要高标准地掌握了完成工作的技能，就是学会了提升服从工作的能力。

所以，强化对员工操作技能的培训是提升员工服从力的关键环节。

总结：一个组织、公司或者上级领导，一定要把对下属的操作技能培训当成最重要的事来抓。不然，一定会在服务操作过程中出现工作质量问题。而很多服务质量都是可以避免的，所以，在很多企业、组织的文化和宣传中都有一句话“细节决定成败”。把操作技能的细节和要点培训好，就提升了整个组织的服从力。

四、现场指导让下级针对服从

1. 现场指导不足的现象

企业在提升员工工作技能的培训方面做了很多的工作，可是这类培训往往以企业文化、企业制度和岗位操作技能为主，以是否通过培训后组织的考核成绩为主。如果考核成绩达标了就算完成了培训工作，反之则没有完成培训。

可是，培训考核的标准真的就是实际工作中的标准吗？培训时掌握的知识、技能总是有限的，不可能全部满足工作的需求，如果不对下属进行工作现场指导，是无法真正地检验员工是否真的掌握了工作技能、是否真的能解决工作中的问题的。如果不进行现场指导就有可能出现工作质量问题，出现问题后很多人会把问题归结为操作技能或是服务态度有问题，而实际上真正的问题则是，实际工作时的情景与培训时的情景出现了偏差，或者是情景没有问题，可是员工在服务过程中的某个细节或环节上出了问题。

2. 造成现场指导不足的原因

很多组织、公司或领导都很重视对下属服务意识、服务态度和服务技能的培训，但有时候因为培训后缺乏对服务现场的指导，结果导致部分员工因为理解、掌握的偏差而影响到工作效果，进而导致整体工作效益不好。

现场指导不足的原因如下：

第一，缺乏意识：很多培训负责人或管理者，认为培训搞得非常好，员工培训后的考核成绩非常的好，没有意识到把培训考核成绩，当作可以完全胜任工作的充分条件是有问题的。在培训的环境中与实际工作的环境中，员工的心理、心态是不一样的，服务的技能要求也是不一样的。进而，工作的质量就会出现偏差。

第二，标准错误：作为公司和领导一定不要把培训考核成绩作为衡量一个员工是否胜任岗位工作的标准。培训考核成绩只是胜任岗位工作的前提，是一个必须的条件，能否胜任工作还要结合岗位的实际工作进行检验，所以到工作现场对员工的工作行为进行指导，是确保员工完全胜任的重要环节。

第三，表象第一：很多管理者在对下属的管理中只重视表象，因为表象就是眼前不用费时间和精力就便于作出判断。而很多真正优秀的下属关注的重点是工作的品质，即客户的感受或是产品的质量。让只会做表面文章的员工钻了空子，就会有意无意地伤害用心工作的员工，降低企业的整体服从力。

第四，能力不够：管理者如果要到现场指导员工，就必须掌握整个工作的流程、标准、细节和要点，还需要具备指导员工纠正错误行为的能力，既要指出员工工作中的错误，又要确保员工的工作积极性，是需要管理者既要掌握专业技能，又要掌握管理艺术，没有很强的责任心和能力是做不到的。

第五，重视不够：很多管理者很重视培训和考核，认为通过培训教会了员工，通过考核让员工掌握了工作服务技能，因此他们认为通过了培训考核就完全可以胜任了。他们没有意识到培训情景设置得再好，考核题目出得再精准，但与实际工作总是有出入的。死板地掌握操作服务技能与现场实际工作是有很大不同的，所以让有经验的员工或管理者亲自进行现场指导员工的工作，是让员工胜任岗位工作需要的重要一环。不重视这个环节，就会出现各种各样的问题，降低整体的服从力。

3. 加强对员工工作现场指导的培养是企业服从力的重要环节

组织、公司或领导者在对员工培训和培养中，一定要把对员工的现场指导作为最为重要的环节来抓，没有这一关的把关，就不知道培训是否存在问题，就不知道员工掌握的是否存在问题，就不知道员工应用的灵活性如何。很多时候，培训的场景一定会与工作的实际现场是有不同的，只有通过现场的指导，才能真正了解员工的胜任程度，掌握哪些是正确的，哪些是需要改进的，哪些方面是可以因场景而调整的。反之，培训的标准、员工掌握的程度、工作的场景有一处地方不完全一样，员工在工作过程中就可能出现问题。

所以，只有进行现场指导，才能有针对性地了解到员工对操作技能培训掌握的程度，才能有针对性地指导员工，是保持、是改进，还是进行调整，全方面地提升员工服从力。

总结：组织、公司或者上级一定要把对下属的现场指导当成培训员工能力素质的重要环节来做。否则，一定会出现诸多的工作问题和工作事故。而很多的工作问题都是可以避免的，这需要员工真正地掌握操作服务的细节和要点，有针对性地灵活解决工作问题。

五、表扬奖励让下级积极服从

1. 表扬奖励不足的现象

在很多企业的日常管理中，公司或是上级领导在指导、检查、考核下属工作的时候，往往忽略表扬奖励的正向激励，经常采取的是批评加挑刺或者是指责加训斥，美其名曰：不批评、不指责怎么显示领导的权力和权威？

可是，世界上没有下属不喜欢被上级领导表扬和赞美的，很多上级领导怕表扬、赞美下属后，下属会“翘尾巴”的想法是多么的可怕。而在工作中表现很突出的下属，如果长期得不到期望的表扬和赞美，就会失去工作的动力和成就感，工作的积极性就会大打折扣，进而就会出现工作的质量问题。这个时候很多人会把问题归结为员工的问题，而实际上真正的问题则是上级领导的管理艺术问题。

2. 造成表扬奖励不足的原因

其实很多企业在日常管理中，对表现卓越的员工的表扬奖励幅度还是很大的，而往往因极个别领导者做得不够好而造成不好的影响，进而导致整体服从力的下降。

表扬奖励不足的原因如下：

第一，不会表扬：有些领导者在其成长过程中缺乏被表扬的经历，时常处在被挑刺的环境中，在他的脑海中就没有表扬这一说法，所以造成少数领导不会表扬，浑身就没有表扬别人的细胞，美其名曰：对员工高标准、高要求，才能使员工更快地成长！

第二，不愿表扬：很多领导者在下属员工有突出表现或喜人业绩的时候，不愿意表扬突出者，说是怕被表扬的员工会出现“翘尾巴”现象，怕没有被表扬的员工会有被伤害的感觉。殊不知自己的做法，严重地影响和打击了员工工作的积极性和主动性。

第三，不够重视：很多企业领导在对下属的管理中，认为表扬奖励的作用不如批评处罚的作用来得快，因而不重视对员工的表扬和奖励。表扬奖励后很多员工会参照被表扬者的能力和行为作为自己的最低标准，甚至有时被表扬者问题也很多，表扬奖励后会带来很多的麻烦和不便，因而就放弃了表扬和奖励对员工的激励作用。

第四，怕招麻烦：很多企业管理者怕表扬奖励员工后，会让同事或领导说自己“搞小圈子”、“拉山头”、“收买人心”等，如果真的这样就会给自己招来很多不必要的麻烦。如果再遇到位心胸狭小的上级，自己的前途就会受影响，因而也就降低了表扬奖励的动力。

第五，影响和谐：很多企业领导都认为，当经常表扬奖励表现突出的员工，被表扬者就会成为员工的焦点，就会成为被谈论的话题，就会成为被挑剔的对象，这样就会引发员工之间的矛盾，部分员工之间就会产生对立和挑战，因而会影响整体的和谐氛围，进而影响整体的服从力。

3. 强化对员工表扬奖励的激励作用是培养企业服从力的有力武器

一个企业在日常管理过程中，如果不能把表扬奖励的激励作用作为提升服从力的有力武器，那就会严重影响员工的进取心和成就感。如果员工缺乏了进取心和成就感，就会影响员工工作的积极性主动性，进而制约了员工挑战困难、提升工作能力的积极性。把表扬奖励作为提升员工积极性主动性的重要措施，就会提升企业的整体服务力和经营成果。

所以，强化对员工的表扬奖励的激励作用，对提升企业的整体服从力非常重要。

总结：一个组织、公司或者上级领导，一定要把对下属的表扬奖励当成最有效的管理手段来应用。否则，如果表现突出者不能被及时的表扬和奖励，在日常的工作中就会出现遇事没有人管、遇事没有人问的可怕场景。如果能及时有效表扬工作优秀突出者，很多问题就是可以避免的。

六、批评处罚让下级纠错服从

1. 批评处罚不足的现象

有很多企业在日常的管理工作中，遇到问题总是大事化小、小事化了，有的时候也会装着不理不提，遇到好事为了拉近关系就大力大胆地表扬，通过这种方式搞好所谓的人际关系，这样的做法严重影响了工作的效果和业绩。

然而，批评处罚是让员工改进工作的最管用最重要的措施，只有对出现的问题进行寻根问底，针对问题进行相应的批评或处罚，才能预防员工下次再犯同类的错误，也才能告诫其他的员工，这样做事是会受到批评或处罚的。如果持续地出现同类的问题，很多人把问题归结为员工的问题，可实际上真正的问题是领导者遇到问题“绕着走”，就是遇到问题后怕得罪人，而睁一只眼、闭一只眼，看到问题了也假装没有看到。

2. 批评处罚不足的原因

第一，怕得罪人：遇到问题就批评人处罚人，很多被批评和处罚的员工，是不会正确理解上级领导为什么批评、处罚他的。其实这是告诉他本人与其他员工，如果再这样做就会被批评或处罚。可是很多被批评者、被处罚者没有这样的境界，他们只是想到为什么要批评我、要处罚我，让我这样的没有面子，让我这样的感觉不舒服；作为领导你是不是故意找碴，你让我不舒服我也一定要让你不舒服。于是就得罪人了。

第二，方法不当：很多领导者在批评、处罚别人的时候，没有让员工感觉到这是在帮助他，而是让员工感觉到是领导在借这个机会“整我”。如果让员工产生了这种想法，说明领导需要提升领导艺术和修为了。作为领导者一定要对事不对人，通过处理这件事让员工不再出现更大的问题。用正确的方法，即用关心员工、帮助员工的思维和方法去批评和处罚员工，员工没有不接受的。

第三，不够重视：当员工出现问题后，很多的领导者经常采用的方法是：把员工叫过来狠狠地大骂一顿，然后就没有下文了。如果领导针对员工出现的问题，及时进行有针对性的批评和处罚，让员工确实认识到存在的问题和给企业带来的危害，员工就会改进自己的错误做法和行为，预防在今后的工作中再出现同样的问题。同时这也会给其他员工敲敲警钟，把同样的错误消灭在萌芽之中。

第四，缺乏自信：每家公司都有处罚规定和制度，可是很多企业或上级领导者都没有认真地严格遵守规定和制度，如果等到员工出现了问题再进行批评和处罚，就会带来两方面的问题：一是员工会指出领导犯过的错误、出现过的问题，要不要处罚；二是执行力差，有法不行，有法不依。以上两种情况都是领导者缺乏自信的表现。作为领导者如果没有了自信，做起工作来会遇到更多的问题，会影响整个公司的服从力。

3. 强化对员工批评处罚的执行力度是培养服从力的重要措施

一家企业、一个单位如果在员工出现问题时，不能及时有效地对出现问题者进行批评处罚，就是对错误问题的放纵。员工如果没有被批评和处罚就缺乏改进的动力，就无法杜绝问题的再次出现，也无法让其他员工从中接受教训。当出现问题时就及时对出现问题者进行恰当的批评和处罚，既是必须的，也是必要的，只有这样才能让员工改正错误，才能预防其他员工也犯同类错误。

所以，强化对员工出现问题后的批评和处罚，是提升整体服从力和生产效益的重要法宝。

总结：出现问题是正常的，也没有什么可怕的，怕就怕在出现问题后因为没有及时批评处罚，问题得不到解决。通过批评处罚出现问题者，把出现问题的隐患及时有效地解决掉，是提升企业服从力的强有力的措施。只有员工及时有效地纠正存在的问题，才是真正帮助企业解决问题。

七、绩效讲评让下级总结服从

1. 绩效讲评不足的现象

在企业的日常管理中，最常用的管理措施就是表扬奖励、批评处罚，往往忽略绩效讲评对员工的技能提升的重要性。表扬奖励、批评处罚都很简单直接，因为是针对日常工作产生的结果实施表扬奖励或批评处罚。正因简单直接，所以可以随时随地执行。

然而，绩效讲评是没有具体的标准的，就是因为没有具体的标准，在对下属进行绩效讲评时就没有了准确的依据。而表扬奖励和批评处罚有很明确的依据，那就是企业的规章制度。因为缺乏绩效讲评，所以很多员工就不知道一段时间以来，自己的工作表现与企业需求的切合度是怎样的，就不明确需要改进的方向和项目，也不明确需要保持的优势和行为。

2. 造成绩效讲评不足的原因

企业管理者通过拼搏和努力，一步步地走到了领导的工作岗位，自己做工作没有任何问题了，指导别人做工作也没有问题了。可是由于在给下属员工做绩效讲评方面还有所不足，直接制约和影响着员工的成长进步速度，进而造成企业整体服从力的下降。

绩效讲评不足的原因如下：

第一，缺乏标准：绩效讲评工作是一项非常复杂的工作，需要做很多的基础性的准备工作，对实施者的素质要求很高，只可做出一系列的流程，但具体的标准没有，实施起来有很大的难度和不确定性。没有具体标准的事，做起来是非常复杂的，是需要特别高的技能与素质的，做起来就需要更多的时间和精力，所以能把绩效讲评做好的企业并不是很多。

第二，不够重视：在企业的日常管理中，最重视的是把当前的工作任务完成，做得好了表扬奖励就是了，做得不好或是出现问题批评处罚就行了。不是特别重视员工的成长进步，更没有时间为绩效讲评做日常的准备工作。任务至上的思想，严重地制约着企业和上级领导对员工能力素质的培养。

第三，缺乏专业技能：做好绩效讲评工作，需要很多专业的技能与技巧，更需要专业的流程、对话模式和沟通标准。另外，还需要做专门的岗位职责说明书，每周、每月的工作计划完成情况的统计，更需要把这些与实际工作情况进行对照，做出科学正确的评价。没有专业的技能与精心的准备，是做不好绩效讲评工作的，所以很多企业不做绩效讲评工作。

第四，缺乏责任：企业只重视员工对企业的责任，很大一部分企业不重视企业对员工的责任，绩效讲评是对员工成长进步负责任的重要措施。当一个员工知道自己一段时间工作的绩效后，也就清晰地知道了自己的短板与优势，可以依据绩效讲评中的短板和优势有针对性地开展工作，确保优势的传承和短板的弥补，进而提升了企业的整体服从力。

第五，存在难度：很多员工喜欢干活不喜欢做总结，要让员工坐下来做一次绩效讲评的配合工作是有一定难度的。很多基层的员工对总结工作很是头痛，宁愿多干些活也不愿意坐下来做做总结，所以做绩效讲评工作的困难很大。

3. 定期进行绩效讲评是促使员工快速进步的法宝

在企业的日常管理中，如果把绩效讲评工作做扎实了，让每位员工都清晰地知道在工作中的优势和短板，明确自己需要改进的地方，明确自己的工作重点和注意事项，员工的工作能力就能快速提升，完成工作的质量就有了更好的保障，就会全面提升服从力。

所以，做好员工的绩效讲评工作对企业的意义非常重大。

总结：一个组织、公司或者上级领导，一定要定期给员工做绩效讲评工作。否则，员工不知道自己工作的表现是否适合企业的需求，自己工作中哪些是优势而需要保持发挥的，在自己工作中哪些是劣势而需要纠正改进的，下一步的工作目标是什么，下一步的工作重点是什么，谁可以帮助自己快速提升操作技能，出现问题可以找谁帮助解决。当这些问题解决后，很多的工作问题就避免了，工作的绩效就提升了，整体的服从力也就提升了。

八、晋职晋级让下级自觉服从

1. 晋职晋级不足的现象

在企业的日常管理和对下属的培养中，往往以表扬奖励、绩效讲评为主提升员工工作的积极性和主动性，可是对员工最有激励价值的是晋职晋级。表扬奖励往往非常的简单，方便执行和落实，对比较突出的员工只是给予一些荣誉与物质的激励，也就算很不错了。

然而，对员工最有激励价值的却是晋职晋级，因为职位数量有限和物质待遇太高，所以在晋职晋级方面就一直拖着。而进行表扬奖励的员工也没有收获到理想的激励，而失去更加努力的动力和理由，这个时候出现工作质量问题也就是很正常的了。

2. 晋职晋级不足的原因分析

现在企业在经营过程中，对管理团队的配备与培养还是很用心的，而往往只有极个别的人因为没有及时得到晋职晋级而影响到整体的氛围，进而导致整体服从力的下降。

晋职晋级不足的原因如下：

第一，数量限制：在企业的运营过程中，管理岗位因生产流程的限制和技能技术级别分配比例限制，就只能按规定的编制数量提升人员，管理岗位和更高的技术人员是不可以随意增加的，因此不能随意用晋职晋级的方式解决日常问题。

第二，不愿付出：如果对下属员工晋职晋级，企业就需要付出更多的费用，一是工资层次要提升，二是级别待遇要提升。这些是企业经营者最不愿付出的，因此通过晋职晋级而提升员工工作积极性的措施采用的很少。

第三，害怕竞争：如果提升了下属的职务和级别，那么在行政级别上与自己就在一个层次上了，就是给自己准备了一个竞争对手，所以很多管理者最不愿干的事就是提升下属的职位。本来下属与自己是没有竞争的，如果提升了下属的职位就与上级领导在职位上平起平坐了，就会给下属原来平静的心增加很多的想法，这样就会形成与领导竞争的可能。

3. 增加晋职晋级的数量是激活员工的重要措施

企业在经营过程中如果能把晋职晋级作为激励下属成长的常规措施，那么整个团队的凝聚力和战斗力就一定会得到加强，管理层的竞争意识也会越来越强。当下属员工的贡献和能力达到了晋职晋级的水平和标准，就不要拖延着不给下属落实，因为这样会让优秀的下属失望，就会影响员工工作的积极性和主动性，进而导致工作动力的下降。

所以，达到晋职晋级标准的下属，就一定要及时进行晋职晋级。

总结：在经营团队中如果不能给有能力的员工相应的职位，就无法调动下属的积极性，更无法提升下属挑战更高业绩的激情，管理层也缺乏竞争的意识和危机。建立晋职晋级机制和退出机制，员工业绩达到标准就晋升，业绩下降到规定的标准就退出，这样就能把下属和管理者的工作激情和危机意识都激活了，整体的服从力就全面提升了，整体的经营业绩一定就会得到提升。

第二节　组织和管理者如何营造适合服从力的氛围和环境

一、在组织架构上明确服从的路径

1. 设定恰当的组织架构并遵从该组织架构

很多企业的直属领导下达了指示和命令后，其下属往往因为其他部门领导的一句话，就完全改变了既定的工作目标和方法，最终无法达成本部门的目标和业绩。

为何会出现这种情况呢？大多是因为这些企业没有设定恰当的组织架构，或者即使设定了组织架构，但却不能遵从该组织架构。所以，设定恰当的组织架构并严格遵循该架构，是保障组织架构上明确服从的重要路径之一。

（1）不能设定恰当的组织架构并遵从该组织架构的原因。

第一，公司从战略层面上不重视对组织架构的设计。

第二，公司对组织架构的设计缺少全面、整体的设计和规划。

第三，公司缺乏对组织架构设计的人才。

第四，公司高层领导比较强势。

第五，组织架构下的管理者领导能力不强。

（2）造成不能设定恰当的组织架构并遵从该组织架构的原因分析。

很多企业，尤其是中小企业，成立之初人员较少，只要依靠组织负责人的指令就可以达成企业的目标。但是，随着企业的不断发展，直接由组织负责人下达指令的方式已经不能适应企业发展的现状，必须制定符合企业要求的组织架构。

还有些企业，认识到了恰当的组织架构的重要性，于是设定了符合企业现状的组织架构，但却缺乏对公司内各阶层人员的培训和教育，造成组织架构不能落实和执行。

（3）实例。

某企业的人力资源经理希望在公司内部推进员工职业化发展的工作，按照组织架构的要求，本应该布置给直接负责员工职业发展规划部的主管，但是，职业发展规划部的主管近来工作繁忙，而该主管手下的一名职员以前在其他公司工作时，曾有过职业化发展的类似工作经验，因此人力资源经理就直接将该工作交给了这名职员。

后来，这名职员以为人力资源经理有意提拔自己，因此对自己的主管慢慢开始怠慢、不按期完成主管交代的工作任务，动辄就越过自己的主管向人力资源经理去汇报工作，影响了职业发展规划部门工作的业绩。

实例总结：该企业拥有符合企业的组织架构，但在实际的工作中，由于管理者打破了组织架构的命令系统，造成了职场内不服从情况的发生。

(4) 设定恰当的组织架构并遵从该组织架构，需要具备以下主要条件。

第一，组织的全体应该重视组织架构，将其成文化并严格遵守。

第二，作为企业的管理者，尤其需要注意遵守企业既定的组织架构，做到以身作则。如果身为管理者主动打破了既定的组织架构，其下属就会上行下效，整个组织的服从基础就无从落实。

第三，如因特殊情况，其操作方法与既定组织架构有所不同时，需要提前向相关人员有所交代，以保障服从力的延续性。

第四，对于组织中故意破坏既定的、恰当的组织架构的行为应坚决予以批评。

(5) 组织架构是服从力得以落实和实施的制度保障。

组织架构是企业发展的组织保障，只有通过制度化、成文化的组织架构，服从力才能够得到真正的落实和实施，进而才能实现组织的最终目的和目标。

(6) 总结。

组织架构能够明晰整个组织的分工和合作关系。

组织架构能够明确各部门的工作职责和工作要求。

组织架构是服从力得以落实的保障。

没有组织架构的保障，服从力的效果将大打折扣，难以发挥其应有的效果。

2. 制定符合要求的 JD

JD 是 Job description 的缩写，也就是我们通常所说的岗位职责说明书。岗位职责说明书除了应用于招聘面试、签订劳动合同、制定薪酬政策、进行目标管理之外，也是服从力在组织架构上得以实现的重要路径之一。

几乎所有的企业都知道 JD 在人力资源管理中的重要作用，因此，只要提起 JD，所有的企业都不陌生。但是企业仍然会存在有些员工“严格”遵守本岗位的 JD，而对于本岗位 JD 之外的工作全部拒绝，导致管理者的指令无法彻底贯彻的情况发生。

因此，如果制定了不符合要求的 JD，就很难保证服从力的落实。

（1）JD 不符合要求的原因。

第一，JD 的制定缺乏全面的考虑。

第二，企业缺乏制定 JD 的专业性人才。

第三，企业人力资源部门和各业务、职能部门之间缺乏针对 JD 的沟通。

第四，对于不断更新的工作和业务在 JD 上没有及时更新。

第五，没有考虑到工作的一些特殊和例外的状况。

（2）JD 不符合要求的原因分析。

企业虽然注重 JD 在企业中的实际应用，但制定 JD 是一个科学且复杂、繁琐的过程，要想制定出符合企业状况的 JD，不仅需要专业的人才，还需要各部门的积极配合和相互之间的沟通与协调，同时需要具有与时俱进的管理思维，不断对 JD 进行修订和完善，才能营造出确保服从力得以实现的环境和氛围。

（3）实例（上）。

某外资企业在 20 世纪 80 年代初期来到中国的时候，就仿照其在国外的公司设计了一套完整的 JD 系统，并对员工进行了培训。

人力资源部的负责人在对员工进行培训时说，你们的《岗位职责说明书》严格规定了你们的工作范围。凡是《岗位职责说明书》上规定的，你们必须不折不扣地完成；凡是《岗位职责说明书》上没有记载的部分，就是你们不能够做的事情。最后还要求所有的员工都在自己的《岗位职责说明书》签上了自己的名字。

后来，有一个部门的领导给其下属交代了一项《岗位职责说明书》上没有明确记载的工作，这名下属就以《岗位职责说明书》上没有这项要求为名，拒绝了领导交代的工作。

实例总结：该公司的JD制作得非常明确，什么能做什么不能做都规定得极其详细，给员工提供了极强的可操作性的指南。但却缺乏对例外事项的处理，导致下属以“正当”的理由拒绝了管理者交代的工作任务。

（4）营造服从力得以执行的组织环境和氛围需要考虑的主要事项：

第一，在制定JD时，一定要有全面的规划和计划。

第二，由具有专业JD知识的人力资源部门牵头，由熟知部门工作内容和要求的各部门配合，共同制定和完善JD。

第三，要明确制定JD的责任人，最好是各部门的一把手亲自监督实施。

第四，即使制定相对完善的JD，也需要与时俱进，定期更新。

第五，需要考虑到例外的情形。

（5）实例（下）。

后来，公司人力资源部门和该部门经理进行了沟通，在原有的JD上增加了一条“接受上司的指示和命令”。之后就再也没有发生过员工以《岗位职责说明书》上没有规定为名拒绝上司交代的工作任务的情形。

实例总结：通过以上案例，我们可以了解到，在制定JD时，只要稍加耐心、细心，行之有效的JD就不难被制定出来。当JD出现了问题，只要随时更新、随时修正就能够解决管理上的一些问题，最终使服从力得到实现。

（6）JD的全面制度化管理。

JD在企业管理中的重要作用已经越来越被企业和管理者所重视，同时，JD也是服从力得以贯彻实施的重要保障。制定完善、符合要求的JD，不仅能从制度层面保障服从力的合法地位，同时还从员工层面为如何做到服从力提供了切实可行的依据。因此，我们在制定JD时必须考虑，JD的制定是否符合服从力的内在要求。

（7）总结。

JD是组织和制度层面上服从力得以实现的保障。

JD是管理层指示和命令下达的基础。

JD是员工层面上服从力得以实现的标准手册。

没有切实可行、行之有效的JD，组织、管理层以及员工层的工作都无法可依、无据可查，组织绩效更加无法达成，服从力也无从落实和实施。

3. 有计划、有目标，无督导，结果不可控

伴随着现代管理理念的深入发展，企业越来越重视科学的管理手段和方法。于是，如何进行目标管理、如何进行计划管理、如何进行有效的安排和布置工作任务等被管理者有效地加以应用。但是，管理的实践中，仍然会存在“制订再严密的目标和计划、下达再清晰和明确的指令，仍然无法完成既定的目标的情形出现”。

目标、计划、指令明确的确会对实现组织目标，实现服从力产生极大的影响，但是过程中对员工的督导也是不可缺少的。

（1）不进行督导或督导无效的原因。

第一，认为督导无用

第二，不懂得督导的方法

第三，不能在恰当的时点进行督导

第四，督导采用的工具不合理

第五，督导得不到相关人员的配合

（2）不进行督导或督导无效的原因分析。

一些企业认为，只要做好了计划和目标，让员工按照计划和目标去执行不就行了吗？其实不然。企业每天都在经历着发展和变化，员工每天也都会有不同的状况和心情，如果不进行督导或不进行有效的督导，必然造成无论多么完善的计划和目标都无法实现，员工的服从更加无从谈起。

通用管理—目标管理

世界著名的通用管理—目标管理（Management by Object 简称 MBO），是 20 世纪 50 年代以后发展起来的一种管理方法，它以组织的总目标为中心，运用系统方法建立分层的目标体系，通过分权调动被管理者的能动性，从而有效地完成组织任务。

1952年在英国研究初期，制订了目标和计划，落实到人，但结果却是大部分结果并非领导所期待的。

后来通过英国、德国专家学者的研究，决定在目标管理中加入过程监控管理。他们将目标分成五个过程监控的级别。

第一个级别是：计划监控级别。计划监控级别是指在没有做之前先了解你的计划，因为如果计划错，则结果错。

第二个级别是：20%时间管理。20%时间管理是指计划之后去执行，在刚开始的20%的时间里开好一个头非常重要，需要确认计划的方向、数量等是否达到了计划的要求。

第三个级别是：50%时间管理。时间过半，任务过半，则质量需要得到保证。

第四个级别是：70%目标管理。在根据目标约定的时间的第70%进行检查，这时根据实际状况，还有机会进行调整。

第五个级别是：85%时间管理。到了第85%的时间，超额完成，提前完成就要做到可控。如果到了第85%的时间，还不能完成，也能判定出哪里有问题，可以对其进行再分配和协调。

案例总结：这个案例告诉我们，再高级、先进的管理理念、再优秀的管理人才、再高级的管理模式，最后还是需要靠督导进行监控。而服从，则要求目标服从计划，这是战略目标实现的有效保证。

(3) 实施完善的督导，实现服从力的方法。

第一，督导要因人而异。

第二，督导要因事而异。

第三，要注意督导的程度。过度的督导会造成员工的心理厌烦，而督导不足则无法达到督导的目的。

第四，要注意督导的时点。

第五，采用适合的督导工具。

第六，采用能够让员工接受的督导方法。

第七，采用能够让员工接受的督导工具。

（4）有效的督导，是实现组织绩效和服从力落实的最终保障。

有效的督导，不仅可以监控组织各项目标、计划的实施状况，同时也能够在目标、计划的实施过程中，及时发现问题、分析问题和解决问题。计划得再周密，目标制定得再明确，都需要督导来作为实现的最终保障。可以说，没有督导，就很难实现组织的发展和进步。

（5）总结。

有效的督导，能够确保组织目的和目标的实现。

有效的督导，能够保障计划的如期完成。

有效的督导，能够保证服从力的最终落实。

没有有效的督导，就很难实现全面的管理。

二、每个员工对服从的理解和做法不同，应加以理解和尊重

1. 人的存在皆具人格，要承认不同人格、不同理念的下属的存在

世界有各种各样的存在，每个人看似都有两只眼睛、一个鼻子、一张嘴，但是每个人却都有对世界不同的观点和看法。我们常常会发现，对于相同的事物，不同的人会有不同的理解，也会有不同的见解和主张。也就是说，每个人都有自己独特的人格，承认下属不同人格的存在、不同理念的存在是理解和尊重的基础，是服从力实施的基础。

（1）不能承认下属具有各自独特人格的原因。

第一，不懂得什么是人格、人性。

第二，不重视对人格的理解和应用。

第三，过于依赖自己以往的经验。

第四，惯用自己擅长的方法和手段。

（2）不能承认下属具有各自独特人格的原因分析。

人格是指个人显著的性格、特征、态度或习惯的有机结合。人格具有独特性、稳定性、统合性和功能性的特点。人的性别、年龄、民族、社会背景等因素都会造成不同人格的存在。而忽视了以上因素，仅依靠有限的个人经验或感觉去面对下属，必然无法得到下属的配合，服从力也更加无从谈起。

故事

国王亚瑟被俘，本应处死。但对方国王见他年轻乐观，十分欣赏。于是要求他回答一个很难的问题，答出来就可以获得自由。

这个问题是："女人真正想要的是什么？"

亚瑟问了很多人，但没有一个人的答案让他满意。有人告诉亚瑟。在郊外阴森的城堡里住着一个丑陋的女巫，她无所不知，但收费高昂。眼看着期限就要到了，无奈亚瑟只得去求救。

女巫答应回答亚瑟的问题，但条件是要和亚瑟最高贵的武士之一、他最亲近的朋友加温结婚。这让亚瑟非常为难。加温知道之后说："为了你和我们的国家，我愿意娶她。"

女巫告诉亚瑟："女人真正想要的是主宰自己的命运。"

亚瑟自由后，加温举行了婚礼。新婚之夜加温来到新房，看到床上躺着一个绝色美女，女巫说："我一天的时间里一半是女巫，一半是美女，你想要我的白天还是晚上呢？"加温回答："既然你说女人真正想要的是主宰自己的命运，那么由你自己决定吧！"女巫热泪盈眶，说："我选择白天夜晚都是美丽的女人，因为我爱你。"

故事总结：以自己的喜好去看待和主宰他人的工作和生活，却没有去思考过对方是否愿意，没有去考虑他人的人格，很难达成自己的目的。很多时候，当你学会去尊重和理解他人的时候，你得到的会更多。

（3）承认并尊重下属具有各自独特人格的方法。

第一，在思想上承认人的独特性。

第二，认识到人的性格、性别、学历、职历、生活环境等的不同。

第三，在解决问题时预先了解下属的人格。

第四，给予下属充分的尊重，深信他们的行为必然有其原因。

第五，根据下属不同的人格特点选择适合下属人格特点的处理方式。

（4）尊重下属的重要性。

只有承认并尊重下属的各自独特的人格，才能与下属的心贴得更近，才能更加了解下属的真实想法。

人都有互利的心理，当你能够发自内心地理解和尊重你的下属，你的下属也会同样地给予你支持和配合。如此，服从力必然得以落实。

（5）总结。

人的存在皆具人格，因此首先需要承认每个人不同的人格。不同的人格必然产生不同的理念，而不同的理念必然产生不同的行为。当管理者能够以如此的心态和认知来理解和接纳自己的下属，下属就会从感情上接纳管理者的管理，下属服从的基础也就此奠定。

2. 要承认不同员工对服从的不同理解

在企业管理过程中，当管理者的指令下达之后，我们会发现不同的员工完成的结果截然不同，且每个人都有自己认为自己已经完成工作指令的理由。这是因为不同的员工对管理者指令的理解不同，服从的级别当然也不相同。因此，作为管理者要承认员工对事物的不同理解程度，承认相同指令下达后下属的服从程度会有所不同。

（1）不同员工对服从有不同理解的原因。

第一，员工对工作结果的理解不同。

第二，员工本人的知识、技能不同。

第三，员工本人对工作和服从的意愿不同。

第四，员工对上司指令的理解不同。

第五，员工对待工作的责任心不同。

第六，员工的性格不同。

（2）不同员工对服从有不同理解的原因分析。

由于组织中既有新员工，又有老员工，既有一毕业就进入公司拥有坚定的与本企业高度一致的价值观的员工，又有中途从其他企业进入本公司，存在和本公司企业文化等不断磨合和融合过程的员工。同时，员工本人对于工作所具备的知识、技能、态度、意愿等也有所不同。以上都是不同员工对服从有不同理解的原因所在。

（3）实例。

笔者之前在企业工作的时候，曾给三名员工下达过“复印”的工作指令。

具体的任务是复印一份 15 页的资料，其中有一张 A3 纸。要求共计复印 5 份。

第一名员工是一名刚刚大学毕业的学生，入职不足两周，仅仅会使用简单的复印机操作，尚不太娴熟。于是，他交给我的结果是每页复印 5 张，共 15 份，没有区分页码地放到了我的办公桌上。

第二名员工是一名入职一年的员工，他询问了我这份资料需要在什么时间前交给我，之后在期限之前将 5 份 15 页的资料复印好后，按横竖的方向排好放到了我的办公桌上。

第三名员工是一名招聘主管，已经有 3 年的工作经验。她拿到资料后问了我这份资料的用途、提交时间以及是否有特殊要求。我告诉她这是一份公司内部使用的会议资料，要求在当天下午五点之前提交，以节约为标准。最后，她提交给我的结果是：A4 双面打印，A3 纸横向放置，在中间对折，并把右侧的半张纸再对折，最后将 15 页纸装订成 5 份资料。她在期限之前把资料放到了我的桌子上，问我：“经理，您确认一下，看有没有问题，我已经检查过了，没有错别字，页码也没有问题。如果没有问题，我可以把资料送到开会的场所并把它们摆好。”

实例总结： 以上是 3 名员工对我的工作指令不同的服从体现。从大的方面来说，3 名员工都服从了我的命令，可是服从的深度截然不同，如果你是管理者，你喜欢哪种服从呢？结果不言而喻，但当我们对 3 名员工的背景进行分析的时候，我们会发现，3 名员工所表现出来的服从是和他们的工作知识、技能、认知以及阅历息息相关的，因此我们应当承认员工对服从的不同理解。

（4）承认不同员工对服从有不同理解的方法。

第一，充分了解员工所具备的知识、技能条件。

第二，充分了解员工所具备的态度、意愿条件。

第三，对具有不同知识、技能、态度、意愿的员工的服从进行分类管理。

第四，制定统一的工作目标管理标准。

第五，确定统一的服从标准。

第六，建立完善、统一的工作标准流程和方法。

（5）以员工的素质检验员工的服从认知程度。

我们常说，做事情过犹不及，意思是说做事情要恰到好处，做过了还不如没做到。对于员工的服从力管理也是如此，我们必须依据员工的实际素质要求，去确认员工的服从力认知程度，并按照与该员工相适应的服从力标准去要求和评价员工。同时在更高的层面上去激发员工向更高层次的服从力认知程度和要求去努力。

（6）总结。

承认不同员工对服从的不同理解，是对员工尊重的体现。

承认不同员工对服从的不同理解，能够实现因人而异地对员工服从力进行管理。

承认不同员工对服从的不同理解，能够实现管理者和员工的良好关系。

3. 尊重员工的服从意愿

每一个人都有想要按照自己的意愿来工作和生活的意愿。人是具有思想的，同时人又是具有主观能动性的，因此，尊重员工的意愿并发挥员工的主观能动性非常重要。能够让员工在面对工作的时候，自动、自发、自愿地服从，是管理者需要努力的目标。

（1）尊重员工服从意愿的好处。

第一，能够激发员工的积极性和主动性。

第二，能够激发员工的主人翁责任感。

第三，有利于员工与管理者站在相同的立场和角度上去思考问题。

第四，能够让员工更多地参与到日常的管理工作中。

第五，能够使员工与管理者之间建立同频的合作关系。

第六，能够建立管理者和员工之间的相互信任的关系。

第七，尊重可以传递和影响。

（2）尊重员工服从意愿的原因分析。

尊重员工的服从意愿，是对员工人格的尊重、是对员工思想的尊重、是对员工所表现出来的行为的尊重。当员工意识到管理者对自己的尊重时，就会激发出自身工作的极大热情，对自己的工作认真负责到底，甚至可以超出管理者的期待。

故事

从前，有一个富翁，他的家里装修得富丽堂皇，像宫殿一样漂亮。

富豪家有一个女佣，她是一个单亲妈妈，有一个4岁的上幼儿园的儿子。由于主人家要开Party，女佣不能回家照顾孩子，于是富豪让女佣把她的儿子也带来别墅。

女佣到商店给儿子买了平常不太会买的香肠、小面包以及巧克力等食物，然后接上儿子来到了富豪家。

女佣担心儿子太小，到处乱跑，影响富豪的Party，于是就把儿子放到了富豪家不太常用的一间洗手间里，并告诉儿子说，这是主人特意为他准备的房间，可千万不能到处乱跑。

小男孩不认识抽水马桶，不认识大理石洗漱台上摆放的那些色彩斑斓、晶莹剔透的瓶瓶罐罐，屋里好闻的气味让他幸福到简直要晕倒了。由于他的个子太小，够不到洗手间的台面，就把香肠、小面包、巧克力放在马桶盖上，一边唱歌，一边吃着这些平时很难吃到的美味佳肴。

到了Party的时间，客人们如约而至，各种美食也被端上了餐桌。

富豪不见女佣的儿子，就问女佣把她的儿子放在哪里了？女佣支支吾吾地没有回答上来。富豪到每一个房间去找女佣的儿子，终于在一间不太常用的卫生间里找到了坐在地上享用美食的男孩。

富豪觉得在卫生间吃东西是非常不可思议的事情，于是问男孩："你怎么能在这里吃东西呀？你知道这是什么地方吗？"男孩认真地回答："我妈妈告诉我，今晚我是主人最尊贵的客人，还特意专门给我准备了这么豪华、这么漂亮的地方吃东西。今天的香肠太好吃了，我好久好久没吃过了。对了，你是谁呀？这么好吃的香肠我可不能一个人吃，你愿意陪我在这里吃这些美味吗？"

主人强忍泪水点了点头，微笑地看着男孩。此刻，他想起了当初自己随父母来纽约的经历，那时他们也很贫寒，也经历过十分艰辛的时期。

富豪返回宴会厅，抱歉地对客人说："实在抱歉，我不能陪各位共进晚餐了，因为我要去陪一位非常特别的客人。请大家慢慢享用。"

之后，富豪装了两盘子认为孩子应该爱吃的食物，返回到洗手间。他模仿孩子的样子，也把餐盘放到马桶盖上，坐在地上，然后对孩子说："这么好的一个单间和美食，你一个人独享太可惜了！来，让我们一起吃晚餐。"

富豪和孩子一边吃着东西一边唱歌，也聊了很多话题，他让这个四岁的孩子坚信，他的母亲是世界上最勤劳、最伟大的母亲，让孩子为她的母亲感到骄傲，长大以后还要为母亲做些事情，完全没有提到他的母亲仅仅是佣人。

客人们发现主人端走两大盘子食物后，再也没回来，觉得蹊跷，也去寻找。当他们看到情同父子的两个人坐在地上，围着马桶盖吃东西的场面，被深深震撼了。

这些被称为上层人士或社会精英的人们，端着酒杯和美味纷纷赶过来，很快把洗手间挤满了。大家给孩子唱了好多好听的歌曲，表达了很多美好的祝愿。这些都让这个孩子确信，他的母亲是最令人尊敬的母亲，而他，则是世界上最幸福的人。

很多年后，这个孩子长大成人，他不但拥有了自己的事业，也买下了拥有几间洗手间的大房子，进入到上流社会。

每年，他以匿名方式捐了很多钱给穷人，但从不举行捐赠仪式或接受采访。他对始终不理解的朋友们说，我永远忘不了在很多年前的某一天，有一位富人和太多的富人，用他们的诚恳与良知，维护了一个四岁孩子的尊严。

故事点评：富翁和上流社会的精英们用自己的言行，表达了对男孩和男孩母亲的最大的尊重，并在男孩的内心种下了尊重和爱的种子。而多年以后，当男孩拥有了自己的事业，买了拥有几间洗手间的大房子，进入上流社会之后，匿名捐助穷人，也用自己的言行传递着这种尊重和爱。

（3）尊重员工服从意愿的方法。

第一，了解员工的内心世界。

第二，了解员工的真实需求。

第三，不仅仅追求表面、直观的“尊重”。

第四，在肢体、语言上也应做到尊重。

第五，表现出积极的倾听状态。

第六，善于站在员工的角度，感同身受，推己及人。

第七，善于欣赏、接纳他人。

第八，不做有损他人人格的事。

第九，由衷地欣赏和赞美别人的优点、长处。

第十，允许员工有超越自己的地方。

第十一，对员工与自己不同的地方，不排斥、不藐视、不取笑、不歧视。

第十二，当员工不愿意服从时不是强行地要求服从，而应尊重员工的服从意愿并积极进行引导。

（4）尊重员工服从意愿的方法分析。

当管理者能够站在员工的立场和角度去思考，积极地了解员工的需求和感受，由衷地对员工的行为进行赞美和鼓励，尊重员工不同的服从意愿，就能够让员工真正感受到来自管理者的尊重，就能够增加员工的服从意愿。而管理者不强行要求服从而是从旁善加引导，则更能够在工作的进行过程中与员工之间建立相互信任的关系。

（5）从两个方面对员工服从意愿予以尊重。

对于员工不同的服从意愿，不仅需要从表面上、直观上表现出尊重，更重要的是从心理上、从内心深处、从行为上给予尊重。

刘墉曾经说过这样一句名言："施于人，但不要使对方有受施的感觉。帮助人，但给予对方最高的尊重。这是助人的艺术，也是仁爱的情操。"管理者与员工之间不仅仅是管理与被管理的关系，从组织绩效达成的角度出发，也是帮助与被帮助的关系。管理者对员工服从意愿的尊重，将有助于加强员工的服从意愿。

（6）总结。

尊重员工的服从意愿，就是发自内心地关注和关心员工的需求，就是发自内心地愿意帮助员工成长和进步，就是发自内心地与员工同舟共济、荣辱与共。管理者应该做职场中员工尊严的积极维护者，尊重员工的自我意愿并想尽办法引发员工自动、自愿、自发的服从意愿。

三、承认下属的功绩

1. 认定下属的本意是愿意认真、积极工作的

当员工初入职场的时候，几乎都是抱定一颗要认真工作、干出一番业绩的心态的。在职场不断地摸爬滚打，不断地成长和进步，可以说没有哪一个员工是天生要在职场找麻烦、惹祸、故意违反制度和命令的。也就是说，下属的本意都是希望服从上级管理者的指示和命令，认真、积极地工作。

可是，在实际工作中，由于员工有了各种各样不同的经历，针对各种各样的经历又有了不同的反应，以至于出现了各种各样对工作的不服从、敷衍了事等状况。

（1）对工作不服从的原因。

第一，管理者没有教给做工作所需要的方法。

第二，管理者没有教会做工作所需要的方法。

第三，管理者对于工作的指令不清晰、不明确。

第四，管理者对工作指令的下达朝令夕改。

第五，管理者对下属的工作没有及时给予有效的反馈。

第六，管理者不能勇于承担工作责任。

第七，管理者没有给予必要的资源和协助。

（2）对工作不服从的原因分析。

员工的本意是希望保质、保量地完成工作任务，但在执行工作的过程当中，由于管理者各种各样的原因，使得下属没有具备完成工作的知识和技能，打击、挫伤了下属服从上司完成工作任务的积极性，甚至使下属对管理者的工作能力和领导能力产生了怀疑，最终导致下属的不服从和敷衍了事。

（3）让员工愿意积极、认真工作，自愿服从的方法。

第一，建立和员工之间愉悦的关系。

第二，给予员工完成工作必要的知识、技能。

第三，给予员工完成工作必要的各类资源。

第四，明确告知员工完成工作的标准和时间。

第五，清晰、准确地下达指示和命令。

第六，在必要的时候进行必要的授权。

第七，给予下属必要、及时的反馈。

（4）以积极的心态相信员工。

我们大家都知道“吸引力法则”。“吸引力法则”作为一个正式的术语诞生大约有一百多年的历史。它告诉我们：“你生活中的所有事物都是你吸引过来的！”所以，无论你的注意力或者能量集中在哪个方面，也无论这种注意力或者能量是消极的还是积极的，你都在吸引着它们成为你生活的一部分。这就是吸引力法则！

在我们的日常生活中，只要你善于运用吸引力法则，你就会把所有你想吸引的事物吸引过来。所以，当我们相信员工是积极、认真的，就会用相信的言谈、举止和管理方法去面对员工。如果管理者能够以如此积极的心态来面对工作，面对员工，那么员工又怎么会对我们不服从呢?

（5）总结。

相信下属的本意是愿意积极、认真工作的，就是对自己的识人能力的信任，因为员工是经过我们之手招聘进公司的；相信下属的本意是愿意积极、认真工作的，就是对自己管理能力的认可，因为是你的管理能力让他们愿意努力和付出；相信下属的本意是愿意积极、认真工作的，是对自己影响力的自信，因为正是你以身作则、身先士卒的作为才影响到你的下属如此投入工作。也让你的下属在与你工作的同时，更加愿意相信你、服从你。

2. 无论对错好坏都应该认可下属的努力

在笔者做企业咨询项目时，常常会与员工进行面谈。面谈中，很多员工对公司、对管理者怨声载道，抱怨公司和管理层不承认自己的工作业绩，他们常会说这样一句话：“再怎么说，我没有功劳也有苦劳啊!”因此，要想让员工服从，承认下属的努力是非常重要的。

（1）不能认可下属努力的原因。

第一，对员工要求过于严格。

第二，不能正确对待员工的正确与错误。

第三，以偏概全。

第四，只注重结果不注重过程。

第五，对员工的管理没有制定符合要求的计划。

第六，对员工的工作业绩没有进行过程的监控管理。

（2）不能认可下属努力的原因分析。

面对激烈的市场竞争环境，企业要想生存和发展，必然要花费更多的时间和精力在市场上搏杀，因此快速见效、结果导向、短视等只关注眼前成果的管理模式越来越被一些企业所接受。而与此相关联的计划、过程监控、目标管理、员工激励等管理方法和手段就不能够完全地发挥其作用，也就造成了管理者只关注好坏对错，而忽略了对下属努力的认可。

（3）实例。

笔者在大学刚毕业的时候，曾任职世界五百强企业。大学刚刚毕业，踌躇满志，但缺乏对一些事物的判断和对工厂生产严谨性的认知。

一次，客户要求某产品每天交货 10 000 个，其生产该产品的模具一模可以生产 8 个，一天的产量是 10 500 个，去掉 1%的不良品，刚好够交货。

但是当模具安装完成后却发现，一模中有两个进料口进料不良，当时该产品有库存 5 000 个，因此当时可以采取两种措施。措施 1 是把这两个进料不良的进料口堵住，一模生产 6 个，每天的产量大概在 8 000 个。措施 2 是卸下模具进行修理，维修时间大约需要一天。

根据以往的经验，客户出货 3 天左右，就会要下一种产品，因此笔者根据以往的经验，并为了节省上模具、卸模具以及调试所花费的时间，决定堵住两个进料不良的进料口进行生产。

不料结果事与愿违，当进行供货到第 4 天的时候，已经满足不了客户的供货量了，而客户也没有任何要换产品的意思。公司管理层紧急与客户联系，取得了一天的维修时间。维修后，每 2 小时送货一次，且每次 2 500 个才能满足客户生产线的要求，因此第 5 天的供货由每天上午 10 000 个改为每 2 小时送货一次，每次 2 500 个。当时正值北方的冬季，天寒地冻，地上积雪较多，不仅浪费了公司的运输成本，并且还存在雪天运输的安全隐患。

事情结束之后，笔者找到制造部的部长，请求部长批评，可部长却说："我知道你是一个知道自己在做什么的人，并且你也一直在努力把事情做好，你自己是希望能够把事情做好的，你没做好事情，其实你自己心里已经非常难过和自责了，而且我也相信你一定知道未来该怎么做。在这样的前提下，我还要批评你什么呢？今后继续努力吧！"

实例总结：这件事情是笔者职业生涯中对自己影响极其深刻的一件事情，至今仍然受益匪浅。作为笔者的领导——制造部部长，对待发生的问题，不是采取否定、批评的态度，而是采取了认可的态度，认可你的努力的做法，让笔者感到关怀备至，从此以后恨不得为部长鞍前马后，鞠躬尽瘁，死而后已。因此在之后的工作中采取了极高的服从力层次。

（4）认可下属的努力之方法。

第一，认真了解下属的工作状态。

第二，细心地发现下属工作中的闪光点、优点。

第三，对于下属工作中的闪光点、优点要及时表扬。

第四，当下属的工作出现问题时不是马上否定、追究责任，而要先解决问题。

第五，以符合下属能力的标准对下属进行工作的评价。

第六，不仅关注下属的工作结果，且要掌握下属的工作过程。

（5）总结。

诚然，从员工的角度来看，没有功劳也有苦劳是员工的心声。虽然管理者在教育员工的时候会告诉员工，组织需要看到的是最终的结果而非过程。可是，工作毕竟是人做的，因此工作中难免出现错误与失败。当面对这些错误和失败的时候，作为企业、作为管理者首先要进行自我反省，企业的制度是否合理？管理者的监控是否到位？制度和管理者本身是否存在问题和责任？只有我们能够以这样的心态来面对员工所出现的错误和问题，站在员工的立场上去理解员工的感受，并和员工一同面对和解决问题，才能让员工在心理上和行动上服从企业、服从管理者。

3. 给予下属目标并从旁协助

一些企业的管理者认为，只要将本部门的目标分解下去，让下属各自拥有自己的目标，之后让下属各自工作，最后提交工作结果就好了。可是当提交结果的时候才发现，下属的工作结果并没有达到自己的要求，于是就火冒三丈，认为下属的工作态度不端正、工作能力不足。

（1）给下属下达任务目标需要注意以下事项。

第一，目标的制定需要符合 SMART 原则。

SMART 原则一：S（Specific）——明确性。

所谓明确，就是要用具体的语言，清楚地说明所要达成的行为目标的标准。

举例：某银行的“增强客户意识”。这样描述就不明确，因为增强客户意识有若干具体的方法，如：减少客户投诉，过去客户投诉率是 7%，现在把它降低到 2%。这样的目标才是明确的。

SMART 原则二：M（Measurable）——可衡量性。

可衡量性就是指目标应该是明确的，而不是模糊的。

举例：本年度所有管理层需要参加一个培训且要求成绩优异，这就不是一个可衡量的概念。如变为：在什么时间完成对所有管理层的某个具体的培训，并且在这个课程结束后对其进行测试，需要达到 85 分以上方为优秀，60 分以上合格。这样的目标就变得可以衡量。

目标的衡量标准应该遵循“能量化的量化，不能量化的质化”的原则。

SMART 原则三：A（Attainable）——可实现性。

目标是要可以让执行人实现、达到的，也就是说，该目标是比该员工的能力稍高一点点，是需要踮起脚尖或者跳起来才能够达成的。如果上司利用一些行政手段，利用职权型领导力单方面把自己所制定的目标强压给下属，下属就会产生逆反和抗拒的心理，或者觉得达成无望，干脆就放弃努力。如果目标制定得过低，则不利于下属的成长和进步，会使其失去努力的动力。

SMART 原则四：R（Relevant）——相关性。

目标的相关性是指实现此目标与其他目标的关联情况。如果实现了这个目标，但对其他的目标完全不相关，或者相关度很低，那这个目标即使被达到了，意义也不是很大。如：对一个前台，要求她提高英语水平以便能够接听来自国外客户的电话，这个时候，提升英语水平和前台接电话的服务质量有关联，即学英语这一目标与提高前台工作水准这一目标直接相关。若给她制定的目标是 IT 系统维护，就与本岗位不相关了。

SMART 原则五：T（Time—based）——时限性。

目标特性的时限性就是指目标是有时间限制的。

例如，在某年某月某日之前完成某事。这就是一个确定的时间限制。没有时间限制的目标没有办法考核，或会带来考核的不公。

总之，无论是制定团队的工作目标，还是员工的绩效目标，都必须符合上述原则，五个原则缺一不可。

第二，要尽量让下属参与到目标的制定中来。

大多数管理者制订计划后下发给下属，让下属参照执行。也有部分管理者具有极强的控制欲望，我们将其称为“控制式领导”。“控制式”的领导喜欢自己定目标，然后交给下属去完成，“控制式领导”的特点是完全不在乎下属的意见。而现在的下属的知识层次、学历、自身素质等都有很大的提升，尤其是 80 后、90 后、00 后员工更是主张个性的张扬和注重自我的感受。因此，管理者在制定目标时应该尽量让下属参与其中。

（2）给予下属必要的协助。

①反馈。

首先，要对目标的完成情况进行评估，确认完成的部分有哪些，没有完成的部分有哪些，哪些部分是值得表扬的，哪些部分是可以改善的。

其次，将需要表扬和需要改善的部分向下属做反馈。做得好的部分要及时告诉下属，根据下属的个性等因素选择当众表扬还是私下表扬。对该进行改善的应如何改善等。

再次，如何进行反馈呢？

反馈方法一：积极性反馈。

积极性反馈的目的是强化正确的、达成的或超过期待的行动和结果，增加正确的行动和结果。

积极性反馈的方法是：描述好的行为＋表明行为的积极影响＋表示对人的欣赏和感谢。

举例：这份数据内容充分、准确。作为公司的决策数据之一，具有很大的参考价值。谢谢你的努力。

反馈方法二：发展性反馈。

发展性反馈的目的是改善不正确的、没达标的行动和结果，终止不正确的行动和结果。

发展性反馈的方法是：描述需要改善的行为＋需要改善的行为的影响＋具体表达对今后所期待的行为。

举例：这份数据里有两处错别字，这会影响你的工作绩效，也会降低报告的可信程度。下次提交报告之前请再次确认，确保文字的正确性。

最后，还需要注意，反馈一定要做到及时。如果不能及时反馈，一则不能使下属及时认识到自己的失误和优势，不利于错误的改正和优势的发挥；二则不利于对员工的激励。

②辅导。

下属在接受目标和任务时，有时也会有自己不擅长或从来没有做过的、或者难度很大的工作，这时就需要管理者能够进行必要的辅导和指导，并在下属实施的过程中，给予必要的协助，在下属需要管理者给予帮助的时候鼎力相助。管理者不要做锦上添花的协助者，而要做能雪中送炭的协助者。

总结：如果我们能够按照以上的方法给予下属目标并适时、适当地给予员工协助，不仅体现了作为管理者的专业和职业素养，还会让员工由衷地感受到管理者对自己的关注。明确的目标和协助更能够让下属清晰、准确地完成工作任务，从而形成下属对管理者的信任和服从。

四、引发员工良好的态度

前男足国家队主教练米卢曾说过这样一句话“态度决定一切”。所以说，良好的态度是我们做一切事情的基础。只有在思想上、态度上真正地重视，才会在语言上、行为上真正地服从和执行。只有完成态度上的服从，才能真正实现行为上和结果上的服从。

1. 态度概述

职场中管理者常对员工进行评价的语句是“这个员工的工作态度不错”，“那个员工的工作态度不好”。于是员工就被贴上了工作态度如何如何的标签。并且我们会发现，一旦这名员工被贴上了工作态度的标签，他在职场的发展基本上就确定了。职场发展越好的员工，其工作态度就越好，其服从力也越好。所以说，能够引发员工良好的态度，是服从力得以实施的保证。

（1）态度的概念。

所谓态度，是个体对待他人或事物的稳定的心理倾向，包括认知、情感、意向三个方面。是人内心的一种姿态。

（2）态度的特点。

①态度决定对外界刺激的反应。

一旦我们对一件事情形成了某种态度，就会左右我们接受外界刺激的反应。打个比方说，一旦我们对自己的上司的某一件事情的做事方法产生了想法，就会从内心进行反抗和排斥。这时，即便上司是从非常中立、客观的角度提出建议，员工也会反抗和排斥，甚至会说一些“猫哭耗子假慈悲”“谁知道又打什么鬼主意”等过激的话。因为在员工的态度中已经给自己的上司贴上了具有某种意义的标签。

所以说，引发员工良好的态度，就会帮助员工增强服从意识。

②态度一旦形成就很难改变。

态度的形成包括一时强烈冲击所形成的态度和长时间经验积累所形成的态度两种。无论是哪种原因所形成的态度，一旦形成都非常难以改变。

狼来了

从前，有个放羊娃，每天都去山上放羊。

一天，他觉得十分无聊，就想了个捉弄大家寻开心的主意。他向山下正在种田的农夫们大声喊：“狼来了！狼来了！救命啊！”农夫们听到喊声急忙拿着锄头和镰刀往山上跑，结果等农夫们气喘吁吁地赶到山上一看，连狼的影子也没有！放羊娃哈哈大笑："真有意思，你们上当了！"农夫们生气地走了。

第二天，放羊娃故伎重演，善良的农夫们又冲上来帮他打狼，可还是没有见到狼的影子。放羊娃笑得直不起腰："哈哈！你们又上当了！"

大伙儿对放羊娃一而再再而三地说谎十分生气，从此再也不相信他的话了。

过了几天，狼真的来了，一下子闯进了羊群。放羊娃害怕极了，拼命地向农夫们喊："狼来了！狼来了！快救命呀！狼真的来了！"

农夫们听到他的喊声，以为他又在说谎，大家都不理睬他，没有人去帮他，结果放羊娃的许多羊都被狼咬死了。

故事总结：

故事中，放羊娃几次欺骗农夫，于是农夫就产生了不信任放羊娃的态度。而这种不信任的态度一旦形成，之后无论放羊娃再怎么说"狼真的来了"，农夫也不相信他了。

工作中，一旦下属形成了对上司的某种不好的态度，无论上司如何改变和努力，服从也很难实现。

---

③态度带有感情的成分。

针对同样的事情，当我们对一个人有较好的印象和态度的时候，我们就会从善意的层面上去替他解释，采取理解和包容；而当我们对一个人的印象和态度不好的时候，我们就会判断：这个人就是这个样子，每次都是。所以，态度是带有感情成分的。当下属对上司有好的印象和态度时，就会乐意去服从。而下属对上司缺乏好的印象和态度的时候，就不愿去服从管理者。

④自己很难察觉自己的态度。

从职业人的角度出发，每个人都会强迫自己处于客观的立场和角度来思考和判断问题，因此我们会说我们的态度很客观。但事实上，我们不得不遗憾地说，虽然我们觉得自己很中立，但是，我们依然很难察觉到自己的态度。并且这种我们自己很难察觉到的态度却会自然而然地流露，并被他人察觉。

当我们的下属对管理者有了一定的态度后，从服从的级别上说，也许他采取了言语上的服从、行动上的服从，但依然无法实现内心上的服从，这样就不利于真正服从的实现。

（3）启发良好态度的方法。

人通常会用自己的态度来观察外界事物，然后根据自己的经验和态度做出解释，并采取本人特定的行动。要想启发下属良好的态度，是相当不容易的事情。原因何在呢？

因为员工会因过去的经验、生活习惯、成长环境等对事物持有各种各样的态度。在组织中也如此，会受到组织文化、组织传统、个人以往的经历、职场内的人际关系以及组织外部的环境影响等因素的影响，不容易形成管理者所期待的态度。

管理者所期待的下属的行为并非由外在的力量所左右，而是由本身内在的力量所创造出的理想行为所决定。因此，如何有效地引发出下属的意志，引发出下属一致的力量？如何形成管理者所需要的态度，建立信赖关系呢？这是作为管理者必须思考的问题。

①了解下属的态度是由什么原因引起的，针对原因采取对策。

举个例子说，某个下属一接到相关的投诉就采取攻击性的语言。这个时候，我们首先需要了解他采取攻击性语言的原因。之后根据这个真实的原因来寻找对策。

②态度本来就是由个人的经验所积累成的。要让员工有机会体验形成良好态度的相关经验。

笔者之前在企业工作的时候，曾经有过一次在给客人上茶的时候不小心把滚烫的开水洒在了客户腿上的失败经历。从此之后就再也不敢给客户上茶了。外在的表现就是有如给客户上茶的情形，要么直接拒绝，要么故意找其他的事情做，躲闪在一旁。这种拒绝上茶的态度就是由于之前失败的经验所带来的。因此，解决这个问题的最好的方法就是做好各种防护措施，再给客人成功地上一次茶。当再次给客人上茶且成功了的时候，就会在态度上接受上茶这件事，于是就形成了良好态度的相关体验。于是，笔者就是通过这样的方法，再次成功给客人上茶，形成了良好态度的相关经历。从此之后，就再也不会拒绝给客人上茶这件事了。

③要尽量让下属体验其希望或需求的良好经验。

笔者之前所在的企业，每年的新年晚会都由公司的员工担任主持人。有一名新毕业的大学生，积极上进，非常希望能够借助新年晚会好好表现，得到单位领导对其的认可。于是，我们就安排他做了这场晚会的主持人。由于满足了他这样的需求，因此在之后的工作中，他积极投入到工作中，取得了很好的工作业绩，不到一年就提职一次。这就是让其体验他所需求的东西，并形成良好的体验。

（4）作为管理者还应该就以下内容进行必要的反省。

①对下属的指示和命令。

第一，对下属的指示和命令是否明确。

第二，对下属完成任务的标准是否明确。

第三，如下属不明白完成任务的流程、方法等，上司是否给予了必要的指导和说明。

第四，是否采用了符合下属对指示和命令的理解程度的语言来下达指示和命令。

第五，是否确认了下属对指示和命令的理解程度。

第六，所下达的指示和命令是否与下属的能力相符。

②对下属的培养。

第一，是否发现了员工显在的特长并给予机会让其去发挥。

第二，是否发现了员工潜在的特长并创造机会让其发展。

第三，是否制订了符合下属发展的培训计划。

第四，是否提供了能让下属充分发挥其才能的环境。

第五，是否在对下属进行培养的过程中建立了和下属之间的信赖关系。

第六，是否在对下属进行培养的过程中培养了除知识、技能以外的工作意愿、责任感等。

第七，是否充分运用授权等管理模式让下属在工作中实现满足感。

③与下属的沟通。

第一，是否正确、明晰地传达了组织的战略、规划、制度、命令等。

第二，是否与下属充分就下属的未来职业发展规划进行过沟通和面谈。

第三，是否在面谈的过程中给予下属必要、及时的反馈。

第四，是否与下属就下属的绩效评价结果等进行过必要的确认。

第五，是否给予下属信任。

（5）总结。

通过以上对态度的了解，将有助于我们掌握启发下属良好的态度的方法，使其积极投身于组织的工作中，在对自己和职场的工作进行充分的理解、参与、支持和援助的基础上，有效达成工作目标，实现组织绩效。同时通过对下属良好态度的启发，能够激发下属的服从意愿和服从行为，建立上司与下属之间的信赖关系。

2. 说服

职场中，上司常常会要求下属对某件事情进行配合。对于需要给予配合的事情，首先我们会先做一下判断，这件事情是否会违反公司的规章、制度，按照上司的要求去做是否合适，自己是否能够完成，如果这样做了会给自己带来什么好处，我们是否可以配合，应当怎样配合等等。当我们认为这件事情不合适去做的时候，我们大多会拒绝，这个时候，领导通常就会使用“说服”的方法。

（1）说服的概念。

说服是一种以人际关系为基础的技巧，能够吸引人的注意力，推行自己的理念，从而达到让他人对你的计划、项目和工作给予宝贵支持的作用。

那么什么是说服呢？说服是指在一定的情境中，通过信息的传递，以非暴力手段去影响对方的观念、行动，使对方理解并使对方依据期待来行动的一种交谈的方法。是个人需要和应该具备的全部技能中比较重要的能力之一。

深受中国人民爱戴的领袖周恩来总理，他不仅是一位杰出的军事领导者和外交家，同时还具有卓越的说服、调停和影响他人的能力。1954 年，当法国和越南需要一个和平使者来结束越南战争时，周恩来当仁不让地充当了这个和平的使者；1972 年尼克松总统访华，周恩来总理将象征着美好愿望的友谊之手伸向了尼克松总统，伸向了美国人民，被中美两国人民深深地铭记。周恩来总理的一生，一次又一次用他人格的魅力和娴熟的说服技巧，展示了说服的强大作用，展示了一位伟人的卓越才华。

（2）说服的好处。

说服普遍存在于人们的实际生活中，企业中的知识传播、命令下达、与客户的交涉等都离不开说服。所以说，有效的说服是一种非常重要的能力，也是能够使下属服从的有效手段之一。

第一，能够快速读懂下属的心。

第二，促成下属付出行动。

第三，使下属能够接受你的观点。

第四，确保下属的行为与管理者的期待相一致。

第五，节省下属与管理者达成一致的时间。

第六，下属能按照管理者的意愿行事。

第七，实现自己、部门和组织的目标。

第八，当下属被说服时，其态度就会发生改变。

（3）说服的方法。

①营造“是”的氛围。

第一，先与下属建立一致。

卡耐基曾告诫人们，与人交谈，要让对方接受自己的观点，不要先讨论双方不一致的问题，而要先强调，并且反复强调你们一致的事情。让对方一开始就说“是”“对的”。而不要让对方一开始就说“不”。

第二，塑造优势思维模式。

优秀的说服者应该具有自律、失败后再爬起来、不断自我提升、不断找出错误的原因并解决、脑海中生动地浮现出胜利或成功的情景等特点，这就是“优势思维模式”。下面我们不妨用一个公式来说明“优势思维模式”的重要性。

(工具＋培训＋经验)×思维模式＝成功/财富

(成功方程式)

(100＋100＋100)×0＝0

如果不能塑造优势思维模式，其他的项目分数再高也等于失败。因此，一定要塑造优势思维模式。

②对自己做自我审视。

对自我审视就是要清楚地知道自己的目标、偏好和情感。优秀的说服者能够做到有的放矢地把握好自己的目标。只要不偏离自己的目标，就能不偏离说服的最终目标。

③了解你的说服对象。

《高效能人士的七个习惯》的作者史蒂芬·柯维（Stephen Covey）在他的书中这样写道：“首先努力理解他人，然后期望被人理解。”意思就是说，理解你说服的对象，你才有可能被他人所理解。

第一，要了解被说服者的心理而非表象。

要能够帮助下属分析出他的现状和他未来的需求，这样就会加强管理者和下属之间的联系，有利于管理者有效地展示自己的理念，提升对下属的影响力，从而达到让下属服从的目的。

祖孙与小毛驴

从前，一个老爷爷带着孙子，牵着一头小毛驴进城。路上一位农民说：“你们怎么这么笨啊，有驴还不骑。”于是爷爷就把孙子抱到了小毛驴上，结果遇到一群人，其中一个说：“这个孩子真懒，竟然让爷爷走路，自己骑毛驴。”于是，爷爷把孙子抱了下来，自己骑了上去。等到了县城，有一群人围了上来，说：“这爷爷真丢人，自己骑驴子，让孙子走路。”没办法，爷爷和孙子一起骑上了驴子，结果又被人说：“你们两个都骑在驴子身上不把它压死了啊！”

于是，两个人都从驴子上下来，看到一根木棍，把驴子的脚捆在上面，抬着继续走。一路上周围的人都嘲笑他们。

故事总结：

不要去取悦任何一个人，而要主动去理解人们想要表达的真正意思。只有理解了人想要表达的真正意思，才能达到说服的目的。

第二，亲近你的下属并与其保持同步。

第三，聆听。

中国有句谚语：“要长学问就得多听，聆听开启理解之门。”建立与下属之间的良好关系，让下属愿意服从管理者，其重要的手段之一就是聆听。

研究表明，60%左右的误解都源于不善于聆听造成的。聆听不只是用耳朵听，也要用心、用脑、用眼睛，把你需要聆听的语气、语调、肢体、希望等所有的信息全部聆听到。

狐狸的尾巴

从前有一只狐狸，误入圈套断了尾巴，身上只保留了很小的一截尾巴。

狐狸觉得很丢人，甚至觉得再也活不下去了。

后来他想：“如果其他的狐狸都把尾巴剪掉，不就跟我一样了吗？”

于是它召集了一群狐狸，对它们说：“大家还是剪掉自己的尾巴吧！你们看我，很容易就能逃脱敌人的追捕。还有啊，没有尾巴，坐起来也很便利。”这时候，一只狐狸站了出来，说：“你说的倒是挺好，但我觉得如果不是你自己不幸丢掉了自己的尾巴，你是不会建议我们自己剪掉尾巴的。”

故事总结：人们在听别人说话的时候，总是会先判断你说话的真实目的是什么，然后才能判断你的话是否值得他们相信，最后再决定是否服从。故事中其他的狐狸就聆听出了这只狐狸想要表达的真正的意思，才没有上当受骗。

---

④让下属对自己产生信任的方法。

信任对于让下属服从非常重要。如果下属不能自然而然地相信你，管理者就必须在对下属进行说服的过程中让下属产生对你的信任。可以说，没有信任感，就没有说服力。如何让下属对自己产生信任呢?

第一，坚信自己是值得信任的。

第二，作为管理者以身作则。

第三，言必行，行必果，说话算数。

第四，让自己变得更加专业和职业。

第五，让自己的所言所行都具有证据。

著名作家鲍勃·伯格曾说："人们总是会和他们知道、喜欢和信任的人们做生意或是谈论生意上的事情。生活中的其他方面也都是如此。"因此，让自己成为下属可以信任的人，就能够让下属服从自己。

⑤没有信任感就没有说服力。

人与人的联系，很多时候来源于信任。信任有的时候并没有什么判断的标准，有时就是莫名地感觉这个人值得信任，而实际上这个人的确值得信任，当然生活中也有觉得似乎可以信任，但是却完全不能信任的情况。我们会发现，当我们信任的时候，就会愿意按照他说的去做，容易被其说服，愿意去服从。而如果我们不信任的时候就会有各种各样的怀疑和问题，自然不容易被说服，就更不要谈服从了。

总结：说服虽然能够有效地达到目的、建立一致、实现服从，但是我们仍然需要特别注意的是，我们在说服之前首先要了解下属，并采用适合下属的说服方法，通过耐心的筹划，而不是通过组织赋予的权利、强制性的要求以及职权领导力，来赢得他人的支持和服从。

3. 建立信赖关系

职场中，我们常会有这样的感觉，当自己有事情犹豫不决，需要找人商量的时候，心里往往会有一个意向中的领导。有的时候当我们需要跟另外的一些领导沟通时，却极不情愿，心里一直在打退堂鼓，有时宁愿不做、被批评，也不愿意去找他帮忙。这是什么原因呢？究其根本，是因为信赖关系。

（1）职场中的信赖关系。

信赖是指信任并且能够依靠。信赖是通过长时间的相处之后，对彼此所形成的一种信任，是人的一种心理感觉。

信赖关系不是一朝一夕形成的，而是通过长时间的相处，在彼此的内心所形成的。

职场中的信赖关系是上司与下属之间，通过长时间的共同工作和相互配合所形成的可以相互信任并且相互依靠的关系。职场中信赖关系一旦形成，服从力的培养将变得非常容易。

（2）建立信赖关系的好处。

第一，建立信赖关系，能够使管理者和下属处于相同的立场和角度思考和看待问题。

第二，建立信赖关系，有利于部门工作业绩的达成。

第三，建立信赖关系，有利于问题的解决。

第四，建立信赖关系，有利于组织内部的和谐共处。

第五，建立信赖关系，有利于促进组织文化的建设。

信任背摔

信任背摔是一项心理素质拓展活动，是一项锻炼团队合作和团队成员相互间信任的一项活动。

信任背摔要求每位队员轮流站在 1.7 米高的背摔台上，背对着大家。其他的小组成员在其身后用双手做保护，接住倒下的学员。

当教练一声令下，站在背摔台上的队员就需要向后倒，其身后的队员就要负责把他接住。

如果背摔的人不信任自己的伙伴，倒下时下意识地蜷曲身体，接的人就会由于受力不均匀，反而不容易接住。

案例总结：信任背摔告诉我们，团队合作必须从完全信任开始，并且要自始至终地以信任为核心。只有相互信任才能彼此依靠，形成信赖关系。

（3）建立信赖关系的方法。

第一，站在与下属相同的立场和角度上来思考问题。

第二，对于有能力、有意愿的员工要充分授权。

第三，勇于扛起本部门、本组织的责任而不是让下属做替罪羊。

第四，给予不同能力和意愿的员工恰当的工作。

第五，给予每一名下属成长和进步的机会。

（4）总结。

相互信赖，构筑管理者与下属之间的信赖关系，是团队得以运行的基石，是组织迈向目的与目标的原动力，是组织能够向相同的方向迅速前进的基础，是团队内所有成员间彼此敞开心扉、共同完成工作任务的前提，是解决组织一切问题的核心所在。管理者与下属之间建立了信赖关系，下属就会从内心去服从管理者的领导，并在行为上体现出对管理者的服从。

五、基于X理论和Y理论的激励

在有关人性的研究中，有一个基本的分类，即“人是否具有积极性”。这个问题就像历史上的“人性本善”还是“人性本恶”的话题一样。一部分人认为，人是有积极性的，需要通过激励等让员工自觉地去完成工作任务；还有另外一部分人认为，人是没有积极性的，必须使用大棒政策。于是就形成了“X理论”和“Y理论”之说。

1. X 理论的激励

（1）X 理论概述。

X 理论在 18 世纪末至 19 世纪末的整整一个世纪中占统治地位。

1957 年，美国心理学家麦格雷戈（D. Mc Gregor）从理论上归纳了传统管理者的观点，其核心观点是要对员工进行强制性管理。

X 理论的观点如下：

第一，多数人生来懒惰，总想少工作。

第二，多数人没有工作责任心，宁可被别人指挥。

第三，多数人以自我为中心，不关心组织目标。

第四，多数人缺乏自制能力。

结论是多数人不能自我管理，因此必须借助外力进行管理。反映的是经理人对员工的不信任，主张对员工严加看管。

（2）X 理论的应用。

基于以上的分析，企业管理的唯一激励办法，就是以经济报酬来激励生产，只要增加金钱奖励，便能取得更高的产量，即不断地使用各种经济报酬来刺激员工工作，计件类的工作就是 X 理论的典型应用。

大家都知道马斯洛的需求层次理论，即生理需求、安全需求、社交需求、尊重需求和自我实现需求五类，依次由较低层次到较高层次排列。X 理论特别重视满足职工生理及安全的需要，同时也很重视惩罚，认为惩罚是最有效的管理工具。

由于 X 理论认为，员工都是天生懒惰的，本性讨厌工作，逃避困难的工作，因此企业要想达成目标，必须制定严格的纪律和制度，采取强制性的措施，让员工俯首称臣。X 理论的企业家善于采用军队化的管理，要求下属对上级的命令一味地服从，否则就进行处罚。

2. Y 理论的激励

（1）Y 理论概述。

Y 理论认为人都是有良心和自觉性的，只要条件合适，员工一般会卖力地工作。

Y 理论的观点如下：

第一，工作和娱乐一样，都是人的活动，人是否喜欢工作，要看工作条件如何。

第二，人不仅会接受责任，而且会主动要求责任。

第三，人能够自我控制和自我指导。

第四，个体目标与组织目标没有根本冲突，若有条件个体会自觉地把个体目标与组织目标统一起来。

结论：Y 理论的主要观点是：一般人本性不是厌恶工作，如果给予适当机会，人们是喜欢工作，并且渴望发挥其才能的；多数人愿意对工作负责，寻求发挥能力的机会。

（2）Y 理论的应用。

基于以上的分析，Y 理论认为员工都是善良的，完全可以通过激励的方式使其自觉地为企业工作。如果企业能够采取正确的激励措施，就能让员工在工作中自我约束，自觉完成工作任务。常采用的方法是通过与员工一起制定目标的方式，促使员工参与管理，从而达到完成工作任务的目的。

Y 理论的管理要点是：

第一，通过对各种经营资源的有效利用实现组织目标。

第二，扩大工作范围。

第三，对员工工作的安排让其负有责任和意义。

第四，让每名员工的工作都富有挑战性。

第五，重视员工的需求。

第六，鼓励员工积极参与到企业计划等的制定中来。

第七，更多地信任员工，让员工进行自我管理，弱化监督。

第八，进行适度的授权。

第九，给予员工适合的激励方式。

第十，创造能发挥下属才能的机会和环境。

第三节 如何营造组织横向服从力氛围与环境

在上一节，我们谈到了组织中上、下级之间有利于服从的氛围和环境的创造，本节将就组织中横向服从力氛围与环境的营造进行探讨。

一、组织横向之间的关系

1. 共同分担组织的职责

透过企业的组织架构图，我们可以发现，上级组织的目标，是需要依靠下级组织目标的完成来得以实现的。很多企业的每一个部门看似都各司其职，在自己的分内工作，因此为了达成本部门的业绩和目标，不惜牺牲其他部门的利益，以至于损害整个组织的利益。因此我们说，这样的组织是很难达成组织的整体绩效和目标的。服从力在这样的组织中也很难生根发芽。

（1）组织的横向部门之间不能各自分担职责的原因。

第一，缺乏相互配合的意识。

第二，缺乏相互配合的工作方法。

第三，组织对部门的考核指标单一。

第四，组织过于短视，只注重眼前利益。

第五，横向部门间的管理者短视，只注重眼前利益。

（2）组织的横向部门之间不能各自分担职责的原因分析。

组织的各个横向部门，都有其对组织的目标贡献和各自的竞争关系。部门为了达成组织所要求的目标和业绩，可谓拼尽全力，因为只有达标，才有可能实现组织整体的绩效，才能涨工资、拿奖金，各扫门前雪就不稀奇了。另外，作为组织整体来说，如果缺乏对横向部门之间共同分担职责的制度制定和氛围营造，共同分担组织的职责的机能就更加难以实现。

（3）实例。

英特尔是世界知名的大公司，其进入中国投资的手册上所要求的项目可谓事无巨细，因此，在中国想要争取成为英特尔的供应商非常的困难。有一家业界著名的外资银行为了能够拿到英特尔的订单，就采取了共同分担组织职责的方法，最终取得了英特尔的订单。

该银行到英特尔去拜访，希望可以得到一笔业务。于是英特尔提出了一系列的要求。为了达到英特尔的要求，拜访的业务员将英特尔的要求进行了汇总，回银行后就召集了与这笔业务相关的部门开会，讨论如何快速、准确地进行报价，并最终赢得客户的订单。对于英特尔的这笔业务，对这个银行来说是一个大单，一旦抓住今后的业务就会异常顺利且稳定，因此各个部门都非常重视，通过大家的集思广益，各部门纷纷行动起来，即使是对于非本部门的工作也能够提出中肯的意见，对于处于各部门之间的没有明确规定应该由谁来做的工作，大家也力所能及地说出了本部门可以做到的程度，并确定了这些事情的最终责任者。最终取得了英特尔的这笔订单。

实例总结：这家银行就是通过共同分担组织的职责，获取了英特尔这个大客户的业务。如果没有这家银行各个部门共同分担组织的职责，所有的人都去做那些重要的事，而不重要的事没有人去做，也很难能够拿到这笔订单。

（4）发挥组织的联动作用。

组织就像一部若干个齿轮联动的大机器。如果想要让这部大机器转动起来，就需要当中的每一个小齿轮都能正常的运转，既不能脱离整个机器的节奏，按照自己的节奏或快、或慢运转，也不能以自己的方式想往左转就往左转，想往右转就往右转，而是需要配合组织这个大机器转动的方向、位置、频度、节奏等共同转动，共同分担职责。

（5）共同分担组织职责的方法。

第一，在组织内部形成共同分担组织职责的意志。

第二，制定组织内各横向部门的工作内容和工作责任。

第三，对于涉及组织整体的大事件要让更多的横向部门参与其中。

第四，加强组织横向部门之间的沟通。

第五，定期组织能够让横向部门之间相互了解的会议。

总结：组织中的各个部门同属于组织架构中横向的、居于同等地位的架构上，这就决定了横向之间的各个部门需要共同分担组织的职责，才能够最终实现整个组织的目标。通过会议、沟通等方式，有效地营造横向组织之间共同分担工作职责的方法，不仅能够达成组织的绩效，同时更加有利于服从在组织中的实现。而这种服从并非是上下级之间的服从，而是横向间的服从，是对组织现状的服从。

2. 通过相互间的配合完成工作任务

企业中每个部门都各司其职地完成本部门的工作任务。不同的时期，对待不同的工作任务和要求，会有不同的部门作为主要负责部门牵头完成该项任务。为了完成这项工作，需要其他部门的配合才能顺利、如期地完成。但遗憾的是，很多时候，虽然大家知道组织是一个整体，但却不能从整体的角度，相互配合完成工作任务。

（1）不能配合完成工作任务的原因。

第一，各部门间缺乏配合完成工作任务的意识。

第二，认为自己先做完会被领导表扬工作效率好。

第三，不愿意多承担工作的义务和任务，没有工作的意愿。

第四，每个部门的工作过多，员工忙碌疲于奔命。

第五，认为配合别人做就是给他人做嫁衣。

第六，配合他人做了，业绩也不会放到自己头上。

第七，配合他人做了，被配合的部门也不讲人情。

第八，各个部门的工作任务过多。

（2）不能配合完成工作任务的原因分析。

作为企业来说，必须建立各部门间、组织整体之间的相互配合的制度和体系，以敦促相互配合完成工作的制度建设和体系建设，否则不仅上下级之间的相互配合无法完成，个人的服从力也无从实现。

和尚与蚂蚁

童谣1：和尚挑水

一个和尚挑水喝，两个和尚抬水喝，三个和尚没水喝。真呀真稀奇。

童谣2：蚂蚁搬米

一只蚂蚁来搬米，搬来搬去搬不起，两只蚂蚁来搬米，身体晃来又晃去，三只蚂蚁来搬米，轻轻抬着进洞里。

童谣总结：两首童谣，讲述了截然不同的两种结果。《和尚挑水》之所以"没水喝"，是因为三个和尚之间互相推诿，根本不讲求配合和协作。《蚂蚁搬米》之所以能实现童谣中"轻轻抬着进洞里"的结果，正是由于蚂蚁的相互配合和协作。从这个童谣中，我们就可以明白，相互的配合和协作是一切事业成功的基础，是服从得以实现的基础。

（3）通过相互间配合完成工作任务的方法。

第一，具有相互配合完成组织工作的意识。

第二，具有相互配合完成组织工作的意愿。

第三，把组织中的其他部门看作自己的战略合作伙伴，荣辱与共。

第四，把组织最终的胜利作为本部门最终的目标。

第五，能够拥有利他的心理。

第六，当得到了其他部门的配合的时候，应该道谢并积极寻求对其他部门的配合。

（4）实现相互配合方能实现相互服从。

组织中，横向部门之间有时并没有上级、下级的区分，也就不存在上级与下级的服从。这时的服从就是横向部门间的服从。只有各横向部门之间实现了相互的配合，才能实现各横向部门之间的相互服从，最终实现组织整体服从思想的实现。

（5）实例。

笔者曾在著名的世界五百强企业美国通用电气（GE）就职，其所在的人力资源部属于公司的职能部门。该公司的人力资源部门给自己的定位是业务部门的战略合作伙伴，业务部门是人力资源部的内部客户。因此体现在实际的工作中就是想业务部门之所想，急业务部门之所急，尽可能帮助和配合业务部门的工作。

笔者所在的通用电气是一家从事 BPO 外包业务的公司，每年对于有外语特长的大学生的招聘需求非常旺盛。而与此同时，DELL、HP、埃森哲等诸多世界知名企业与其竞争，因此对于人才的招聘和录用工作比较困难。很多时候，好不容易过五关斩六将，最后决定的候选人却由于其他公司提前发出了录用通知书，让前期的投入付之东流，更严重的是没有招到满意的人才。

人力资源部门为了解决这个问题，与业务部门制定了招聘的一揽子计划，在去大学现场招聘以及人才市场招聘时采用了业务部门和人力资源部门同时出击的方式，并携带打印机等工具。由人力资源部门进行简历的初次筛选，合格后当场进行外语的测试和通用能力的面试，认为优秀的人才直接推荐给在场的业务部的工作人员，业务部的考官再针对专业知识和技能对应聘者进行测试，优秀者当场就会制作、打印录用通知书，并当场向符合条件的优秀人才发放录用通知书。

正是凭借着这样的高效配合，通用电气打败了身边诸多的外资和中国国内的民营企业，获得了当地最受推崇的公司、大学生最愿意就职的公司等称号。

实例总结：本案例中，人力资源部门和业务部门，正是通过相互间的配合，摒弃了长期以来一直使用的到招聘现场收集简历、人力资源部门进行面试、业务部门进行面试、商量薪酬标准、发送录用通知书的较为浪费时间的流程，而采用了短平快的、通过人力资源部门和业务部门的相互配合的新的招聘方式，才在世界500强企业如云的人才大战中占得了先机，招聘到了企业需要的优秀人才。

总结：相互配合是企业再发展、再进步的基础所在。只有实现了企业、组织的相互配合，企业、组织才有可能迈向更高的目标。在相互配合的氛围下，服从力也就此生根发芽，展示出不可低估的作用。

二、组织横向服从应有的心态

1. 不仅做到“己所不欲勿施于人”，且要做到“人所不欲勿施于人”

“己所不欲，勿施于人”是中国古代著名的思想家、教育家孔子的名言。出自《论语·颜渊篇》。

孔子所言是指人应当以对待自身的行为为参照物来对待他人，待人处事之时切勿心胸狭窄，而应宽宏大量、宽恕待人。倘若把自已所讨厌的事物硬推给他人，不仅会破坏与他人的关系，也会将事情弄得僵持而不可收拾。简言之就是说，自已不愿意做的事，不要强加给别人。

而现代的社会中，不仅需要做到“己所不欲勿施于人”，更需要做到“人所不欲勿施于人”。也就是说，如果是他人不喜欢、不愿意做的事情，也不要强加给别人。

当我们做到“己所不欲勿施于人”以及“人所不欲勿施于人”的时候，他人就会对我们肃然起敬，更加愿意服从。

(1)“己所不欲勿施于人”以及“人所不欲勿施于人”的好处。

第一，以同理心来对待他人，容易获得他人的认同。

第二，为对方设身处地地着想，这种推己及人的道德情怀会被更多的人接受。

第三，能与对方站在相同的立场和角度去思考问题，取得共赢。

第四，能促进服从的实现。

(2)“己所不欲勿施于人”以及“人所不欲勿施于人”的好处分析。

不论是“己所不欲勿施于人”还是“人所不欲勿施于人”，都是不强加他人不喜欢的事情。当他人不被强加不喜欢的事情的时候，自然不会对事物有所抗拒，自然也就更加愿意服从。因此，“己所不欲勿施于人”或“人所不欲勿施于人”将有利于服从的实现。

大禹治水

在大禹接受治水的任务时，刚刚和一个姑娘结婚。当他想到如果不去治水，有的人就会被大水淹死时，他仿佛觉得就像自己的亲人死了一样的感觉。于是，他带上行李和盘缠，告别了妻子，率领治水群众，夜以继日地进行疏导洪水的工作。

在大禹治水的过程中，曾发生过大禹三过家门而不入的感人故事。历经13年的艰苦奋战，大禹终于带领治水的群众疏通了九条大河，使洪水流入了大海，消除了水患，完成了流芳千古的伟大业绩。

在当时的民间流传着这样一首《大禹治水》的民谣：

大禹治水十三年，一心为民解灾难。
实地观测搞调查，团结勤快听意见。
三过家门而不入，废寝忘食沥肝胆。
河道疏通水患灭，灌溉农田万民欢。

后来到了战国时期，有个叫白圭的人跟孟子谈起这件事的时候夸口说："如果让我来治水，我肯定比那大禹做得好，既不需要13年的时间，也不需要耗费那么多的财力。只要我把河道疏通，让洪水流到邻近的国家去不就行了嘛，这样既省时又省事。"

孟子听了之后很不客气地对他说："你错了！邻国的人难道就不是人了吗？你把邻国作为聚水的地方，会使洪水倒流，造成更大的灾害。有仁德的人是不会这样做的。"

这就是有名的成语"以邻为壑"的由来。

故事总结：从大禹治水和白圭谈治水这两个故事来看，白圭只为自己着想，不为别人着想，这种"己所不欲，要施于人"的错误思想，难免会引起他人的反感，最终成为害人害己的事情。

大禹治水把洪水引入大海，虽然费时费力，但这样做既消除了本国人民的灾害，又消除了邻国人民的灾害。这种推己及人的精神，是值得我们钦佩和仿效的。

（3）总结。

不仅是历史故事，即便是在当代的职场也是一样的。当我们清晰地了解到了他人不喜欢、不愿意做的事情，我们就会有意地不去触及这些底线，自然就不会引起当事人的不满。而当当事人知道我们是有意不去让自己做不喜欢、不愿意做的事情时，心中就会更加充满感激，最终会更加愿意服从。

2. 组织间横向分工不明确的工作总要有人去做

组织中经常会出现工作的“灰色”地带，即这项工作按照组织的架构和岗位职责说明书，既不是这个部门的工作，也不是那个部门的工作。既不是自己的工作也不是他人的工作，至于到底是谁的工作，反正谁也不伸手，等到最后就是没有人来做这项工作。

（1）出现组织间横向分工不明确的工作没有人去做的原因。

第一，部门、个人没有主动、自发去做的意识。

第二，不是岗位职责说明书上明示的必须做的工作。

第三，做多错多、不做不错的错误思想。

第四，做了也不算自己的业绩。

第五，这次如果做了，下次、以后就永远会变成自己的工作。

第六，多一事不如少一事。

第七，做了浪费时间，也得不到什么成长。

（2）出现组织间横向分工不明确的工作没有人去做的原因分析。

组织中由于组织架构等原因造成工作的“灰色地带”在所难免，关键是你如何看待这个“灰色地带”的问题。果真和你自己的部门、自己的工作没有关系吗？难道你就能眼睁睁看着这些工作没有人去做，然后一点一点变为企业的“毒瘤”，成为无法解决的问题吗？

（3）实例。

我们试想，如果企业就是一个家，你又会怎样做？你家里的垃圾，一定会明确分工必须谁去扔吗？很多时候是谁有时间或者谁顺手谁就去扔。为什么？因为每个人都对家负有责任。

企业也是相同的，虽然各自有各自的分工，并相互配合、协作完成工作任务，但也的确存在由于特殊情况的出现而没有分工的情形。作为组织的一员，我们是组织的主人，对于没有人去做的事情我们首先应该主动去做，这才是企业的主人应该具有的姿态。

记得笔者上大学的时候，校园里有一个即使他不认识校长，校长也一定会认识他的日本外教。他的衣服口袋里永远会装着一个小盒子，无论他走到校园的任何角落，只要看到地上、花坛里、课桌内有烟头，就一定会捡起来放进他随身携带的小盒子里，然后在方便的时候倒进垃圾箱里。

这是没有人给他分派的工作。一开始，大家只是默默地观望，觉得这个日本外教挺有意思的。后来慢慢地就开始有人敬佩他，觉得他的确是一个有着很高素质的人。再后来，他的举动感动和感染了学校里的很多人，于是校园里出现了一个群体——无论走到校园的哪里，只要有烟头就顺手捡起来装进随身的盒子里。正是在这个日本外教的无声但却充满力量的影响下，在我们的校园里出现了这样一道不可缺少的风景。

实例总结：对于没有分工的工作，也像自己分内的工作那样去认真地对待，你所得到的不仅仅是做这件工作带来的能力的提高，还有很多人对你的尊重、感动和因为你所带来的感召以及大家的行动。这时所形成的服从，就不是你下达命令要求别人的被动服从，而成为通过你的言行举止感召了你周围的人，让他们自动、自发、自愿地去服从。

（4）组织间横向分工不明确的工作能主动去做的方法。

第一，树立只要是组织需要的就必须去做的意识。

第二，坚信人只有在实践中才能有所提高。

第三，坚信做了就一定会有所得。

第四，坚信你的努力是一定会被组织看到并得到组织的欣赏的。

第五，要认识到这是组织实现目标必须做的事情。

（5）非分内的工作与组织的关系。

职场上很多人抱着当一天和尚撞一天钟的态度，对于自己的工作尚且向外推诿，对于非分内的工作就更是退避三舍了。

但是，组织在运作的过程中，非分内的工作的出现在所难免，你是主动出击还是退避三舍，当然由你自己说了算，但是结果却截然不同。

主动出击，将为组织赢得时间、市场等先机，拔得头筹，建功立业，让企业成长和壮大。

退避三舍，将使组织失去在市场上的竞争力，故步自封，步步溃败，最终走向衰弱甚至倒闭。

非分内的工作看似小之又小、微不足道，但如若无人关注、无人去管，时间一长必定成为组织发展无法弥补的问题。

（6）总结。

组织间横向分工不明确的工作，极有可能是组织最需要去做的事情。做与不做就体现了组织横向间的服从意识。与上下级间的服从不同，组织间的服从不是一方对另一方的命令或者要求，而更多的体现的是不同的横向部门之间在现状共有的基础上，以现状为基础和命令去做，体现的是对现状的服从。

3. 多做不吃亏，帮人是帮己

职场上很多人不愿意帮助他人，也不愿意做自己分内以外的工作。部门内的电话响了，只要不是自己的电话就不接；其他部门来商量事情，能推到别人那里就尽量推到别人那里去。什么事情都是能推则推，能不做则不做，眼不见心不烦，做好自己分内的工作就好。

（1）多做的好处。

第一，能够使自身得到成长和进步。

第二，能够与他人建立相互信任、相互合作的关系。

第三，能够营造良好的职场氛围。

第四，能够对组织有所贡献。

第五，能够为自己赢得更多的机会。

第六，能够为本部门赢得更多的机会。

（2）帮别人就是帮自己。

见故事及总结。

帮助别人就是帮助自己

在一场激烈的战斗中，上尉忽然发现一架敌机向阵地俯冲下来。按照常理，发现敌机俯冲时应该毫不犹豫地卧倒。

可是上尉并没有立刻卧倒，因为他发现离他四五米远处有一个小战士还站在那里。他顾不上多想，一个鱼跃飞身将小战士紧紧压在了身下。

此时，一声巨响，飞溅起来的泥土纷纷落在他们的身上。

上尉拍拍身上的尘土，回头一看，顿时惊呆了，刚才自己所处的那个位置被炸成了一个大坑。

故事总结：上尉无疑是幸福的，因为他在帮助别人的同时也帮助了自己。正是由于在千钧一发的时刻，他选择了帮助别人，才使自己幸免于难。

总结：在职场中，每个人每天都要面临不同的事情，做不同的工作，每每工作繁忙、透不过气的时候，或许就会有些小小的情绪，想要逃离。这个时候如果再有人来寻求你的帮助，或者出现了必须做的事情但没有人去做的时候，你就必须做出一个选择，是欣然接受去做，还是想办法把烫手的山芋扔掉？

我的建议是欣然接受。

你所接受的不仅仅是工作本身，还有完成这件工作你所学到的各种知识、技能、经验等等。而这些经验是任何人无法夺取，也是任何人不去亲自做一遍所无法学到的。这样，你就会明白，为什么同样水平、同时期毕业的人进入同一家公司，几年之后的境遇会截然不同。

另外，你除了获得了知识、技能和经验，还获得了公司、领导对你的认同，你的服从力在此得到了体现。试想对如此积极、如此具有服从力的你，还愁未来没有发展的机会吗?

4. 以组织利益为先，实现合作双赢

我们常说小我要服从大我，个人要服从集体，部门要服从组织。实际生活中，这样的例子也屡见不鲜。因为，只有实现了个体对主体的服从，实现了个人、部门对组织的服从，才能实现合作共赢。是组织给了我们发展的机会和平台，脱离了组织，我们什么都不是。

马和驴子

清朝时期，有个商人到外地去买了很多粮食。他赶着一匹马和一头驴子，驮着沉重的谷物往回走。

经过了一段跋山涉水的艰苦行程之后，驴子感到自己承受不了谷物的重量，就向马恳求道:“马兄，我实在顶不住了，请帮我分担一点吧。”

马却想：我凭什么要驮那么多谷物，我还想让你帮我驮一点呢！于是就拒绝了驴子。

由于路越来越难走，驴子终于因体力不支、精疲力竭，倒地而亡。

商人一看驴子死掉了，就把所有的谷物，包括驴子的皮都放在了马背上。

这时，马才恍然大悟，悲伤地说:“我这是自作自受啊！如果当初替驴子分担一点，就不会受这么大的苦了。现在不仅驮了全部的货物，还多加了一张驴皮，早知如此何必当初呢!”

就这样，马拖着疲惫的身躯，驮着全部的货物和驴皮前行。

故事总结：商人、马和驴子就好比一个组织，共同的目标就是把谷物运送到目的地。由于驴子体力不支，请求马帮忙，但马不想承担更多的责任，也没有考虑组织的利益，即他们共同的目标——把谷物送到目的地，因此采取了不配合的方法，最终导致驴子被累死，而马不仅需要驮自己负责的谷物，还要驮驴子驮的谷物外加一张驴皮。可见，马不懂得合作共赢的思维，害人害己。

---

(1) 以组织利益为先，实现合作共赢的方法。

第一，将组织利益放置在最重要的地位上。

第二，当个人、部门利益与组织利益发生冲突时以组织利益为先。

第三，当个人与个人、部门与部门之间发生利害冲突时，立足于组织的整体利益去思考和寻找解决的方法。

第四，共同思考各自拥有什么样的资源，进行资源整合。

第五，各自思考各自的优势并考虑如何发挥。

第六，各自思考各自的弱点并考虑如何避免。

特立独行的死胡同

饥饿的白猫和黑猫得到了狮子的恩赐：一根钓鱼竿和一篓鲜活的鱼。白猫要了一篓鱼，黑猫要了鱼竿，于是他们就分道扬镳了。

没多久，白猫用干柴点起篝火，把所有的鱼都煮着吃了，不久他便饿死在空空的鱼篓旁边。

黑猫提着钓鱼竿，忍着饥饿艰难地走向大海，可当他看到不远处那蔚蓝的大海时，浑身最后的一点力气也使完了，只能眼巴巴地看着大海死去。

另外两只饥饿的白猫和黑猫也得到了狮子的恩赐：一根钓鱼竿和一篓鲜活的鱼。只是他们并没有各奔东西，而是商定共同去寻找大海。

它俩每次只煮一条鱼，经过艰难跋涉，终于来到了大海边。从此，白猫和黑猫开始了捕鱼为生的日子。几年后，他们盖起了房子，有了各自的家庭，过上了美满幸福的生活。

故事总结：合作共赢的思维，在这个寓言故事中大放光彩。与其双双饿死，不如共同计划、共同前进。故事中前一对的白猫和黑猫缺乏合作共赢的思维，各自抱着各自的资源，却最终难免饿死的命运；后一对的黑猫和白猫正是进行了资源的整合（将鱼和鱼竿进行了有效的整合），不但没被饿死，还盖起了房子，组建了家庭，过上了美满幸福的生活。

（2）总结。

只有具有以组织利益为先的意识，才能实现合作共赢；只有实现了合作共赢，组织的利益才能够最大化。因此以组织利益为先和合作共赢是一种相辅相成的关系。无论是职场还是生活中，都需要我们能够以这样的思维和胸怀来面对。当我们以这样的胸怀和思维面对问题时，大家的观点就会变得非常的一致且清晰，目标也就会容易达成，服从也会达到更高的层次。

三、组织横向服从的方法

1. 组织横向间的服从应以相互交流各自的信息、经验等为前提

组织是我们工作的场所，每个部门的人员各司其职，承担着各自的职责，完成着各自的工作。但是，职场中横向间的工作如果缺乏相关的信息和经验的共享，就会造成各种各样的问题，形成沟通不畅、问题百出的状况。

（1）组织横向间的服从应以相互交流各自的信息、经验等为前提的原因。

第一，组织是一个整体的存在，各个横向部门都只是冰山的一角，相互交流各自的信息、经验有助于了解全貌。

第二，相互交流各自的信息、经验有利于资源的整合。

第三，相互交流各自的信息、经验有利于组织整体目标的达成。

第四，相互交流各自的信息、经验可以减少内耗。

第五，相互交流各自的信息、经验可以减少无用功。

（2）组织横向间的服从应以相互交流各自的信息、经验等为前提的原因分析。

由于横向部门间的不沟通、不交流、墨守成规，会造成组织内部信息的沟通不畅，很多可以共享的信息被某个部门或某个人所独享。当面对决策的时候，由于每个部门所处的立场不同、掌握的信息不同，自然会有各自的立场和决策，必然会造成争论和不服从的状况发生。

（3）实例。

某工厂需要保养一台机器。由于该机器今后将做其他的工具使用，因此本次保养后将送到外部工厂进行加工，需要将电源全部放干净，机油全部放空。

但是这个信息只有负责外协的部门领导知道。制造部门的员工将机器卸下之后就送到了公司的保养部门。保养部门根据惯例，保养了机器，并将其充满电，加满了机油。然后，通知制造部门的员工，机器已经保养完毕，请取走。

于是，制造部门的员工一大早就来到保养部门取机器。此时刚好负责运输的领导接到了外协部门领导的通知，也来现场查看机器的状态。当看到这个机器之后大发雷霆，说："谁允许你们给这台机器充电、加油了？难道你们不知道这台机器明天就要送到外协工厂进行加工了吗？现在开始放电需要 48 小时，放掉的机油也无法二次使用，造成多大的浪费啊？再说，放电 48 小时就赶不上对方的工期了。"

制造部门和保养部门的员工都觉得非常委屈，有谁告诉过他们这些事情呢？

实例总结：案例中，制造部门和保养部门没有服从运输部门的要求，将电全部放干净、机油全部放空。但究其原因，是因为没有人就这些信息跟他们交流，他们自然不知道应该怎么办。要想实现制造部门和保养部门的服从，就应该将相关的信息告诉他们，这样他们就会知道应该如何去做。

（4）实现经验、信息共享的方法。

第一，适时召开相关的会议。

第二，就相关信息制作备忘录。

第三，就制作的备忘录让相关人员阅读并确认。

第四，特殊需要备注的事项要随实际物品等做好备注。

第五，主动将各自的信息、经验等告知他人。

第六，若他人没有告知相关的信息、经验等要主动询问。

第七，对得到的信息、经验等要用自己的语言复述并得到相关人员的确认。

（5）在信息、经验共享的基础上实现服从。

很多事情是由于我们不知道，所以造成了立场和方法的不同和争论。如果能够共享信息、共享经验等，我们就会拥有相同的立场，在同样的角度上去思考问题、分析问题、解决问题，这样就比较容易达成一致，自然也容易形成服从。

2. 从管理流程的各个环节让各部门参与其中

我们常说，要让员工具有主人公的责任感来从事工作。因此不少企业在开展工作的时候，都会要求员工也参与进来。比如近来不少企业在制定公司制度的时候，会邀请公司的员工自愿报名参与。原因是，当员工参与其中，制定出的制度等会从合理的角度去思考，就比较容易去遵守和服从。

（1）从管理流程的各个环节让各部门参与其中的好处。

第一，让各个部门、员工参与进来，实现真正主人公的角色认知。

第二，对组织的现状能够拥有更加深入的了解。

第三，对组织的未来能够拥有更清晰的认识。

第四，能增加对组织决策的认同感。

第五，能增进部门、员工与组织之间的信任关系。

第六，能统一思想、统一行动。

比尔的工作

某公司接受了一项他们的年度最大项目——安装洒水系统。这个项目的负责人是比尔，他刚完成管理研究班的课程学习。比尔心想，这个项目正是把在课堂上学到的知识运用到实践中的好机会。

项目组由公司若干部门的人参与，其中不乏各部门的佼佼者。因此，比尔给大家开会的时候，先说了自己的设计理念，然后要求大家都基于自己的工作和立场，将各自所了解和知道的信息、经验等进行相互的分享，并要求大家一起参与设计和施工。

一名员工建议："以我们多年的工作经验，我们可以自己找到安装喷水头的最佳位置，这样不仅可以节省经费，还能够节省时间。"

还有一名员工建议："可以检查现有的洒水系统，把能用的部件用到新的洒水系统上。"

比尔听了大家的经验，欣然接受。在此基础上制订了工作计划。

下次的工作会议上，比尔和他的项目组成员对项目的全部工作进行了研究，并在每个问题上都达成了一致意见。

工程开工后，每个项目组成员都充满热情地投入工作中。

在施工期间，一旦出现问题，项目组的成员不必每次都征得比尔的同意，自己遇到的问题可以自己解决，这样既提高了项目组成员的工作效率，又激发了工作的积极性。

案例总结：如果仅凭比尔一个人做准备工作，同时安排每个员工的工作，并由他解决出现的每一个问题，必然要花费很多的时间和金钱。但是，正是由于大家共同参与进来，结果就是大家的力量大于个人的力量，共同的努力远比一个人的努力力量大得多。

（2）从管理的各个环节让各部门参与其中的方法。

第一，经常就组织的现状与各部门进行分享。

第二，就组织的现状与各部门达成共识。

第三，就组织的未来与各部门进行探讨。

第四，就组织所掌握的各类信息与各部门进行分享。

第五，要求各部门提供给组织他们所了解到的信息。

第六，要求各部门提交他们对组织现状的认识。

第七，要求各部门提交他们对组织未来的看法和展望。

(3) 让各部门把组织当成自己的组织。

人都有趋利避害的思想。当我们认定一样东西与我们自己有利害关系的时候，我们就会发自内心地想要去做这件事情；但当这件事情与我们没有关系的时候，我们就对这件事情完全不感兴趣。因此，树立让部门与组织荣辱与共、息息相关的氛围和意识非常重要。

(4) 总结。

让各部门参与管理的各个流程，就是让各部门参与到组织的运作中。

从管理的各个流程让各部门参与，就是让各部门拥有对组织的主人公责任感。

从管理的各个流程让各部门参与其中，就是实现组织与各部门的协调发展。

让各部门参与到管理的各个流程中，就是实现完美的组织横向服从。

3. 站在全局的立场上去思考和解决问题，进行统合式的协调

组织中每天都会面临各种各样的问题，此时不仅需要沟通，更重要的是进行协调。前面的章节中我们也提到，制定再严密的计划，下达再精准的命令，常常都得不到我们所期待的结果，因此我们提出了督导。但是仅仅进行督导，还是不能完全实现期待的目标，此时就需要我们进行协调。

(1) 协调的概念。

协调是指为顺利执行工作，而对某一特定的问题或状况，与相关的人员进行沟通、联络、彼此交换意见，以保证双方和谐地解决问题的行为。

(2) 协调的种类。

第一种协调叫强制。是指强压对方，让对方接受。也就是我们常说的霸王条款。通常来说，“店大欺客，客大欺店”说的就是这个道理。一方过于强大或过于强势，就容易形成强制。这样的后果是起初会服从，但久而久之，就会从服从变为反抗。

第二种协调叫妥协。是指两方各退一步，也称之为不满意中的满意。看似双方都达到了一定的自己的目的，但也都有一部分的目的没有达成。只能形成暂时的服从，待条件符合就会一拍两散。

第三种协调叫作统合式协调。是指能够站在更高层次与立场上去思考解决问题的方法。即能够站在组织整体的立场，采取对职场、对部门、对个人、对相关人员都有好处的共赢的解决方式。让各自都达到满意，自然也会形成由衷的服从。这是我们所追求的协调的方法。

天作之合

1905 年，一个叫欧内斯·哈姆伊的人在世界博览会上展销他制作的脆皮薄饼，但很不顺利，根本没有人愿意买他的脆皮薄饼，而每天却有成千上万的参观者去买他附近的雪糕。

一个炎热的下午，雪糕畅销到连碟子也用完了。雪糕店的老板向欧内斯借盘子，但欧内斯只有脆皮薄饼，于是他灵机一动，建议把脆皮薄饼卷成筒状，装上雪糕。自此，薄饼和雪糕的天作之合诞生了。

从 1905 年的世界博览会，到现在我们还在吃的雪糕甜筒，想象一下他们该能赚多少钱啊！

案例总结：薄饼和雪糕，本来各是各的商品，薄饼卖不出去，雪糕没有碟子也卖不出去。但是薄饼和雪糕的组合，就是统合式的协调，就把各自的商品全部卖出去了。

（3）总结。

超越现在去思考，我们追求的到底是什么？

我们以组织来进行举例。早期的组织，追求的是集权式的等级管理，组织的所有者驱动着组织的发展；后来伴随着组织的发展，人们认识到，组织还应当考虑到利益相关者和目标的因素；如今，形成了共创的形式，很多企业的强强联合、强强合作，不正是共创形式的体现吗？

当我们能站在组织整体的更高立场上进行思考，能拥有共创的思维，我们就能应对和解决更多的问题，让服从在这样的土壤中创造美好的未来。

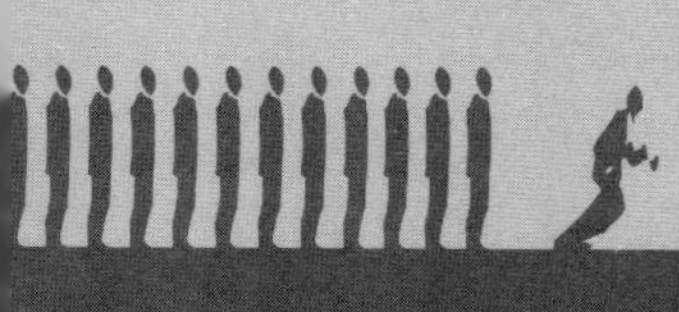

第六章

高效服从力公式

第一节　服从力潜意识公式

每个人的服从力公式顺序不同，也就注定了每个人的职场命运会不同。有些人固有的服从力模式是从消极开始，这些人在工作和生活中的幸福指数整体落后，不受上级重视也是这些人的性格所致。

如果没有阅读本书籍或参加本课程学习，怕是要经历太多的人生挫折后才能明白和改变自己的服从力模式。如果有一位非常睿智的领导对其进行有效的管理和启发，也可能会改变其服从力思维模式，这类人的命运也就会因此而改变。

但遗憾的是，服从力在中国乃至世界都是一个全新的课题。很少有领导者、管理者能有系统的提升个人服从力思维模式的技术与理念，也就很难针对性地提升下属的服从力思维模式了。

一、先主动服从

1. 先主动服从性人格模式

有些人任何时候都能做到在第一时间内主动服从，这样的人性格比较温和，也有些人是属于缺乏主观思维和处处忍让他人。如果是前者，这个人一定是具有大智慧的人；如果是后者，这个人在能力比较差的情况下，主动忍让也不失为能力差时对专业能力强的人的一种信任与依赖。

做一个较忠诚的下属算是找到了非常好的职场位置。如果处处忍让别人的人有较强能力时，建议：开场忍让后用沟通转变，因为他的能力会比前者更具备职场发展空间。

2. 先主动服从后沟通细节

具有这种思维模式的人绝对是最具智慧的人。在与上司进行沟通的时候，与上司思想不一致，有时是在所难免的，但是上司就是上司，作为下属首先去服从，就是首先把服从的大方向定下来，与上司建立同频。之后，在具体的细节上，再向上司做必要的沟通、解释和说明，这时上司将会更加愿意给予资源上的支持。

3. 人生不是经常遇到瞬间生死的抉择

大多数事情都有一个设想、计划、分析、沟通、分工、执行、调整、完成、奖罚的流程。就是因为有了这个流程，过程中就有了很大的变数，既有可能由“死局”向“活局”转变，又有可能从“活局”向“死局”转变。如果一开始就拒绝了服从，这个人从头到尾就是“死局”了。

4. 一切事情都有以下三种可能性

第一，“死局”变“活局”：事情开始时认为是坏事，后来却以完美的结局收场。

第二，“死局”到“死局”：刚开始时认为是坏事就选择了放弃，当放弃了也就不会有好的结果了。

第三，“活局”变“死局”：刚开始认为是好事，后来越做越麻烦，要么放弃收场，要么结果失败。

5. 三种不同开局的结局分析

对于管理者而言，最受其喜欢的是第一种。上级认为下属把一件难办的事情办成了，无论是论功行赏、还是为了以后做事更安全可靠，第一种人总是会充满更多机会。

第三种人虽然事情失败了，但在上级心中的坚持，会让上级认为这类人的主观动力还是强的，在上级心中比第二种人要好。第三种人如果是过程放弃也会跟第二种人同样的结局，那是第三种人意志力出了问题。

第二种人一开始就会被上级认为是服从力较差、不听从组织安排和调配，这样第二种人就永远失去了机会。

我们再分析一下第三种里面中途就放弃的那个人：他是做了一半之后成为第二种人的，可是很多人、很多事可能咬咬牙就过去了。第二种人一开始就成为第三种人，很有可能就转变成了第一种人。

总结：既然坏事有可能转变成好事，一开始选择了放弃时，好事就永远不属于自己了；

既然选择了放弃就永远不会再有好的机会，服从了还有可能变好，为什么当时不选择服从；

既然放弃了就一定是坏结果，如果不放弃做坏了也是坏结果，当两个都是坏结果时，为什么开始时不选择服从，保留可以成为好结果的机会呢？

二、先被动服从

1. 先被动模式的职场现象

很多人习惯性自我保护，于是对于没有百分之百把握的事情坚决拒绝，因此就给了上级和同事“不服从上级”“不服从调配”“不服从组织”的极坏认知。这样的人在任何组织都不会有太多的机会和发展。

2. 先被动人格模式“做的多、拿的少”

很多人选择了先被动，结果上级只能委派这类人做一些出力不讨好的事情。这些事情没有风险，也没有太多技术含量，这种人在单位就只能是做些杂事，慢慢地这种人在大家的心中就成了“专业能力差”“体力还不错”“只适合做些体力活”“不服从组织”等不良评价，结果慢慢地就成了别人“干大事”时的被差遣者，而且做的全是苦活累活，就形成了“不想干活的人、多干活”

“做得多、拿得少”。

例：教官训练士兵。

教官要求每个士兵做 50 个标准俯卧撑。积极服从的人很快就按标准做完了 50 个，这些人就被安排在一边的草地上休息。

俯卧撑不合格的士兵一定会被要求再做 50 个。前面的 50 个虽然不标准、或者还少了几个，可同样也消耗了体力。第二轮的 50 个俯卧撑就明显比第一轮难了很多，最主要的是：教官开始是要监督很多人，可能对标准的要求也顾不上那么多，而且人多也忙不过来；第二轮人少了，教官也就顾得过来了。所以第二轮的要求比第一轮还高。

第二轮结束后，有部分人明白了“不想干的人会干得更多”，于是在第二轮就按标准完成了。还有些人没有按标准完成的，就只能被教官强迫做第三、第四、第五轮了。

这样就形成了“想干的人干得少，一次通过了事”。同样也形成了“不想干的人干得多”，“越不想干的人，干得就更多”。

3. 不改变永远无法进步

先被动思维模式的人，人际关系再好也是短暂的。你贪了别人一回、两回便宜，早晚总会被人看出来的。当性格弱点一旦暴露，剩下的就只剩下被人讨厌和质疑。当然还增加了一项被人监督作业。

先被动思维模式的人一定要改变这样的思维和局面。在工作中先拿简单的、努力后能完成的，来争取改变上级心中对自己服从力差的印象。

学习更多的专业知识和更高的专业技能，让自己具备做“大事”的能力，从而提升自己在上级心中的能力级别。最后，再提升自己的意志力，在以后的工作中大事、小事不放弃。

总结：越不爱干活的人，就越失去了“选择要干什么活的机会”，就被人强迫陷于“你只能干什么活”、“你必须干什么活”的被迫服从局面。被迫服从又被上级定义了“你是自我管理能力差”、“没有培养价值”的人，于是就形成了“因为不想干，所以干得最多”，“因为不想干，所以干得最多还拿得最少”。

三、中性服从力

1. 中性服从力说明

有些人开局时既没有“先主动服从思维模式”的行动力那么快，也不像“先被动服从思维模式”的反应和行动那么慢，处在这两者之间。这样的人在任何组织都是占最大部分的人群。

2. 中性服从力的职场生存情况分析

这样的人是整个企业的最具战斗力的群体。他们不会被委派做冲锋陷阵、抢功劳的大事，也不会被罚做“琐碎杂役”的苦事。在上级心中这样的人不会犯大错误，不会把事情做得很漂亮，也不会因为情绪影响工作，而且跳槽离职率还较低。

这样的人也被上级绑定了“不会为了工作去拼命”的认知。只要有更忠诚、更优秀的人出现时，这类人就一定不会有太多的发展机会。但是这类人的基本晋级保障、涨工资、拿奖金还是能保证的。

在上级心中这样的人也是“先主动服从思维模式”的励志推动者。因为上级会不断地告诉“先主动”人士要比“中性主动”人士更快、更多、更好。所以，没有了“中性”人士、“先主动”人士，也就无法有参照的标准和推动的样板。

3. 中性服从者经常成为先主动者的伙伴

我们前面讲过“万事先相信、后沟通”。当“先主动者”拿下了上级指派的一个非常有难度的工作时，在“先主动者”向上级汇报工作计划与难度分析后，向上级索要人才配备、资源补给时，“中性”人士往往就被上级指派给“支持先服从者”的工作团队。从此很有可能“先服从者”就成了“中性”人士的长期领导。

当然，还有一群“先被动服从者”也有可能被派到这个临时团队，来从事脏活、累活、出力不讨好的活。

最后的论功行赏也就非常明确了。受奖最多的一定是“先服从者”，其次是“中性服从者”，拿的最少的一定是“被动服从者”，“被动服从者”也有可能什么都拿不到。

4.“中性服从者”向“先主动服从者”转型

“中性服从者”的改变是最难的。因为“中性服从者”从性格上事事慢半拍、做事意志力强、自我管理又较好。实际上“先服从者”就像个“包工头”，包工头什么都不需要会，把工程接下以后再去找专业人士来完成工程。“中性服从者”就像包工头下面的施工者，他们有非常强的专业能力，还有非常好的体力，还知道干多少活拿多少钱，一旦项目完工后，包工头什么也没干，拿的却最多；施工的人把各重要环节全部处理得非常好，拿的却不到包工头的一半。

当然还有一群“倒霉鬼——被动服从者”，他们就像工地里搬石头、背水泥、拖泥土的工人一样，干活最苦、工作时间最长，拿的钱却是三种人中最低的。

“中性服从者”要么一辈子踏踏实实、兢兢业业做资深优秀老员工，要么只能做到中、基层管理干部。如果“中性服从者”的技术和能力一旦被淘汰，其价值也就完全失去了。

“中性服从者”还有第二条路：改变“慢”的工作习惯和反应速度，提升周密计划和分析问题的能力，成为“万事先服从”的“先主动服从者”。这样“中性服从者”也就有了新的发展。

总结：“中性服从者”虽然做了实际攻克难关的工作，为公司的发展起到了非常重大的作用，完成了非常多的实质性业绩，可他们在企业的发展速度、收入比例方面却和“先主动服从者”有较大差距，甚至在职位上永远无法进入中、高层管理者领域。

任何的优势都有可能在一个特定的时机被取代和淘汰。“中性”者的优势正好又是专业能力强、踏实肯干，一旦其专业能力优势失去了，可能就面临巨大的升职危机、甚至是就业危机。所以，“中性”者必须学习更新、更高的专业能力，以巩固自己在企业的稳定发展性；或者提升主动性、自信心，让自己成为“先主动服从者”性格来创造自己更有前途、更幸福的人生。

第二节　从被动服从到主动服从

在前一节中我们讲了三种服从力思维模式和性格，在这里我们简单针对第二种“先被动服从”进行阐述。

因为“先主动服从”的人士通常职业生涯都是高开高走，同时第三种“中性服从力”人士也发挥非常稳定，所以在本节中我们的重点就是针对“先被动服从”人士进行说明和告诫。

一、挨打后被迫服从

1.“先被动服从”一定是先批评后服从

“先被动服从”人士一定是对某件事情先发表“非上级”观点言论，或者其出发点与上级出发点正好相对立。要么上级任何时候不给其机会，要么上级尝试给其机会时，他总是先挑刺、反对、自我保护地与上级观点不一致。上级总是要与其进行较长的智力较量之后才能将他说服。

比较忙碌的上级通常没有太多的时间来与其周旋。当上级觉得下级不配合时，也就直接将其放弃了。

我们在此将这种人称为“挨打后被迫服从”。

2. 挨打后被迫服从者需要做的改变

此类人士其实是最没心计、最简单直线思维分析事情，同时不考虑上级的感受和想法，直接将自己的想法和利于自己的想法说出来的人，结果就导致了“因为简单”而影响了自己的职业生涯。

对于此类人员，作者团专家建议：学习一下上一章中讲的“万事先应下”

的技术。其实“万事先应下”人士心里对上级的想法、分配的工作也有同样的质疑，只是这类人员将“先被动服从”人士的质疑、反对第一反应改变为“先相信、先认同、先接受”，这样两者之间虽然都有共同的疑点，但却出现了不同的结果。

只有从内心深处认知了自己的缺陷，并且认识到这种性格给自己带来的麻烦，才会从心理上去改变。

下面我们就讲讲如何改变。

3.“先被动服从”人士可以使用的方法

强烈建议：“先被动服从”人士尝试对某些事情，先用接受的方法来对待，不要急于拿出准确方案和决定，最好申请一个短暂的时间，以做周密计划为由，让事情的一切可能性更加明确。

很多事情经历了这个环节后，“先被动服从”人士会发现当时的质疑是错误的。因为事情确实是对自己有利的，这时很多人就会暗自庆幸“幸好当时没反对，不然挨了批评不说，这个好事也轮不到我”。实际上，很多时候“先被动服从”人士在此之前已经失去了很多次机会。

这个时候又有少部分“先被动服从”人士会提问：“老师，如果我先应下了，然后发现我搞不定怎么办？要知道不做没错误，要是把事情做砸了麻烦就大了。”实际上说出这句话又是“先被动服从”人士的习惯性语言，因为这句话完全表达了对作者、老师的质疑。这说明这类人还没搞清楚“先应下、先服从、先相信”对其的好处在哪里，也没想明白“万一自己搞不定如何解决”。实际上我们在上一章中就讲过“搞不定”时的处理方法，所以这类人的看法总是比较简单直接，学习起来也会比较慢一点。我们明明已经讲过了处理方法，这时还会提出质疑的问题，也就再次证明了这类人的学习力也是比较慢的。

4. 重申“搞不定”的处理方法

第一步：“先相信、先认同、先应下、先服从”。

第二步：申请一个小时或者一天，以做一个准确计划来汇报为由，不现场作出决定。

第三步：将上级说的事情进行认真规划每个详细步骤，并标注出自己能解决的和不能解决的。

第四步：对能解决的做好需要的时间计划，资源配置计划，和自己的实施操作想法。

第五步：对搞不定的事情，要求上级协调其他部门或借调某人协助，最好能准确落实到部门名称或者姓名。

第六步：分析公司内部都可能“搞不定”的事情，为了速度的进展不受影响，直接申请购买企业外专业人士服务。

第七步：向上级汇报自己的准确计划。

5. 以上步骤上级可能做出的反应与责任分析

反应一：小伙子做事很有计划性，问题分析能力很强，不错。当有了这样的评价时，“先被动服从”人士一下子就使上级对自己的看法发生了改变。

反应二：小伙子做事主动性很强，分析问题的能力也不错，就是找上级和找别人帮忙的东西太多了，这个事还是让别人做吧。当有了这样的评价时，最起码给了自己两个好评：（1）主动性强；（2）分析问题的能力强。

第二个反应产生时，虽然这个活给了别人，但是如果采用“先被动服从”的技术，领导对其的直接评价就是“不服从”“不接受任务指派”，两个结果之间对其的好处与坏处是显而易见的。

反应三：小伙子虽然做事主动性强，但这件事给他做还是不太放心。即便是得到这么个评价，也比上级和同事说你“不服从”要强百倍。

二、较量后被迫服从

1. 先较量后服从解释

有些人也不表示要不要做，总是提出一堆上级不太喜欢的意见和想法。这种人干活的能力是没必要怀疑的，但干活的态度会让人觉得反感，上级对其的评价一定不会太高。

任何一个管理者其实也蛮喜欢这种人的，因为这种人知道自己在上级眼中印象不好，也就明白自己的晋升道路遥远，上级也没有要照顾好他的责任。与很多优秀的、积极的、忠诚的人相比，管理者自己能给出这种人晋升的、有益的东西又有限时，优秀的人可能更让管理者头疼。

皇位之争

古时候每个皇帝都弄出一大堆的儿子，结果有具备继位能力的可能就两三个，剩下的都是完全不被考虑的，这两三个有能力的皇子就让皇帝着急上火了。反而那些能力不强的皇子，皇帝对他们没有一点责任心，也没有半点愧疚。

案例总结：管理者对下属没有晋升的轻松、皇帝对没能力皇子不做晋升思考，实际上是下属和皇子的能力和意愿不够。如果每个人都觉得这样挺好，那就挺好；如果你觉得这样的人生不是你想要的，那我们就去改变和争取。

2. 学习服从力，提高服从级别

自古“穷不与富斗”“民不与官争”，如果你与上级之间发生了何种意见的不同，吃亏的一定是下级。一个名人把一个穷人揍了一顿，经过媒体的炒作、各方的协调之后，名人向穷人做了“真诚的道歉”，也说了当时打人的原因，其结果被打的人没有资格在媒体说话，打人的人讲了打人的原因之后，还能获得少数人谅解。最主要的是，在名人向穷人“真诚道歉”后，各大媒体对名人的“真诚道歉”表现出一片溢美之词。而被打的人因为别人的道歉还觉得赢了，因为名人给其道歉了。

有的企业员工在一些小事情上与上级不一致时，很多时候表面上“高风亮节”的领导赞美了下属、表扬了下属，甚至还承认了自己的错误，但这个下属在上级心中服从力的认知也就荡然无存了。

所以，不要让自己图一时的嘴快，让上级和你斗智斗勇。其实这个级别的人工作能力绝对强，专业水平也绝对高，或许是这类人因为自己能力强、水平高，就以为自己有了讨价还价的资本，从而将自己的资本化为了影响自己前途的障碍。

小结：不要因为自己有点能力或者曾经有点贡献，就在后期的行为中忘乎所以、要求特权、言语无忌，几次之后你原本在人心中好的印象，就被你几次的“不小心”给消费掉了。

实际上，这个级别的人在“先主动服从”上略下一点点工夫，其得到的会更多。

三、上级的话应该服从

1. 上级的话应该服从解释

这个级别的人在表面礼节上毫无问题，但在内心深处表现了不服与不满。这样在服从过程中的动力会减少，幸福指数和快乐指数也会降低。

中国有句俗语“官大半级压死人”，反映到这个级别的人身上它就是对职位的尊重，没有反映出对这个人有多少的尊重和欣赏，这个群体就是我们前面章节中讲到的“中性”服从。

2. 本服从观点的人的付出与回报

这种观点的人往往是工作能力非常强，心中或许略有不满，由于多年职场打磨，知道表达了不满之后只有坏处没好处，就形成了“任何时候不冲在最前面，不掉在最后面”的工作思想。

表面上看，这类人工作稳定性非常高，工作中受重视程度也较高，上级对这类人行政上的尊重也不会太低。可实际上就同等付出与贡献而言，其得到的是最少的。

这类人比“先被动服从”人士干的活一定多，可收入一定高不了太多，还有人会说：“不服从的人不是被开除了吗？最起码我这么多年还是安安稳稳的嘛!”实际上那个被开除的人，多多少少也拿过几个月工资，可被开除的人在职时的贡献却比安稳的人在职同期的贡献少了非常之多。

因此计算，安稳的人得到的是最少的。

例：等飞机现象。

坐飞机过安检的时候，长长的一排等待过安检的人，自己在队伍的中间还比较靠前，看看前面的人“我比他们差一点”，但和我后面长长的一排人相比，我比他们要幸福很多。

突然间，安检口旁边开了个通道，自己后面排队的人移了过去，我前面的人没有必要过去，结果在几秒钟之后，自己后面的人排到了旁边安检口的前面。自己成了本队最后一个排队的人，最让人恼火的是有一个人缓缓地走到我后面排队，可我等了 20 分钟了，却只排在晚我 20 分钟缓缓而来的人前面一位。

这就是持有这种观点的人的付出与收获的比例。

3. 此观点的人要做的改变

这类人离职场幸福只差一步，差在与上级除了完成任务之外，缺乏了感情的交流、缺乏了相互尊重与欣赏的交流。

持有“上级就应该尊重”这样观点的人，是“冷暴力”的执行，是“我不用感情、不用心”的完成上级交办的一切任务，即便完成工作的质量可能会有点差，但上级也拿我没办法。

上级交办的任务你是否用感情了、用心了，上级一定知道。你用的心越多、用的感情越多，上级对你的看法就会越好，你与上级之间就不仅仅是工作任务的指派关系，而是“你办事我放心”的相互信赖关系。

小结：持有“上级就应该尊重”这样观点的人，只需要增加不到百分之一的工作量，其幸福可能就提升了十倍，这增加的百分之一的工作量，实际上就是平时工作中对上级多一点点的认可、多一点点的欣赏、多一点点的尊重。有了这多的一点点之后，整个团队就和谐了，你的职场生涯也就幸福了。

四、这个事情对我太有意义，坚决服从

1. 这个事情对我太有意义，坚决服从解释

持有这个观点的人往往是对我有意义的我就做，对我没意义的我就不做；对我有意义的我玩命做、坚决服从，对我没意义的我即便不反对，也要降低服从标准。

这样的人往往凭喜好而做事，这种人在上级和同事心中就成为了“状态不稳定的人”。因为这种人给大家状态不稳定的认知，上级也就无法知道其什么时候状态好、什么时候状态不好了。上级在分配任务时，就要考虑把事情分给这种人可能会有的风险性和风险概率，于是这种人的机会也就少了。

当这种人为团队、组织作贡献的机会少时，他们的威望也就随之下降，他们展示能力的机会也就跟着减少。当别人不知道你有什么优点时，想要说声“爱你”也很难。

2. 此类人士要懂得计算一笔账

什么是“这个事情对我有意义”、什么是“这个事情对我没意义”，只要是为团队做事、为组织做事，一切都是对自己有意义的。有些事情是带给自己直接利益；有些事情是自己付出了、贡献了，别人认可你了，对你产生的认可意义。

3. 别人的认可比得到的物质、经济回报更好

别人的认可，认可的是自己的实力、能力。如果自己做了件对自己没有好处的事情，还做得很漂亮时，这时别人对你的认可可能就是你的人格魅力与奉献精神。

比较一下，得到一点点的经济实惠和别人对你人格的认可，你更喜欢哪个？

所以，不要挑剔哪些事情对你是有意义的，哪些事情是对你没意义的。只要我们是在为团队奉献，为组织做事，每一件事都会被上级和同事看在眼里、

记在心里。

小结：不要挑剔事情可能带给自己的直接好处，要思考当你对某件事情没兴趣时，可能造成上级对你服从能力的负面看法。

多做让别人认为有难度没好处的事情，在上级和同事心中你就是一个不为自己考虑、只为组织分忧的人。当一个人有了这样的人品时，其在团队中的威望就自然得到提升和保护。

五、上司是我心中的神，他的话一定不会错

1. 解释

这个服从级别一定是再高不过的服从级别了，上级也希望下级每个人都能有这样的服从级别。每个上级也不要指望每个下级都是这样的，因为形成这样的相互尊重与服从，既要靠上级的个人魅力，又要靠下级看得懂上级这样的魅力，还要靠下级具备高级别服从的素质与态度。所以下级要达到这样的服从级别是有难度的，也是要靠上级与下级的机缘才能产生的。

2. 最高服从级别对团队的战斗力

有了服从力才有组织的高绩效和管理的一致性。如果一个企业很多的时间都用来辩论一件事情要不要做，都用来怀疑上级会不会害我、下级会不会捣乱时，一个企业的战斗力就被这些与业绩无关的纷扰所影响。这时团队整体的战斗力就大打折扣。

如果团队上、下级之间形成了绝对信任、服从的默契，就会将一切的时间、能力发挥在创造业绩上。这个团队的战斗力和高产能自然不可小视。

3. 伯乐与宝马相见太难

遗憾的是，很多有能力的人不太懂得展现最高级别的服从力。

很多管理者有很多资源和给下级立功的机会，却不知道谁是最佳的服从者。有能力的人恃才而傲，自以为“我靠能力吃饭，谁能拿我有办法”，这时

宝马与伯乐也就擦肩而过了。不是伯乐没有看见宝马，而是宝马出现在伯乐面前时，五天没洗澡还一身的臭汗和泥尘。

所以宝马一定要在伯乐面前表现为“你跑得快还爱跑”，最主要的是宝马还要表现为“我爱干净，你骑在我身上时不会把你的衣服弄脏了”。

4. 伯乐既要找宝马也要培养宝马

一个优秀手下的产能，可能是全团队的一半以上，失去这个优秀宝马，业绩则下降百分五十，增加一匹这样的宝马，就等于为平庸的团队增加了一倍的业绩。也就是说，一匹宝马的业绩胜过一个 20 个人的团队总业绩，10 匹宝马的业绩可能超过一个平庸团队的总业绩和利润。

管理者既要找宝马，也要对有能力的人提升其意愿，让其成为团队中的宝马。

心斗（相互计算影响工作）

一个村子里的人个个都是人精，大冬天全村的工作都停了下来，所有的人不是织毛衣就是打麻将，要么三五成群地唠嗑调侃，偶尔也上街购买生活用品。

一天上午 10 点左右，老黄在门口晒着冬天的太阳。突然老李走过来有口无心地问了一句：“老黄，今天不上街啊？”

老黄的第一想法是：要么借自行车，要么借钱，要么借麻将（这个村子里的风气就是喜欢相互借、相互算计）。老黄什么东西也不打算借给老李，又要保住面子，于是回了句：“看看吧，有人打牌就打，没人打牌就上街逛逛。”这句话给了老李一个绝对的不可控性。

老李又说了一句：“村东头几个人三差一，你要不要去看看？”老黄的第一想法是：“老李不陪我去，说明他希望让我一个人去，这样我去打麻将了，家里的自行车和麻将都空出来了。老李这个时候要借我任何东西我都不好拒绝。”于是，老黄又很巧妙地回了一句：“村东头打麻将太厉害了，还是等等吧。如果没有打麻将水平臭的，我就上街去逛逛。”老李毫无斩获地摇摇头走了。

故事总结：这个故事看起来与业绩毫无关系，但是在企业团队中这种心斗的消耗非常之大。如果一个团队不能减少这种心斗，将会给企业的人际关系带来巨大的麻烦，同时也会大大影响团队的业绩和战斗力。

总结：每个人越主动就越幸福。主动地思考别人的好，你看到别人时就会很放松和增加微笑，氛围也就变得融洽了。如果充分地信任和尊重上级，上级也会充分地信任和喜欢你。

如果我们能主动地喜欢自己的岗位和工作，做事情时就会幸福与快乐。

如果一个人不喜欢你的同事，你工作时候就没有快乐。

如果一个人不喜欢你的工作，你工作的劳累级别就会比别人翻倍。

如果一个人不能喜欢你的上级，你的上级一定会知道你不喜欢他。如果你不打算离开这个公司的话，你不喜欢的这个上级一定不会给你任何发展机会。

一切都在喜欢——什么时候喜欢，什么时候快乐。

第三节　“相信天下有”理论模式——生活、工作成本会更低

本书作者之一周平老师在与一位佛教高僧交流时，向佛教高僧请教心中的很多困惑。其中一个主题是：有些话明明知道别人说得不对，但一时间又找不到准确的证据来反驳，甚至对话的场所还让自己觉得理亏。佛教高僧用了“相信天下有”来解答周平老师的困惑。

一个人对世界万物所能知道的信息永远达不到万分之一，很多你曾经怀疑过的事情，甚至当众批评别人是谎言，后来慢慢发现别人是对的。事实上是因为我们在怀疑别人时，是别人说的知识和信息我们没有掌握到，我们以坐井观天的思维来反驳别人的观点。

当我们反驳别人之后，别人很从容地点个头说声“抱歉”，以示意他输了，

别人在我们面前当众表示他输了或者错了的时候，我们还洋洋自得于“自己赢了”——令人生气的是，对方承认输了、错了时，我们还表现得那么从容吗？后来当我们学的知识多了，发现人家说的是对的，我们确实是在不知道一件事情的真实情况时大放厥词，实际上是别人因为我们的言论太无知，不愿意和太无知的人有太多交流；对方甚至知道，如果再争辩下去，我们的无知可能会升级到无理，甚至升级到谩骂。于是，别人选择了不与我们为伍。口里说着“抱歉”，实际上是展现了对方内心深处的博大与淡定。

每每想起当时的场景，想到自己曾经因为无知对别人造成的冒犯，时而还会脸羞。甚至觉得，要是当时别人赢了我们，哪怕别人揍我们一顿，也比今天自我羞愧来得好些。

佛教高僧告诉周平老师：“任何时候，只要不过于伤害自己的利益，当你相信别人的话时，你就没有任何烦恼了。俗世之人最大的烦恼莫过于对一些完全没有依据、完全可以不需要答案的事情，企图争个明白。”

此后，周平老师总结了“相信天下有”理论。任何时候只要别人不要我掏腰包白给钱、只要别人不要我现场做违背道德法律的事情、只要别人不要我现场做违背良心和伤害他人利益的事情、只要别人不要我做出卖国家民族的事情时，都没有必要过于计较，尤其没有必要现场计较。

这样，一切事情现场也就平稳度过了，至于一些事情还有没有后续被追踪，那就要取决于你还想不想和对方有见面的缘分了。当缘尽之时，之前表面温和的事情也就不会有任何的后续，慢慢地对方也就淡忘了。

一、谁怀疑谁举证

1. 相信天下有，各方面成本会降低

当我们在质疑上级或者同事时，我们就负担了人际关系成本，甚至负担了前途成本，之前建立的好感也成了我们怀疑别人的成本。

2. 谁怀疑谁举证

当我们说了一件事情时，别人无论是有意的反驳，还是无意的反驳，我们

只需要让其拿出依据，对方就必须费尽周折地证明他没有胡说。这个时候，他要负担大量的人力、财力，才能证明他是对的。

很多时候为了证明自己是对的成本，远远大于他要揭露的真相，甚至他要揭露的东西，仅仅只是茶余饭后、家长里短的毫无意义的事情。

因为“谁质疑、谁举证”原理对每个怀疑他人者来说，都需要用大量的数据、需要大费周折地寻找证据，因此当话题没有任何社会意义和实际意义时，不妨索性来个“相信天下有”，以我们的宽容和大度来包容、放过对方一时的妄言。说不定，因此还会有更多的后续交流甚至是商机。

3. 不质疑关系好

当任何人说一句没有意义的话题时，或者说一句可能略有意义，但与自己没太大关系的话题时，没有必要有任何质疑。如果你质疑了，在对方心中就会把你的质疑当成对其的无理，人际关系也就糟糕了。

4. 质疑人会成为习惯，从此进入了死胡同人生

很多人没有坏心眼，就是眼里揉不得沙子，不管事情与其有关无关，只是对自己所怀疑的事情，总是要弄个明白。久而久之，这些人就成了烦恼的“研究员”。甚至其费尽心思所研究的事情，只是为了辩证别人两年前无意间说过的一句废话。

慢慢地质疑人就成了习惯. 而每次质疑别人之后就会得罪几个，自己也就走进了死胡同人生。

小结：不重要的事，没有必要搞得那么明明白白。对于上级和同事的一些建议和想法，当大流已然如此时，再充当没有被告的法官时就毫无意义。

二、举证造成的时间及多项成本浪费

1. 举证成本巨大

“相信天下有”理论就是为了节省成本。当你要搞清楚一只蝴蝶为什么停留在A菜花上，而不停留在B菜花上时，你得花费好几年的时间才能得出答案，甚至都不会有答案。最主要的是：话题的产生不是因为你学习这个专业，也不是因为你从事这个工作，只是因为春游时有个朋友随口说了句“蝴蝶喜欢落在比较高的花枝上”，而你只是想证明别人的话是错的，却要花费好几年的时间。实际上社会上很多人都在烦恼和研究没必要搞明白的事情。

几个心理咨询师的饭局

2012年深圳一个心理咨询师培训班聚会，约在一个餐厅吃饭，十多个人围在餐桌边，突然看到整洁的餐桌上有一个新的铁钉。于是大家就针对“为什么会有这个铁钉”展开了一场世纪辩论会。

A：因为老板想告诉我们，他们的餐厅像钉子精神一样，一如既往、兢兢业业。

B：老板是想告诉我们，他们是说话算话的，就像金属一样真材实料来不得半点虚假。

C：老板可能装了摄像头，摆下一个铁钉是为了让我们各抒己见，老板好学习我们的心理学知识。

一小时后，客人差不多到齐了，服务员走了过来提醒大家点菜。心理咨询师们想弄明白铁钉放在这里的意义，就要求服务员把老板叫来。老板来了之后，看了看铁钉、看了看天花板，操一口浓郁的四川话说：“哪个龟儿子装的吊灯哦，螺丝都没有拧紧哦。”

故事点评：很多人就和上面的心理咨询师们一样，一个无意间的毫无意义的小事，争赢了也不得一毛钱，争输了还被别人说没水平。无论是输是赢，都输了人际关系，却还在那里争论不休。

2. 越证明越知自错

很多人质疑别人的话是错的，于是在现场就争执了起来。往往质疑中都是下级质疑上级，而上级总有几个粉丝，且喜欢质疑别人的人往往人际关系较差，于是很快就形成了口水大战。结果上级的粉丝群策群力、脑力激荡，没几下子一大堆八卦的数据及依据就出来了。而质疑者孤家寡人，信息量没有一群人的信息量多，反应能力没有一群人加起来那么快，此时无论真理如何，真正的答案是什么都不重要，重要的是，所有人都认为质疑者错了。而同时别人的歪理邪说，也确实把质疑者圈了进去，最后质疑者反而怀疑自己是不是错了。

谭刚的毕业证

谭刚 1992 年大学毕业，在火车上兴奋地看自己十年苦读的成果时，风把毕业证吹跑了。

因为没有毕业证，原来联系好的工作对方反悔了。他在一年的时间里，学校、家乡，家乡、学校跑了十来趟，结果硬是没有补办成毕业证书。所有人都开始怀疑他是否真的读过大学，主要的是由于贫困，证明他读过大学的照片也没有拍摄。一张毕业合影照也同毕业证一起被吹跑了。

一年后，谭刚没有考上大学的女朋友——个体户女儿的父母亲，不但怀疑他没有读大学，反而认为他到处撒谎冒充大学生，反对女儿与他来往。

又一年后，谭刚听说在海南岛能办假毕业证，就亲赴海南岛。在一个名片店托人办了一个与他原校信息完全相同的毕业证书，回家乡后公安局一下就看出了是假证，还被拘留了几天，从此他在家乡县城就成了人所共知的“冒充大学生”。

连续三年他没有参加过任何工作，仅仅为了证明自己是大学生，女朋友甚至他父母都怀疑那几年谭刚是否真的在大学读书。

三年后，他妥协了。到下面一个镇上的民办企业应聘销售员，填写简历时，犹豫了一下给自己学历一栏写了个“初中”。结果被人认出了他就是那个到处假冒大学生的人，这时全县都有了他是初中学历的证据。

最后，谭刚无法在家乡继续生存，甚至父母亲都为之蒙羞，只好跑到海南岛某小印刷厂做了一个销售员，自报学历“初中”。

故事总结：其实一开始他没有毕业证，无法到分配地行政单位上班时，就已经注定了他之后的证明自己的路是艰难的。此后，几年的时间为了自我举证，造成三年没有工作，更长的时间生活在被人质疑里。当他从阴影中走出来的时候，已经是他大学毕业十年以后。2002 年时，他的两位同学一位死于车祸、一位死于癌症，他以同学的悲剧来和自己的处境比较，觉得自己比别人好了很多。

---

3. 小事不证明，大事不用证明

带给我们烦恼的一定不是大事，因为大事往往会更加清晰明白，而小事才会更加恼人。世界上最让人烦恼的莫过于两句话：（1）你不爱我；（2）你对我不好。

这两句话怎么争也争不出结果来，可全世界所有的夫妻却都因这两句话苦恼过。其实很简单，别人爱不爱你不重要，当你努力争执别人不爱你时，可能因为争执就真的不爱了。于是，只需要说一句话“我错了，我改，我以后拼命爱”，所有的问题就都解决了。

所以，小事没有必要证明，大事不用证明。一个团队那么多人，总会有几个“先被动服从”者跳出来帮你证明。

小结：不要在小事上纠结伤了和气，抓大放小是聪明人的选择。

大事也没有必要证明，只需要按照我们前面说的，列出流程步骤，不懂得、搞不定的，找上级领导支持协助。

三、没有伤害性而缺乏依据的观点，不发言或附和

1. 没有伤害性的话题就不会伤害到你

很多人纠结于没有伤害性的话题，结果纠结来纠结去，就真的被纠结过程给伤害了。所以，任何没有伤害性的话题，就没有必要为之频添烦恼了。

2. 有伤害性话题没依据反驳时，不用现场纠结

当别人说出一些有伤害性的话题，或者对自己不公的话题时，在自己毫无

准备的情况下，现场的争执只会让自己陷入困境。

如果自己确实是对的，或者事情真的伤害到我们了，只需要说一句话“我现在手头有很重要的事情要办，半小时后我们对这个话题进行讨论”。这即是一种回避现场可能升级的争执，又没有承认别人的观点的正确性，同时给自己争取了化解危机、争取主动的时间和空间。

3. 伤害不到自己、但可能伤害他人的言论缺乏依据时，最好不要参与

很多时候有人要计划伤害别人时，可能会寻找几个支持者，而自己很有可能成为别人预谋中的支持者，最后可能演变成了自己成为伤害别人的发起者和主导者。如果这样自己也就太笨了，化解这样的事情非常简单。

（1）建议谁发起、谁举证：这样的话一说出来，自己就成了旁观者和评判者，谁也不得罪。

（2）建议双方回避正面冲突：将所有人组织在一起，由发起者说明发起的原因、目的，此时另外一个被伤害者回避，以免产生冲突。发起者说完后，发起者退场，中间人根据发起者提出的问题，让被攻击者回答；或者列出问题清单，给被攻击者准备时间，这样整个团队就公平了。

（3）行政工作、业务工作的错误：建议大家没有必要这样讨论，直接按章办事。讨论会伤害过错人的感情，甚至会造成强烈反感，而按章办事，他者不得不心服口服。

（4）当确定被攻击者有非工作性错误时：找个德高望重的、岁数大的人与过错方进行非官方性沟通交流，说服过错方，道个歉就好了。

小结：很多事情是越讨论越复杂，越参与越深信，非伤害性话题最好整个组织都采取淡化的共识。否则，一次的失败就会造成此后的拉帮结派的惯例，团队氛围因此也就破坏了。

四、“相信”习惯对人际关系的帮助及作用

1. 相信的习惯对每个人的帮助

相信人朋友就多，相信人心情就快乐，相信人烦恼就少。做一个相信别人

的人，从此你的朋友就多了。一个朋友多的人，工作上会得到帮助、生活上会得到照顾。一旦相信的习惯没有了，一切也就都没了。

2. 让相信成为习惯

相信是从心里去服从，当相信成为习惯了，这个人的性格就从此温润、厚实。任何时候别人有事情时，他可能就会成为事情的仲裁者，这时就有了一个溢美之词套在了他身上，那就是“德高望重”。

很多时候上级与上级之间发生了矛盾，不去找更高的上级评理，反而找一个职位较低的，但在别人心中有相信的习惯的人评理。这就是对“相信的习惯”的人士最高的尊重。

3. 如何让相信成为习惯

让“相信成为习惯”在于一个人的内心对相信好处的认识。当一个人每次想不相信别人时，盘点一下曾经因为不相信别人而造成的人际关系下降，每次不相信别人之前，只要想到这里就会知道不相信别人的代价有多大。

只要一个人知道了不相信别人会付出代价时，他就会慢慢重视对别人有事没事相信三分、大错小错包容三分、天大的委屈忍让三分、再大的理也要饶人，做到了以上四点，“相信的习惯”也就形成了。

总结：怀疑人的代价是巨大的，相信人得到的回报也是巨大的。每个人想一想，你是想付出巨大代价，还是想得到巨大回报。想好之后，再确定你是要怀疑别人还是要相信别人。

用“相信天下有”理论来面对所有不具伤害性的话题和事务。

用“相信天下有”理论来对待不懂的话题。

用“相信天下有”理论来与上级交往和接受上级所有的观点。

用“相信天下有”理论来武装你的职业生涯和幸福人生。

第七章 服从力常见问题分析与解决

第一节　不服从对个人的危害、对团队的负面影响及解决模型

一、不服从对个人的危害

不服从，伤害到的一定是不服从者本身。很多 90 后、00 后强调个性化，强调“舒适”的环境，实际上他们忽略了“个性”和“舒适”的真实含义。

个性是指你在各方面才能达到统一标准之后，将你个人的性格、能力输入到你的工作生活之中，而不是一味的任何时候都想怎样就怎样。

举例：下雨时别人都打伞，你直接让雨淋着去上班试试看，这样应该很个性化。

大冬天别人都穿得暖暖的、厚厚的，这个时候你穿个背心试试看。

坐飞机过安检，别人都拿着身份证，摘掉墨镜接受检查，你戴个黑头套露出两个眼睛试试看。

舒适是指你已符合了当时的实际情况与标准，同时别人对你给予了较高的评价和肯定。你得到了工作上、心理上较高的认知，从而才是真正的舒适。

如果不能服从环境，受伤害的一定是不服从者本身。

二、不服从对团队造成的影响

“一粒老鼠屎，坏了一锅粥。”很多时候很多人会说：“我错了，我受处罚，

我负责”，其实说出这些话时，他只是刻意地想表现出不愿意服从的意愿，同时给自己造出“自己什么都不怕”的气势。实际上，如果真的有这样的气势，没有必要说出来“我错了，我受处罚，我负责”的话。当说出这样的话时，其实只是想做不服从的试探。

有些事情，整个团队做得漂漂亮亮的，却因为某个人的不服从，或者用个人认为正确的操作模式代替规定的操作模式，为整个团队漂漂亮亮地完成抹上了污点。甚至因为一个人的不服从行为造成了团队整体的失败。

1. 整体战略与策略的挫败

（1）战略往往考虑全局性。

很多战略的思考会考虑到每个部门，甚至会考虑部分关键人员和关键岗位。有的时候在考虑战略时，往往会因为某个部门能力薄弱，而可能会使整个战略产生变数。于是会因为某个部门或者某个岗位而调整战略。

没有考虑到重要部门因素、没有考虑到重要岗位因素、没有考虑到重要个人因素的战略，一定是“图纸”战略，纸上谈兵而已。

所以，战略一定要考虑全局性的服从能力。

（2）个人的不服从往往会造成整个战略的失败。

在企业战略执行中往往对某个人寄予了厚望，这个被寄予厚望的人如果不能有效服从，可能就会造成整个战略的失败。

《暗算》连续剧《听风》

在701工作室有一位破译密码的专家“黄依依”，其专业能力非常之强，可是在个人生活中，总是会让上级领导和同事经常为之捏一把汗。整个工作室几百人，基本上都是围着“黄依依”工作，她的个人成果就决定了整个战略的成败。

最后，“黄依依”成功地完成了破译，可是却因为“张国庆”的一个失误，造成了几千张纸中间的六张纸丢失，从而给整个战略也造成了巨大损失。

最离谱的事，是“张国庆”的妻子对“黄依依”产生了各种怀疑与报复。在一次“黄依依”到医院就诊时，被“张国庆”的妻子不依不饶，加重了病情阻碍了治疗，最后造成了“黄依依”成为植物人的悲剧。

故事点评：首先，“黄依依”是一个在服从力上让人担惊受怕的人；其次，忠厚、稳重、爱国、忠诚的“张国庆”却因为服从中的一件非常小的失误，丢失了六张宝贵资料，也对原本完美的战略造成了遗憾。

最后是在工作组中，与工作组没有任何关系的“张国庆”的妻子，却将整个工作室最优秀的科学家害成了植物人。这也是“张国庆”妻子服从力的问题，最主要的是“张国庆”的妻子没有半点想要伤害“黄依依”的动机，却对党和国家造成了巨大损失。

---

2. 为团队和部门带来不利的负面影响

（1）团队的一员自然代表团队。

一个人既然是团队的一员，那他的贡献就一定代表团队的荣誉，同样他的错误也代表团队的耻辱，绝对无法将个人与团队有效撇清。

有人会说“我的事与团队无关”“一人做事一人当，不关团队的事”，只要说出类似言论的人，一定是完全缺乏团队整体意识的人。

无论个人怎么认识自己，你的一切言行都在影响着团队的荣辱。

（2）个人失误对团队影响巨大。

在国家科技发展管理中，有非常多的小团队科研组织和科研单位。1980年至2000年期间，国家科研经费非常紧张，而全国科研事业又发展得如火如荼，所以国家在对各科研院所的审批、经费保障方面有非常严格的要求。

很多时候可能因为一个科研小组一个人的工作失误，就会让整个省科技局下决心裁掉整个科研小组。

也就是说，往往因为一个人的过失，整个团队就被停止作业。科研不像生产，生产是做一个创造一个价值，而科研一切的投入往往是在最后产生成果时才有价值。甚至有些科研成果影响一个国家甚至整个世界。保不齐某个科研团队中一个人的事故，就造成了一个项目的荒废。还可能因为这个项目的荒废，造成这个国家在全世界这个领域的落后。

3. 为自己在别人心中树立了不可靠人格

（1）谁犯错谁承担责任。

谁犯错谁承担责任是对犯错造成的损失最小的处罚。全世界的一切处罚，往往都不会大于犯错误造成的损失。

很多人认为“我犯错我受罚”，实际上，当他计算一下他给别人带来的损失和伤害时，就知道他受的罚永远不够弥补损失和伤害。

当然，谁犯错误谁受罚是天经地义、理所当然，所以犯错者自己和不服从者自己往往是受损失最大的人。

（2）不服从伤害的不仅仅是自己的直接利益。

很多时候的一个不服从或者失误，如果简简单单地罚点款、挨点批评，对这个不服从者而言，实际上是最轻的处罚。其实他受的罚远不止于此。

当一个人不服从或者造成工作失误后，大家会对他有非常多的不利认知：

第一，他是个不靠谱的人。

第二，他是个不认真工作的人。

第三，他是个专门给团队捣乱的人。

第四，他是个没责任心的人。

这些评价会持续很长一段时间，形成别人对他的认知。即便是自己不想有进步和发展，但时时刻刻被别人看不起也不是件很快乐的事情。

4. 其他相关受害者

（1）不服从会伤害很多我们不知道的人。

一起车祸撞坏了公司的汽车，撞残了无辜的路人，这么一个虚拟案例在全世界每天都在发生，受处罚的只有一个人，就是开车的人，连带接受处罚的可能还有开车人的管理者。但却有很多我们无法计算的受伤害者。简单分析如下：

第一，受伤者家属：情感的、后期收入缺乏的、孩子的教育与照顾。

第二，受伤者公司：首先公司要表示一些安慰金或抚养费，如果直接开除人，会对公司造成很大的负面影响，可如果不开除就要长期养着；这个人可能是公司在行业竞争的顶梁柱，失去了将使公司业务的发展蒙受巨大损失。

第三，伤者债务人：受伤者可能还有些私下的借款。当发生了这样的事故之后，不知道还有没有追回债务的可能性。

第四，肇事者公司：开车人仅仅是个低收入打工者阶层，绝对无法偿还肇事造成的损失，很大一部分赔偿就要由公司来承担了。如果是个小公司，可能就会因此破产。

第五，肇事者家人：受害者亲属没事跑到肇事者家里闹闹事、砸坏点东西往往在所难免，这些东西绝对不会有人赔偿。同时，肇事者家人也长时间蒙受着精神压力和对受害者家属的愧疚。

第六，部门同事：因为一个人肇事，全公司长时间进行军事化管理，或者强硬管理，各种不停的学习、各种不停的会议，甚至还有可能从全部门奖金中拿出部分帮助肇事者赔偿。

所以一个人的不服从、一个人的过错会伤害到无数我们想象不到的人。

（2）多服从常服从是对社会的责任。

一个人对社会的责任，大的是对社会创造巨大贡献，小的尽量做到不给社会惹事。一个烟头可以毁掉一个工厂，一个瞌睡可以引发一起事故，人多时一次不经意的后退可能撞倒一个老人或者孩子，所有的不服从都会为社会带来负担和麻烦。

每每想到这些，作者团的每个成员都觉得提升全国人民的服从意识是我们的使命。

作为一个社会公民，都应该盘点一下是否有过经意或不经意地给社会造成的麻烦。

希望通过这本书，让每个人都成为“不给社会添麻烦的人”。

总结： 服从是对组织战略的负责；

服从是给团队创造价值的基础，是不给团队添乱的保障；

服从是对自己人生的交代，也是对自己家人的交代；

服从是减少每个人自己给社会制造麻烦。

因此，应该用服从提升自己的职业辉煌，用服从谱写自己经典的意志力故事，用服从获得别人的尊重与信任，用服从去帮助更多的人为企业和社会做出自己能做的贡献！

三、服从力常见问题解决模型

在本书的开篇，我们提到每个人的服从力由三大服从系统组成，分别是：认知系统、言论系统和行为系统。因此，有关服从力常见问题的解决模型，我们也将分别从认知系统模型、言论系统模型和行为系统模型三个方面来加以阐述和说明。

1. 认知系统模型

认知也称为认识，是指人认识外界事物的过程，是我们对外界事物在思想上、意识上的主观看法。因此，只有我们树立了正确的认知，才能有效解决服从力的常见问题。认知是解决服从力常见问题的基础。

（1）改变思维，不用固有思维和观念看待问题。

人在做事情的时候，往往喜欢根据自己的经验来做判断。可是每一个人的经验不尽相同，针对同一件事情的看法也不尽相同，甚至截然不同，这时我们就很难期待得到相同的结论。因此，只有改变我们的思维，不用固有的思维和观念看待问题，才有助于我们建立良好的认知系统。

第一，将自己所知道的主动告诉他人。

第二，主动了解他人所知道的。

第三，整合自己和他人所知道的，形成共有。

第四，有效地利用原理、原则。

第五，站在更高的立场上、站在组织整体的角度上去思考和看待问题。

第六，建立与组织一致的价值观。

（2）相信相信的力量。

人总是会用自己现有的经验去判断事物，不愿意轻易相信他人。此时，你不妨问问自己，你相信你的上司吗？你相信你的组织吗？你能够放心地把自己交给你的上司和你的组织吗？可是我们必须坚信，只有相互的信任，才能有利于组织目标的达成。

古语有云："信人者，人恒信之。"将心比心，人与人之间的信任是相互的，只有我们学会了相信他人，才能得到他人的信任。因此，信任在我们的生活中具有极其重要的作用。善用相信将有助于服从力问题的解决。

（3）保持乐观心态。

保持坚定的乐观主义心态，不仅仅是看到半杯水的时候说："哦，太好了，还有半杯水呢。"而是能够在此基础上去思考我该如何有计划地去利用这半杯水，将效益最大化。也就是说，乐观并不是盲目的乐观，而是有计划、有目标、有方向地去努力，去实现真正的乐观主义心态。

2. 言论系统模型

言论是指我们的语言和表达，即人对外界事物的内在思想和意识的表达，是对认知的阐述。我们说认知系统模型是解决服从力常见问题的基础，那么言论系统模型就是解决服从力常见问题的发令枪。只有正确地表达出来，正确地发出指令，才能够最终正确地去行动，才有可能展现为成果。

（1）善于表达。

很多人非常有才华，但从不对别人说，于是怀才不遇，感慨世间没有伯乐。可是千里马也要有所表现才能被伯乐所相中。因此，首先要善于表达，寻找和利用一切可以利用的机会去表达自己的想法。这样不仅可以表现出你积极的态度，并且可以展示你的才华，让他人、让组织看到你这匹千里马。

想想如果你只有 30 秒在电梯里向你的老板汇报你的工作或阐述你的设计理念，你会如何去做？

（2）正确表达。

除了善于表达之外，你还要学会正确表达。俗话说“言多必失”，有的时候你说得越多，暴露出的弱点和纰漏就越多，所以，在表达的时候就要学会如何正确地表达。

第一，说明动机。

第二，描绘计划。

第三，说明具体的行动、行为。

第四，多用事实、数字说话。

第五，使用通俗易懂、接地气的语言。

第六，先说结果，再说背景，最后说明经过。

第七，不妄加自己的主观观点。

第八，多使用正面的语言。

3. 行为系统模型

认知系统模型是解决服从力常见问题的基础，言论系统模型是解决服从力常见问题的发令枪，行为系统模型就是解决服从力常见问题的结果。通过思想意识上的认同，到言论上的遵从，再到行为上的完全依照命令去执行，就能从根本上解决服从力常见问题。

（1）树立目标。

人要有明确的目标，当一个人没有明确的目标的时候，不仅自己不知道该怎么做，即使别人想帮助你也无从下手，所以说，天助必先自助。如何树立目标呢？我们在前面的内容中有详细的介绍，读者可以参考前面的目标设定的部分进行目标设定。

（2）先做起来。

笔者小时候家住六楼，每天跟父母爬楼梯，有时一天爬好几趟，累得不行的时候，父母就会说：“坚持到底就是胜利。眼是懒汉，手脚是勤汉。”意思是说，眼睛看到还有好多层楼没爬，好多事没做，可是只要脚去爬了，手去做了，就会发现目标很快就会实现。所以，当面临困难和问题的时候，当接收到上级下达的命令的时候，不妨先做起来。做着做着就有了做的思路和坚定的意念。

（3）控制好情绪。

控制好自己的情绪，不要等到做了才去后悔。每个人都要做自己情绪的主人而不是情绪的奴隶。要控制好情绪，首先要感知自己的情绪。可以给自己做一个情绪感知的表格，每天固定的几个时间段记录自己的情绪，事件和原因。其次要接纳有情绪的自己。接纳有情绪的自己就是接纳自己的情绪，将有助于今后对情绪的控制。再次要搞清楚该种情绪的原因，知道原因就能够寻找对策有的放矢。最后采取有效的控制不良情绪的方法，做自己情绪的主人。

总结：认知系统模型是解决服从力常见问题的基础；

言论系统模型是解决服从力常见问题的发令枪；

行为系统模型是解决服从力常见问题的结果。

解决服从力常见问题，不能简单地依赖于某一个系统，而应该将三者综合加以运用，最终养成良好的习惯。

第二节　“斗士人格”的辛酸与成果

斗士人格由来：

斗士人格是周平老师年轻时候在香港工作期间给一位同事取的“代号”。那位同事任何时候都不会给任何人友好的语言，虽然他完全没有坏心眼，但经常会有人被其一句话堵得气都喘不过来。他不但词锋锐利火辣，反应、思维还极其敏锐，最主要的是他从小到大就没跟任何人好好说过话。

后来周平老师就送给他一个代号“无敌斗士”。同时，周老师也将这种人定义为“斗士人格”。

例：早上见面问好。别人礼貌地对他说：“早上好！”他会给别人回一句：“你的人生就喜欢说这些无聊的话吗？你的这句话对人有任何意义吗？”而且他是一贯如此的。

有意义的语言案例：

他一次工作中遇到了技术性问题找人帮助，别人帮其处理完后说了一句："以后再有这样的问题，继续找我。"他回了一句："废话！这是你的工作，不找你找谁？你还不走是为了要我谢谢你吗？"

和上司对话案例：

一次上司把几个下属包括周平老师叫到办公室聊天，上司对那位伙伴说："这个月你工作辛苦了，对全公司的资料编辑汇总完成得非常好。"他回了一句："如果没有实质性的奖励，这些口头的废话，如果我对你说，你能得到什么实质呢？以后要么实质性的奖励，要么这些废话就不要说了。"

这个小伙子工作能力非常强，语言对话非常流利，内容反转速度非常快，最主要的是他工作中几乎不出问题，任何人想报复他还都没机会。不过，直到我们写这本书的时候，小伙子已经成了老大爷了，依然还在那家公司做着同样的工作，除了工龄工资上涨之外，职位上没有任何变化，48 岁了还落个孤家寡人。

斗士人格解释：

斗士人格是习惯性与人斗，不分场合、不分对象，任何时候、任何事情一定都要较量一番，而且与人斗的频次非常高。有时候这种人完全没有恶意，只是其语言风格如此。这种风格现在有一个代名词叫"毒舌"。

斗士人格有它的优点，那就是仗义执言，同时头脑非常冷静。人们常说男人愤怒的时候、发脾气的时候智商为零，可他们在成为斗士的时候智商却非常高。

斗士人格还有一个共同的特点：说话做事非常有激情，但不易怒。很多人总是以为这样的人爱发脾气、容易暴躁，实际上他们头脑非常清醒。

斗士人格是"先主动服从"人士的福音：

先主动服从的人，在服从之后知道在他服从的过程中一定有些问题，由于是服从性格往往用较长的时间、较大的动作才能将这些问题反映给上级。如果这个时候“斗士人格”的人站出来，先主动服从人士的所有问题也就迎刃而解了。事实上“斗士人格”往往替“先主动服从”人士当了炮灰。

一、斗士人格思维模式分析

1. 习惯性质疑

习惯性质疑是习惯性将自己的疑问点说出来。很多时候有些事情可能会落到习惯性质疑的人头上，为了应对万一落到自己头上后不至于一筹莫展，就将很多心中的疑惑和对事情的负面看法一股脑儿地说出来。

这样的人就是最容易被比较稳重的人利用的职场“斗士”。

2. 盲目性质疑

盲目性质疑是指有些人对事情毫无了解，就以自己简单的想象和不完善的逻辑构思，对事情表达看法和质疑。这种人一定会在事情过后的一个特定时间内，成为团队的笑话。因为既然是较重要的事情，后面一定会有正确的答案，而此前盲目性质疑者却有一番与结果完全不同的豪言壮语、侃侃而谈，而且还胸有成竹。

周平老师八岁时被爷爷狠狠地揍了一顿

周平老师 8 岁时和一个 10 岁的小孩打架。周平以人肥体胖、动作缓慢著称，结果打架输给了 10 岁的小孩。于是，周平就以学习成绩好、口才也好的优点使用了“君子动口不动手”的战术，用骂来赢对方。

周平骂人的语言中，当时有一句“你是个王八蛋”，被刚好路过的周爷爷听到了。周平老师的爷爷为此非常愤怒，因此将周平老师狠狠地揍了一顿。揍完之后问周平老师：“你知道为什么要打你吗?”周平老师回答说：“我和小朋友打架，还骂人。”

周平老师的爷爷告诉他："小孩子打架没有什么，小孩骂人也很正常，而且你被人打输，我本不该继续打你的。"周平老师纳闷儿地问："那为什么打我？"

周爷爷最后告诉周平老师："人，只能是人生的。王八的蛋只能孵出王八来，王八的蛋没有可能孵出人来。因为你骂人的话没有依据，所以我要揍你。"就这样，周平老师小的时候经常会因为说话没有依据而挨揍，在之后的几十年里，周平老师无论是讲课还是写书，都尽量做到有理有据。

故事点评：很多人会像周平老师 8 岁的时候一样，在没有弄清楚科学依据之前就对外发布了。

---

3. 格斗后带头攻坚

"斗士人格"往往有对事不对人、对人不对事两种斗士理由出发点。如果是"对事不对人"，这是一种积极的语言暴力行为，虽然不够柔软会伤害到人，但出发点却是好的；后者就有些低级拙劣了。

有些"对人不对事的人"平时在会议中、工作中、饭局中、网络上、QQ群、微信群里不怎么过多地发言，但只要其讨厌的人、不喜欢的人说出一句话来，不管别人说得有理无理，他总是在第一时间对其讨厌的人发表的语言和观点进行反驳和调侃。

"对事不对人"的人会对事情本身进行质疑和发难，其实这类人的目的只是想搞明白事情的来龙去脉和正确答案。这种人的内心非常正直、刚毅，同时还非常公正公平，只是缺少一点"事先谋略"。

这种人一旦搞明白了事情真相之后，会成为大力支持、积极配合、全力以赴做好这件事情的人。

总结："斗士性格"的人如果是"对事不对人"，需要在"斗士"之前增加一点事前谋略，不要在事情没搞明白的时候就伤害了别人，也避免让自己发表错误的言论。

如果某个人身边有“对人不对事”的人，建议你最好远离并躲开这种人。因为一旦惹上这种人，他可能“猫”在某个角落，很长一段时间等待你犯错的那一天。即便你没有犯错，也有可能被其刻意断章取义地来发动“斗士”行为。

二、对正确事情习惯性找“麻烦”而造成的保皇派群体围攻

有些人天生“反骨”，习惯性和主流过不去，所有大家都认为是正确的，甚至国家法律都认为是正确的，这种人总能说出点自己的见解和反对的理由来。这种人不太能进入国家行政机关工作，因为国家行政机关对人的选拔、培养、留用较为慎重，对“反骨”人士有非常严格的禁入标准。这样的人更多会出现在外资和比较激情工作的行业。

这种人到了企业后，会对一切约束其行为的制度和要求其做到的制度的考核发起强烈的语言攻击。这种语言最大的特点是很具煽动性，而且往往还代表着很大一个群体的心声。因为对很多人来说“总是想自由点、少干点”。几乎所有“反骨”人士都是冲着“自由”、“舒适”、“少干”去的。

这样的人会有比较多的不忠实的支持者，为什么支持者多？是因为大家都希望有人能站出来替大家说话。为什么不忠实？是因为大家都知道，不管现在的制度是否合理，这些言论都是违反制度的，不希望因为过多的支持让自己违反了公司的规章制度。

这样的人往往会受到一大群团队忠实者的围攻。因为“斗士”反对的与其说是制度，还不如说是上级领导。而上级领导能坐稳其领导位子，少不了在团队中有几个核心心腹人物，还有些人想成为领导的核心心腹人物，这两种人就成了“斗士”的围攻者。

总结：做“斗士”不好，容易被所有人围攻、容易被人利用、容易毁掉自己的前途，最容易产生的后果是这种“斗士”行为证明了别人是“忠诚”的。

三、不了解实情妄加议论

很多人在不了解事实真相的情况下，就来做评论者和判官。尤其是当今的

网络时代，只要有一个人在网络上发布了某件“名人欺负老百姓”等相关言论时，马上就会有几万、几十万的网友对名人横加指责、怒骂。很多时候那条信息也不一定是正确的，骂人者也不了解事情的全部经过，只图嘴上痛快。很多不了解实情的人就开始妄加议论。

现在很多人患有“四仇病”：仇富、仇官、仇名人、仇他人发展。“四仇病”患者往往会捏造或者扭曲一些事情的真相，用各种方式对外传播或在组织内传播。这种人有较高的心理学知识和语言的煽动力，往往利用人们的善良来为“四仇”患者摇旗呐喊。

总结：工作中、生活中最好不要成为“四仇病”患者，因为捕捉他人“毛病”是件很累、很费时间的事情，那会让自己很长时间心情不好。

有时候我们不满意的对象可能真的没有伤害到我们，或者不是有意伤害我们，但很多报复行为会伤害到更多的人，最主要受伤害的还是自己。

四、“格斗后”服从过程造成上级、同事对他态度的否定

有些人实际活没少干，却因为挑战上级的权威、发表消极和不利言论，结果在论功行赏时，大家却往往以其态度不好，而否定了其一切贡献。

此类内容我们在本书前面的部分已有阐述，在此不作更多说明。

五、“斗士人格”的心酸与成果分析

1. 质疑引起围攻

任何质疑者在质疑任何人时都一定会引起更多人的围攻。因为具有“斗士人格”的人往往自恃较高，不会抓住团队中最缺乏能量的人去要“格斗”，所以其格斗的对象往往是上级和比较有威望的人。同时“斗士人格”的人不管其平时格斗的题目是对是错，总会得罪不少人，引起围攻也就实属正常。

2. 不懂引来异议

没有准确数据和依据而开始格斗的人，会被很多掌握依据的人以伪高深的

语气来进行“大公无私”的批评和指责。实际上，伪高深的人也不一定有多少道行，只是今天这种人不小心占了点理而已。平时“斗士人格”可能也或多或少冒犯过他，所以“最弱的人当道之后，手段会更残忍”。

3. 带头攻坚难关

有些“斗士”可能还是“热血青年”，一旦发现自己错了，或者发现曾经欺负人给人造成过伤害，往往会转变成最维护曾经反对过的人。这就是社会上常说的“浪子回头金不换”。

与其事后发现自己错了而愧疚，还不如在自己逞一时之嘴快时收敛点。

4. 绩效分配不公平

有时候有些人对上级和对团队的不满，可能是由绩效分配体制所造成的。有些人明明做了很多事，结果在奖励分配时却比别人少很多。甚至有些事情在开始进行任务分配时就已经刻意的不公平了，这就难怪他们对上级不满。

有些职场潜规则看起来所有人都知道管理者不公平了，可既然是潜规则，在表面上，上级自然就有能说通的道理，可道理通了不等于人心就通了。当人心没有被疏通时，“官逼民反”也就造成了。

举例：某娱乐栏目的潜规则。

最近国内有一档非常红火的选秀类电视栏目，几个著名歌手现场收徒，然后小组 PK，在收徒时四位导师由于有了竞争，都想将优秀的选手纳入自己麾下，其言语可谓比爱情还甜蜜。

之后的小组 PK 赛却经常出现观众呼声很高而导师的意见则完全不同的情形，甚至两个风格完全不相关的歌手进行 PK，所选取的曲目就成了潜规则了。唱歌曲目适合两个歌手中谁的风格，谁自然就有较好的表现。如果曲目与歌手风格偏差较大，那么这个歌手就成了选曲潜规则的受害者。

当然这档栏目所有参赛者都是受益者，毕竟大多数人都没有曾经站在大舞台上的经验和机会，只是在这种机会里得到的多少除了“实力”外，多少有些导师主张而已。

总结：任何时候还是不要做“斗士”比较好，因为它会伤人伤己。

“斗士”们请试想一下：辛辛苦苦地工作，为单位和组织贡献也不少，却因为一时嘴快，就产生了让自己的贡献大打折扣的负面影响。如果你觉得不划算的话，那就在每次与人“格斗”之前，想想你是要逞一时之快呢，还是要团队关系呢？

所以，这样的“斗士”最好不做。

第三节　预防服从力成为恶行者的帮凶

很多忠诚的服从者充当了“有心人”的帮凶，事后有的人明白自己被人利用了，回过去讨个说法时，“有心人”又找了另外一个服从者做“帮凶”，用比当时做帮凶更残忍的手段来伤害事后明白的人。

作为一个服从者也不能“对人不对事”地毫无理智地服从。

最近很多腐败高官的助手因为替高官谋取私利时做了服从者，最后也跟着受到惩处。甚至有些为高官做服从者的帮手，是事情的第一经手者，只要高官推脱，承担责任的就成了那个服从者。

要服从可服从的人，要服从可服从的事。千万不要让自己的服从成为别人的帮凶，给自己带来内疚。

一、坚决遵守法律准则

服从中一定不要忘记国家的法律。很多人不懂法律，在服从中不知道自己错了就服从了。还有些人明明知道做的事情是违法的，看到人家在做自己也跟着做，这种违法最后就成了团伙。

很多人看到身边的人正在违法，觉得不参与一下可能会受到团队的排斥，本着就参与这么一下而已的想法，结果就违法了。

作为一个服从者，首先要服从的是国法，然后才服从上级的指派；作为一个服从者，基本的法律知识是不可以缺少的，就算有些事情自己不知道是否违法，同样也可以“先服从后沟通”，服从后，在沟通前设计每个流程时也可以将法律咨询作为一个环节，这样既做到了服从又做到了合法。

小结：对于上级的指派一定是要服从的，但一定要在法律范围内服从，掌握基本的法律知识、遵守基本的法律准则是必要的。所以，学习专业知识、学习岗位技能时，也不要忘了口袋里装一本基本的法律书籍。

二、坚决坚守道德准则

服从者一旦参与了企业的拉帮结派，道德准则也就一定失衡了。任何一个服从者服从的是公司、服从的是上级，而拉帮结派一定不是公司和上级愿意看到的。因为企业内斗第一伤害的是业绩，所以内斗和拉帮结派已经是不服从的表现了。

作为一个服从者一定要坚守心中的道德准则，切不可因为一时的不愉快、一点点业绩就把自己的道德品质搞丢了。

小结：被领导不信任了还可以在其他时候慢慢补回来，但道德品质丢了就永远无法再补回来。就算再一心潜修道德品质，然而被伤害过的人却永远知道你曾经的劣迹，这一点永远无法补回。

如果一个上级的指令中包括让自己放弃道德品质的内容，这样的上级就已经没有跟随的必要了。

三、坚决维护制度公约准则

每个团队都有团队的默契和公约，每个公司都有每个公司的规章制度，夫妻之间也有其底线默契。服从者如果不想让组织和团队波澜横生，就应明白一点，遵守公司、团队、组织的相关制度公约，是一个人立足于公司、团队、组织之本。

很多公司因为维护公约制度，放弃了很多的商业机会甚至是人才。其目的是维护固有的大家认同的公约不能被破坏。

我们从不少电影中经常看到这样的剧情：××主人公为公司做了件创造价值的事情，最后却被上级批评，说其破坏了公司的企业文化，破坏了公司在社会上的形象。

小结：坚守规章制度和团队公约，是每个人都应该为团队凝聚氛围必须要做的事情。任何时候，切不可因为个人好恶，让自己成为挑战制度的一员。

四、坚决遵守不成文惯例（没有反对的规章制度执行——约定俗成）

很多组织、团队有些不成文的惯例，这些惯例久了之后就成了没有文字的制度。如：私营企业总经理的老爸喜欢到每个部门去看看别人的工作，重要事情喜欢过目一下。久而久之，很多总经理看过的东西、签过字的东西，大家也就习惯性拿给老爷子瞧瞧。

再久了之后，如果谁不给老爷子瞧瞧，老爷子就会对违反惯例的人发难，甚至对自己孝顺的儿子（总经理）发难。

一个人无心地打破常规惯例，可能会为自己或上级带来很多烦恼。

很多陋习在企业也形成了惯例，这些惯例给很多人带来了方便，也不一定就给公司造成了损失，或者就算造成了损失，慢慢也就成了公司认可的一笔开支。

这样的陋习一旦有谁想挑战，就一定伤害了很多人的方便和利益。公司高层可能希望有人来打破、来剔除陋习和规范行为，只是这个提出者一定会遭到全公司的唾骂和排斥，最后无论公司上级是不是听取了其意见，该人员在公司和团队的人际关系都一定会很糟糕，只能走人了事。

小结：有些陋习确实是不对的，但顽固派居多的公司，谁要想跟陋习做斗争，谁就是跟自己的快乐过不去，谁就要做好辞职的准备。

陋习的剔除只有由最高级别领导决心剔除才会有效，同时，即便是上级领导下决心了，剔除陋习的执行者依然会成为公司群起而攻之的对象。如果你被选中时，依然要全力服从配合最高级别的领导。用多做些沟通、态度再好些、再耐心一些让其他人慢慢接受。

总结：预防让自己成为行恶者的帮凶，努力让自己成为一个遵守法律的公民，让自己成为一个遵守制度的员工，让自己成为一个遵守团队默契的和谐营造者，让自己成为一个不去破坏公司组织及团队氛围的人。

学习专业知识和岗位技能固然重要，但学习法律法规、规章制度、遵守默契同样重要。

很多人成功于业务能力与专业能力，却倒在了服从行恶者、做行恶者帮凶之上。

有些人为公司作出了巨大贡献，却在激进地推进改革中，伤害了很多人的利益，因失去人际关系而在工作中处处遇到障碍。上级还因为人际关系不好而经常找其谈话，最后也倒在了破坏公司整体氛围的枪口下。

结束语

服从力这本书，周平老师和多位作者已构思多年。看到非常多的人因为服从力不够而在岗位中处处受挫；看到非常多优秀的人，因为言语上的不当而得不到重用；看到很多人做了非常多的工作，却因为说出了自己与领导观念相反的言论，其工作业绩就由此受到不同程度的影响，甚至被否定。

综上所述，周平老师和多位作者及朋友觉得不能再推迟了，必须让更多的人通过这本书，了解自己多年来到底哪里出了问题，了解自己多年来那么多的贡献是如何被否定的，了解自己多年来为什么人际关系得不到改善。

希望通过这本书能让更多的读者，在能力具备的情况下获得施展抱负的机会。让更多的人因付出的劳动、为单位创造的价值，获得应有的回报。让更多的人改变自己工作能力以外的缺点，成为团队中大家都喜欢的人。

本书创作初期，受到了江苏省学信学院院长——李辉先生的大力支持与协助；江苏省镇江市委体校著名武术教练——冯干栋先生及其夫人蔡鑫鑫女士在本书创作中提供了生活资源方面的帮助；镇江观音山圆通寺曙法大和尚多方给予知识提点和指点迷津；中国培训师网负责人——黄忠海先生亦给予了大力支持；本书编委会成员范歆蓉老师在知识上、书籍逻辑上、文学构思上提供了大量的信息；昆明实现教育孙敏女士及余智龙先生，为创作组在昆明期间提供了支持与帮助。

本书创作的过程可谓精彩纷呈。每日创作劳累时，花间漫步，瞬间文思泉涌。先有本书作者之一——高先林老师为构思内容在原始森林中迷路，后有创作烦闷时周平、蔡锦两位老师的深夜环湖探险，还迎来了连德敏率领的“西行客”摄制创作组的共同联欢，更惬意何沅俸执掌野鸭湖茶台那满屋的茶香，也不乏范歆蓉老师语不惊人势不休的经典名句。

服从力的知识是本书作者几十年人生的积累，是作者多年生活、工作的体验与观察所得。创作过程中每个知识素材都让作者想起身边人曾经在每个知识点上的纠结与迷失。本书正是在创作团队成员脑海中不时闪现的职场悲歌中诞生的。

所有人都有一个愿望：

快点写完！

快点让更多读者看到！

快点让更多人因本书而受益！

快点让更多企业因服从力而提升企业业绩！

创作过程是喜悦而忧伤的。

喜悦的是：美好的创作过程！无数的喜悦话题！

忧伤的是：所有资料全都来自失败的案例，全都发生在我们身边的朋友身上；更忧伤的是：还有多少需要提升服从力的人，没有机会看到这本书。

只有一个期望：

期望大家都能看到这本书！

期望大家都能从中获益！

期望所有读者朋友们职场珍重！！

本教材是周平老师团队开发的“服从力”课程的专业教材，具有原创性和权威性。请希望从事“服从力”课程授课和培训的个人或组织，与“服从力”作者团队联系，获取培训授权，参加“服从力”课程培训师的正规培训，以保证授课质量。

周平（山隐耕夫）于中国昆明野鸭湖

范歆蓉录于2016年3月10日

图书在版编目（CIP）数据

服从力 / 周平等著. —北京：中国人民大学出版社，2016. 7
ISBN 978-7-300-22908-9

Ⅰ. ①服… Ⅱ. ①周… Ⅲ. ①企业管理-组织管理学 Ⅳ. ①F272. 9

中国版本图书馆 CIP 数据核字（2016）第 108086 号

服从力
周 平 蔡 锦 何沅倖 高先林 著
Fucongli

出版发行	中国人民大学出版社		
社　　址	北京中关村大街 31 号	邮政编码	100080
电　　话	010－62511242（总编室）		010－62511770（质管部）
	010－82501766（邮购部）		010－62514148（门市部）
	010－62515195（发行公司）		010－62515275（盗版举报）
网　　址	http://www. crup. com. cn		
经　　销	新华书店		
印　　刷	天津中印联印务有限公司		
开　　本	720 mm×1000 mm　1/16	版　　次	2016 年 7 月第 1 版
印　　张	17. 75	印　　次	2023 年 5 月第 2 次印刷
字　　数	240 000	定　　价	78. 00 元